नयी महाभारत

(हिन्दुओं के शत्रुओं द्वारा लिखी गयी गीता, महाभारत)

नयी महाभारत

(हिन्दुओं के शत्रुओं द्वारा लिखी गयी गीता, महाभारत)

लेखक :

डॉ० एस० एल० "निर्मोही"

एम.ए. पी.-एच.डी. समाज विज्ञान

पूर्व एसो० प्रोफेसर समाजशास्त्र

भारतीय महाविद्यालय, फर्रूखाबाद (उ०प्र०)

एवं

पूर्व प्राचार्य ए.बी. कन्या महाविद्यालय

गुरसहायगंज, जनपद कन्नौज (उ०प्र०) भारत

मो०- 9889423843

बेवसाइट– **drnirmohinewindia.in**

क्रिसेन्ट पब्लिशिंग कॉरपोरेशन, नई दिल्ली

पुस्तक : नयी महाभारत
लेखक : डॉ0 एस0 एल0 ''निर्मोही''

संस्करण— वर्ष 2026

ISBN- 978-93-91771-13-3

मुद्रक— बाला जी ऑफसेट

टंकण— अजय दिवाकर (प्रिन्स कम्प्यूटर्स) फर्रूखाबाद

प्रकाशक— क्रिसेन्ट पब्लिशिंग कॉरपोरेशन
4806/24 माथुर लेन,
अन्सारी रोड, दरियागंज,
नई दिल्ली— 110002
फोन— 011— 23244131
मो0— 9711991838, 9999021668
e-mail- crescentbook@gmail.com
website- www.crescentpublishingcorp.weebly.com

Nayee Mahabharat (Hindi)

By

Dr. S.L. Nirmohi

समर्पण !

हमने देखा है
एक मनीषी,
महान विद्वान
समाज के मार्गदर्शक
समाजिक क्रान्ति की मशाल
अमर श्री रामवुलावन सिंह जी
को,
जिनकी विद्वत्ता,
ओजस्वी वक्तव्य
के आगे
जिलाधिकारी तक
नतमस्तक होते थे,
तीस वर्ष के सानिध्य के बाद
आज ज्ञात हुआ कि
आप मात्र 5वीं कक्षा उत्तीर्ण थे,
ऐसे प्रेरणा स्त्रोत के
''अनुभव शिक्षा'' को
साष्टांग दण्डवत के साथ
यह 'नयी महाभारत'
उनकी स्मृति को
सादर समर्पित !!

जीवन–परिचय

नाम	:	राम बुलावन सिंह
पिता का नाम	:	श्री शंकर सिंह
माता का नाम	:	श्रीमती बैकुंठा देवी
जन्म	:	1934
पता	:	ग्राम शिवराजपुर, पोस्ट पचवेरा, चुनार, मीरजापुर, उ0प्र0 231305
शैक्षिक यौग्यता	:	प्राथमिक
सामाजिक कार्य	:	

- नरायनपुर विकासखंड के एक दर्जन हाईस्कूल/इण्टर कालेज के स्थापना के प्रमुख सहयोगी।
- राष्ट्रीय स्वयंसेवक संघ के चुनार तहसील के संघ चालक।
- मंडी परिषद अहरौरा के अध्यक्ष।
- भारतीय जनता पार्टी के विधानसभा चुनाव 1991 के प्रत्याशी।
- आपातकाल में डीआईआर/मीसा के अन्तग्रत 18 माह का की जेल।
- राम जन्म भूमि आन्दोलन के अन्तर्गत जेल यात्रा।
- लोकगीत में बचपन में बिरहा एवं फगुआ गीतों के रचयिता।
- राजदीप महिला महाविद्यालय, कैलहट, मीरजापुर के संस्थापक।

मृत्यु : 2012

आलोक

"श्रीमद् भगवद्गीता तथा महाभारत और सभी पुराण मूल वेद व्यास की रचनाएं न होकर "व्यास" की परम्परा के सैंकड़ों व्यासों की रचनाएं हैं।"

जैसे वृत्त के अन्दर की सबसे बड़ी रेखा को व्यास कहा जाता है, वैसे ही लम्बी चौड़ी व्याख्या देने वालों को 'व्यास जी' कहा जाता है। ऐसे ही अनेकों व्यासों ने अपने वैयक्तिक, जातीय तथा धार्मिक स्वार्थ की बातें उक्त ग्रन्थों में जोड़कर जय भारत को 8800 श्लोकों से बढ़ाकर 100000 (एक लाख) श्लोकों वाला 'महाभारत' बनाया। श्री मद्भगवद् गीता तो महाभारत का ही एक अंश है, जिसे श्री कृष्ण ने नहीं, किसी उपाधिधारी व्यास ने अपनी बातें श्री कृष्ण के मुंह से कहलवायीं है। उसका उद्देश्य भगवान द्वारा अपना खोटा सिक्का चलाना था। आस्था नहीं, ज्ञान की आंखों से पढ़ें "नयी महाभारत"।

—लेखक

संक्षिप्ताक्षर संकेत

ऋ. :	ऋग्वेद
अथर्व :	अथर्ववेद
यजु. :	यजुर्वेद
साम :	सामवेद
छान्दग्यो :	छान्दग्योपनिषद
तैत्ति.आ. :	तैत्तिरीय आरण्यक
तैत्ति.सं. :	तैत्तिरीय संहिता
तैत्ति.ब्रा. :	तैत्तिरीय ब्राह्मण
ऐत. ब्रा :	ऐतरेय ब्राह्मण
वा.रा. :	बाल्मीकि रामायण
श.ब्रा. :	शतपथ ब्राह्मण
महा.भा. :	महाभारत
गीता :	श्रीमद्भगवद् गीता
भा.पु. :	भागवत पुराण
मनु. :	मनुस्मृति
वृहदा. :	वृहदारण्यकोपनिषद
वि.पु. :	विष्णु पुराण
बो.ध. :	बोधायन धर्मसूत्र
स्कन्द :	स्कन्द महापुराण
का.श्रौ.सू. :	कात्यायन श्रौत सूत्र
जैमि.ब्रा. :	जैमिनीय ब्राह्मण
मानस :	रामचरित मानस
ता. ब्रा. :	ताण्ड्य ब्राह्मण
निर्मोही :	डॉ. श्याम लाल निर्मोही
वि.ध.पु. :	विष्णु धर्मोत्तर पुराण
बाज.सं. :	बाजसनेयी संहिता
काठ.सं. :	काठक संहिता
पंच. ब्रा :	पंचविश बांह्मण
कौ. ब्रा. :	कौषितकी ब्राह्मण

विषय सूची

पेज न.

♦ **दो शब्दः** 11

♦ **लेखकीय........** 20

♦ **अभिमत..1.** एक और महाभारत होकर रहेगा। 23

♦ **अभिमत..2.** मानवता, सत्य और न्याय की शत्रु हैं, गीता और महाभारत 25

अध्याय 1– महाभारत और उसकी भगवद्गीता अनावश्यक हिंसा और युद्ध का उन्माद पैदा करती हैं। 33

अध्याय 2– महाभारत : एक अधर्म युद्ध कथा। 42

अध्याय 3– कृषकों, पशुपालकों, व्यापारियों, स्त्रियों और दलितों/पिछड़ों की दुश्मन हैं गीता, महाभारत जैसे ग्रन्थ। 50

अध्याय 4– वसुधैव कुटुम्बकम की हिन्दू संस्कृति में आग लगाती हैं गीता और महाभारत। 56

अध्याय 5– गीता का विनाशकारी कर्मयोग सिद्धान्त। 60

अध्याय 6– गीता महाभारत देशद्रोही, गद्दार, इन्सानियत के शत्रु पाण्डवों के गीत गाती है। 67

अध्याय 7– गीता का आत्मा और पुनर्जन्म का सिद्धान्त झूठ का पुलिन्दा है। 73

अध्याय 8– श्रीमद्भगवद्गीता देश को गुलाम बनाने वाली वर्ण व्यवस्था की वकालत करती है। 91

अध्याय 9– मानवता के शत्रु हैं द्रोणाचार्य और पाण्डव। 98

अध्याय 10– श्रीकृष्ण की 16 हजार रानियां अथवा परायी स्त्रियों का अपहरण। 104

अध्याय 11– गीता, महाभारत हिन्दुओं के दुश्मनों ने लिखा है। 114

अध्याय 12– श्री कृष्ण क्या अवतार कहलाने के योग्य हैं? 125

अध्याय 13– महाभारत मातृहन्ता को भगवान क्यों बताती है। **136**

अध्याय 14– कृष्ण की रासलीला क्या गर्लफ्रेन्ड की संस्कृति नहीं हैं ? **142**

अध्याय 15– गीता, महाभारत के लिए पाप ही पुण्य और अधर्म ही धर्म है। **148**

अध्याय 16– गीता आदि का सन्यास, मोक्ष और स्वर्ग का दर्शन एक छलावा है। **166**

अध्याय 17– बहेलिया द्वारा श्री कृष्ण बध और पाण्डवों की आत्महत्या। **184**

अध्याय 18– फिर भी गीता और महाभारत याद की जायेंगी। **195**

भीष्म पितामह

किन्नर होगा तो मैं हथियार नहीं उठाऊंगा, क्या यह देशद्रोह नहीं है।

दो शब्द

"गीता, महाभारत" के प्रति आस्थावानों की आँख खोलेगी यह पुस्तक

यशभारती डॉ0 रामकृष्ण राजपूत डी.लिट्.

डॉ. श्यामलाल 'निर्मोही' परम्परागत घिसे–पिटे आख्यानों से दूर एक नवीन सोच वाले ऐसे तर्कशील रचनाकार हैं जो वैज्ञानिक मापदण्ड की कसौटी पर अपनी हर बात को सिद्ध करने की क्षमता रखते हैं। इसीलिये वे पोराणिकों और उन सनातन धर्मियों की आँख की किरकिरी बनते हैं जो ऊल–जुलूल, अवैज्ञानिक, अतार्किक और मिथ्या इतिहास को भारत की बहुसंख्यक भोली–भाली जनता पर थोपना चाहते हैं और तथाकथित ब्राह्मणवादी व्यवस्था के पोषक मनुवादी धर्मग्रन्थों–यथा–पुराण, उपनिषद, आरण्यक, ब्राह्मण, स्मृतियों आदि के प्रसंगों को उद्घृत कर अपनी बातों को मनवाने का कुत्सित प्रयास करते हैं। वे यह भी जानते हैं कि सामान्यतः भारतीय जनता ने ये ग्रन्थ नहीं पढ़े हैं। आम नागरिकों ने या तो तुलसी की रामकथा का अध्ययन किया है या फिर श्रीमद्भगवद्गीता का। इन पुस्तकों में इन मनुवादी स्वार्थी तत्वों ने समय–समय पर काफी मात्रा में प्रक्षिप्तांश जोड़कर इसे उच्छिष्ट बना दिया है। इसी कारण से अपनी बात की प्रमाणिकता के लिये डॉ. निर्मोही ने उपरोक्त ग्रन्थों को न केवल पढ़ा बल्कि तर्कशील ढंग से अध्ययन भी किया है। पढ़ने और अध्ययन करने में अन्तर होता है। मेरे संज्ञानानुसार ये सभी पुस्तकें और इसी प्रकार की अन्य पुस्तकें उनके निजी संग्रह में भी हैं। चूँकि वह समाजविज्ञानी हैं इसलिये समाज के समक्ष वैज्ञानिक सामग्री प्रस्तुत करना चाहते हैं। वह कपोल कल्पित, पाखण्डवाद और रूढ़िपरक अन्धविश्वास के घोर विरोधी हैं।

डॉ. निर्मोही जी ने 'महाभारत' को धार्मिक ग्रन्थ न बताकर युद्धोन्मादी प्रवृत्ति को संरक्षण देने वाला एक ऐसा ग्रन्थ बताया है जो भाईचारा समाप्त करता है, अन्याय को प्रश्रय देता है; छली, कपटी और चालांक कृष्ण नाम के एक व्यक्ति को देवता बनाकर उनकी मिथ्या प्रशस्ति करता है जिन्होंने परिवार को जोड़ने के स्थान पर भाइयों के मध्य कटुता स्थापित कर तोड़ने का काम किया है। ये ग्रन्थ जुआ में हारे हुये पाण्डुपुत्र युद्धिष्ठिर सहित पाँचों अवैध सन्तानों का अन्यायपूर्ण ढंग से समर्थन करते हैं। यह सबसे बड़े भाई धनुर्धर और दानी कर्ण को न केवल भूल जाते हैं वरन् कई अवसरों पर उनका अपमान भी करवाते हैं। कुन्ती की सभी छहो सन्तानें अवैध होते हुये भी सहोदर थीं। इन सन्तानों को वैध ठहराने के लिये उनकों देवताओं से उत्पन्न बताया गया, क्योंकि पाण्डु सन्तानोंत्पत्ति में सक्षम नहीं थे। आज भी समाज में ऐसी सैंकड़ों बिनव्याही और व्याही हुयी माओं के दुसरे मनुष्यों से उत्पन्न सन्तानों के उदाहरण देखने को मिल जाते हैं।

डॉ. निर्मोही ने 'महाभारत' को देशहित, जनहित व सामान्यहित में न बताकर इसे एक बड़े परिवार का विवाद बताया। कृष्ण ने संयुक्त परिवार का विघटन भी कराया। उन्होंने पाण्डवों को युद्ध के लिये प्रेरित कर अनीतिपूर्ण व्यक्तव्य भी दिया। "तुम शक्तिशाली" हो, अपनी शक्ति को प्रदर्शित करके अपने राज्य को प्राप्त करो। मत देखो परिवार को, मत देखो रिश्ते, नातों और सम्बन्धों को। ताऊ, चाचा, भाई, भतीजा, दादा, नाना, मामा, या किसी अन्य सम्बन्धी को, यहाँ तक कि गुरू को भी मत देखो। तुम्हारा एक ही लक्ष्य होना चाहिये, सामने वाले पर विजय प्राप्त करना।" श्री कृष्ण द्वारा गीता में 'स्व' एवं 'अहं' को महत्व दिया गया है, जबकि विश्व के किसी भी धर्म के नायक में ऐसी धमण्डभरी और अमानवीय बातों का कोई भी स्थान नहीं है। बुद्ध जहाँ अहिंसा की बात करते हैं; ईसा शत्रुओं से भी प्रेम की, इस्लाम की सहिष्णुता–सहनशीलता आकर्षित करने वाली है तो गुरूग्रन्थ साहब और सभी गुरूओं की वाणी में समानता, प्रेम, भाईचारा और विनम्रता दृष्टव्य है। इसके विपरीत कृष्ण ने पूरा वंश ही नष्ट करवा दिया।

युधिष्ठिर और सुयोधन दो राजबन्धुओं की वैमनस्यता में हजारों सामान्यजनों का विनाश हुआ और पृथ्वी रक्तरंजित हो गयी। महिलायें विधवा हुयीं और बच्चे अनाथ हुये। इस सबका कारण बने वही तथाकथित भगवान कृष्ण। अन्याय की नींव पर टिका हुआ यह वही महाभारत है जहाँ अन्यायी और सामन्ती राजसत्ता के पक्षधर गुरू द्रोणाचार्य ने एक जनजातीय आदिवासी प्रतिभा का अंगूठा काटकर अर्जुन का पक्ष लिया। यह वही महाभारत है जिसमें उस समय के महादानी कर्ण के साथ अन्याय किया गया, जोकि पाण्डु परिवार का सबसे वरिष्ठ सदस्य था और मृत्युशय्या पर भी उसकी दानशीलता के परीक्षण के लिये उसका दांत तुड़वाके सोना प्राप्त करने का नाटक किया गया। इतने कुत्सित विचारों वाले ग्रन्थ महाभारत और उसके युद्ध के चित्र को अपने घरों तक में रखने में हिन्दू परहेज करते हैं। हिन्दुओं में इसे कलह, लड़ाई–झगड़े और युद्ध का प्रतीक होने के कारण अशुभ माना जाता है। यह वही श्रीमद् भगवतगीता है जिसमें श्री कृष्ण के मुख से ''कर्मण्ये वा धिकारास्ते मा फलेषु कदाचनः'' कहलाकर श्रमिक वर्ग के अधिकारों के फल की कामना को कुण्ठित किया जाता है। इस उद्धरण को आधार बनाकर आज भी कथावाचक और धर्मोपदेशक कहते हुये सुने जाते हैं कि तुम जीवन भर काम करते रहो, अपने शरीर को खपाते रहो और फल की कामना मत करो। इस सब कुछ को मेरे ऊपर छोड़ दो। यह मंत्र नहीं षड़यंत्र है, जो जीवनभर मेहनतकश कामगारों को गरीब बनाये रखता है और कामचोर पूंजीपतियों को बेतहाशा धनवान बनाता है। फलविहीन वृक्ष तो काटने के लायक होते हैं। यह उद्धरण बेगार प्रथा का समर्थन करते हैं। यह विचार कार्लमार्क्स के शब्दों में शोषक पूंजीपति वर्ग द्वारा श्रमिक सर्वहारा वर्ग के अधिकारों को हड़पने की तरह है। डॉ. निर्मोही ने इसे ही लेखनी का विषय बनाया है।

श्री निर्मोही जी ने पाण्डुपुत्र पाण्डवों को देशद्रोही कहा। इसलिये इस महाभारत को धर्मग्रन्थ नहीं कहा जा सकता। न तो पाण्डवों ने धर्म की रक्षा के लिये युद्ध लड़ा और न ही वे उसके

वास्तविक उत्तराधिकारी थे। धर्म को परिभाषित करते हुये डॉ. निर्मोही जी ने लिखा है– "नियम, कानून, विधि, विधान, संविधान के अनुरूप कार्य करना ही धर्म है। अर्थात जिस भी कारणों से समाज में शान्ति और सुव्यवस्था बनी रहे। समाज का अस्तित्व बना रहे; संघर्ष, अराजकता, अपराध, अन्याय और पापकर्म न हों, वही धर्म होता है।" जबकि महाभारत के प्रसंगों में या यूँ कहें कि प्रत्येक स्थल पर धर्म के विपरीत ही कृत्य दिखलायी पड़ते हैं। इसलिये धर्म की वैज्ञानिक कसौटी पर यह खरा नहीं उतरता है। उनके शब्दों में "आज के प्रचलित धर्म केवल गिरोह मात्र हैं जो घृणा, हिंसा, भेदभाव, असमानता, अहमन्यता, अन्धविश्वास को प्रोत्साहित करते हैं, वे धर्म नहीं हैं। पारिवारिक युद्ध हो या राज्य का आन्तरिक युद्ध हो, आणविक युद्ध हो या विश्व युद्ध, जातियों, विचारधाराओं या धार्मिक मतवैभिन्नता के युद्ध हों, युद्ध को कभी भी अच्छा नहीं कहा गया। इसलिये युद्ध का धर्म से कोई भी वास्ता नहीं। क्योंकि युद्ध में साधनों की पवित्रता के स्थान पर धोखा, छल, फरेब, झूठ, अन्याय, अनैतिकता, षड़यंत्र और विध्वंस होता है। युद्ध गांधी के विचारानुकूल न होकर यह मेकियावेली के विचारों का पक्षधर होता है। गांधी और गोडसे के वैचारिक युद्ध ने हिंसा के मार्ग से गांधी के प्राण लिये और आज उसी हिंसक हत्यारे का न केवल प्रशस्तिगान हो रहा है वरन् उसकी मूर्तियाँ लगाई जा रही हैं। उसको भारत रत्न दिये जाने के लिये योजनानुसार प्रयास किया जा रहा है। क्या जुआ खेलना धर्म था ? या द्रोपदी को दांव पर लगाना धर्म था? क्या भरी सभा में कर्ण को अपमानित करना धर्म था या फिर द्रोणाचार्य द्वारा एकलव्य का अंगूठा कटवाना धर्म था? यहाँ तो सब कुछ, सभी प्रकार से सर्वहारा के शोषण पर ही टिका हुआ दिखायी देता है। डॉ. निर्मोही के विचार से श्रीमद्भगवद गीता अर्थात महाभारत की कथा श्री कृष्ण की वाणी का संकलन न होकर किसी तत्कालीन ब्राह्मण संस्कृताचार्य के विध्वंसात्मक और असमानता परक विचारों का संकलन है जिसे शनैः शनैः विस्तारित किया जाता रहा है और महाभारत महाकाव्य को इतिहास ग्रन्थ और धार्मिकता का रूप

प्रदान कर दिया गया। पहले इसका नाम 'जयसंहिता' था। इसमें केवल 8800 श्लोक थे। बाद में ब्राह्मणों ने प्रक्षिप्त करके इसे 24000 श्लोकों वाला बनाकर इसका नाम 'भारत' कर दिया। कुछ कालखण्डोंपरान्त पुनः इसमें एक लाख श्लोक हो गये और इसका नाम महाभारत कर दिया गया। इस ग्रन्थ का रचयिता कोई ब्राह्मण ही रहा होगा, जिसने स्त्री, वैश्य और शूद्रों को पापयोनि वाला बताया। स्त्री अर्थात जन्मदात्री मां को पापयोनि का कहना कितना बडा अपराध है। गीता में लिखा है–

"माम हि पार्थ व्यपाश्रित्य येऽपि स्युः पापयोनयः स्त्रियां: वैश्याः तथा शूद्राः तेऽपि यान्ति परां गतिं। किम् पुनर्ब्राह्मणाः पुण्या भक्ता राजर्षयस्तथा"।। गीता 9/32–33

वेदों को छोड़कर धार्मिक ग्रन्थ ब्राह्मणों ने ही लिखे हैं। संस्कृत भाषा के यथा–

1– वेंदान्त और उपवेद, 2– पुराण, 3–उपनिषद्, 4–कल्प, 5–संहितायें, 6–स्मृतियां, 7– ब्राह्मण, 8– आरण्यक, 9– छन्दस, 10– ज्योतिष, 11– धर्मसूत्र, 12– दर्शन–

(1) न्याय– गौतम अक्षपाद,

(2) वैशेषिक– कणाद,

(3) सांख्य–कपिल,

(4) योग–पतंजलि,

(5) मीमांसा–जैमिनी,

(6) वेदांग– कृष्ण द्वैपायन।

जैसे सूत्र व भाष्य शंकराचार्य ने लिखे, वेदान्त–शंकर और गौड़ पदाचार्य ने लिखे– ये सभी ग्रन्थ हिन्दू धर्म के विरूद्ध हैं। ऐसा डॉ. निर्मोही का मत है।

डॉ. निर्मोही मानते हैं कि भारतीय पारिवारिक संस्कृति 'वसुधैव कटुम्बकम्' की भावना पर आधारित है अर्थात सम्पूर्ण पृथ्वी पर निवास करने वाले मनुष्यों के कल्याण के लिये है। वैदिक 'कृण्वन्तों विश्वम् अर्यम' का दर्शन वसुधैव कुटुम्बकम् का आदिम रूप है। अर्थात

यह पुस्तक हिन्दू संस्कृति, दलित, शोषित, कृषक और कांश्तकारों की घोर विरोधी है।

अर्जुन को श्रेष्ठ धर्नुधर बनाने की कुभावना ने द्रोणाचार्य सदृश गुरू से एकलव्य का दाहिना अंगूठा कटवाने का पापकृत्य महाभारत में कृष्ण ने करवाया और उसे गुरू भक्ति में गुरू दक्षिणा प्रदर्शित करके विषयवस्तु को ही बदल दिया। एकलव्य शब्दवेधी सर सन्धान विद्या में निपुण था। इतना ही श्रेष्ठ धर्नुधर कर्ण भी था। इन दोनों का पालन पोषण क्रमशः आदिवासी और सूत परिवार में हुआ था और अर्जुन का सुविधाभोगी राज परिवार में। आज भी आप देखते हैं कि सरकारी प्रायमरी स्कूलों में पढ़ने वाले सर्वोच्च स्थान प्राप्त करते हैं और धनाढ्यघरानों के बच्चे डिग्री तथा उच्च नौकरियाँ क्रय करते हैं। यदि कर्ण को अवसर दिया गया होता तो द्रोपदी का वरण मत्स्यवेधन करके वही करता लेकिन पाण्डव पक्ष की तरफ से यह दुष्कृत्य और पापकर्म किये गये। स्वयंवर प्रथा में जाति धर्म नहीं देखा जाता। फिर अर्जुन भी निर्वासित जीवन व्यतीत कर रहे थे। वह ब्राह्मणवेश में भिखारी थे राजा नहीं। आखिर उन्हें मत्स्यवेधन का अधिकार कैसे मिल गया ? इस तर्कपूर्ण बात को कहने का साहस श्याम निर्मोही जैसे लोगों के ही बूते की बात है। यदि द्रोपदी कर्ण को ब्याही जाती तो उसे पतिव्रता का खिताब मिलता, जबकि वह पांच पतियों की भोग्या व वैश्या बना दी गयी।

आत्मा और पुर्नजन्म के बारें में समीक्षा करते हुये डॉ. निर्मोही ने गीता के आत्मा–परमात्मा, पुर्नजन्म, भाग्यवाद, स्वर्ग–नरकवाद की खिल्ली उड़ाई है। विशेषकर उन्होंने आत्मा पुर्नजन्म के सिद्धान्त पर दर्जनों सटीक प्रश्न उठाकर ऐसे तथ्यगत विवेचन प्रस्तुत किये हैं। साथ ही वैज्ञानिक दृष्टि से डी. एन.ए. के सिद्धान्त के आधार पर आत्मा के अस्तित्व को नकारा है और परमात्मा के अस्तित्व को भी। पुर्नजन्म की विस्तृत समीक्षा करते हुये उन्होंने जलज, थलज, सरीसृप, वायुज आदि योनियों के दृष्टान्त प्रस्तुत करके पुर्नजन्म के सिद्धान्त का खण्डन किया है।

'वर्ण व्यवस्था' के आठवें अध्याय में निर्मोही जी ने वैदिक काल के वर्गीय असुर भारत का समर्थन करते हुये प्रश्न उठाया है कि आखिर गीता वर्णीय व्यवस्था, चार्तुर्ण्य वर्ण, जन्मानुसार श्रेष्ठता को महत्व क्यों देती है ? इसमें कर्म व्यवस्था को हतोत्साहित किया गया है और ऊँच नीच को बढ़ावा दिया गया है। एक अन्य अध्याय में डॉ. निर्मोही ने अधिक रानियों, पत्नियों, अप्सराओं को रखने को सामर्थ्य और पौरूष का प्रतीक बताया है। उन्होंने इसके दृष्टान्त देते हुय श्री कृष्ण की 108 पटरानियों, 16000 रानियों, नरकासुर के 16000 रानियों, विजयनगर के ब्राह्मण राजा के 150, बादशाह इब्बन सउदी के 200, ब्रह्मा, कश्यप, दशरथ, आदि की पत्नियों, उपपत्नियों, रखैलों आदि के उदाहरण इतिहास में मिलते हैं। यह परमपरा राजतंत्र और सामन्तवाद की देन हैं। क्योंकि अधिकपत्नियों वाला राजा अधिक शक्तिशाली माना जाता था। इसी परम्परा को आगे चलकर इस्लाम धर्म ने भी अपना लिया। डॉ. निर्मोही ने महाभारतकालीन कृष्ण के आख्यानों–रासलीला और चीरहरण लीला आदि की भी आलोचना की है। देवदासी प्रथा धार्मिक दुराचरण की देन है, क्योंकि ईश्वर की कामपिपासा की तृप्ति के नाम पर साधु–सन्यासी और पण्डे–पुजारी कमजोर वर्ग, दलित–आदिवासी वर्ग की कन्याओं का यौन शोषण करते थे। राजा के पास विवाह के उपरान्त प्रथम बार विवाहिता स्त्री को भेजने की कुत्सित परम्परा सी बना दी गयी। दलित वर्ग की सुन्दरियों से उत्पन्न ऐसी सन्तानों को 'हरिजन' नाम देकर पूरे समुदाय विशेष को अपमानित किया गया।

'अवतारवाद' के अध्याय में डॉ. निर्मोही जी ने जैन धर्म के 24 तीर्थकरों, बुद्धधर्मों के 28 बुद्धों से अपनी बात प्रारम्भ करते हुये कृष्ण के अवतार पर उंगली उठायी है। यद्यपि निर्मोही जी द्वारा अवतारवाद का पूर्णरूपेण खण्डन न करना आश्चर्यजनक लगता है। मेरी उनकी इस बात से सहमति नहीं है। उन्होंने सूर्य, ब्रह्मा (कश्यप), मनु, बुद्ध, पृथु (पृथ्वी), अग्नि, जल, वायु आदि को अवतार स्वीकार करके सूर्य को सर्वरश्रेष्ठ अवतार माना है। उन्होंने अवतारवाद को परिभाषित

करते हुये उसका अर्थ 'उतरना' बताया। प्राणि, ग्रह, उपग्रह, जीव–जन्तु आदि किस रूप में उतरे ? उन्होंने ईश्वर और मनुष्यों के अवतारों को अनावश्यक बताया। उन्होंने गीता के ईश्वरवाद को स्वीकार नहीं किया। इसी प्रकार सन्यास आश्रम केवल ब्राह्मणों के लिये ही था। स्वर्ग और मोक्ष प्राप्त करना भी उन्हीं का अभीष्ट था, क्योंकि ये लोग स्वर्ग अर्थात भारत से इतर दूसरे देश के रहने वाले थे। दुःखों, कष्टों और मुसीबतों वाले जीवन से मुक्ति प्राप्त कर पुर्नजन्म की समाप्ति को ही मोक्ष प्राप्ति माना गया है। क्षत्रिय, वैश्य और शूद्र चूँकि इसी देश के रहने वाले हैं। इसलिये इनके लिये स्वर्ग और मोक्ष प्राप्त करने की कामना का कोई औचित्य नहीं है।

गीता विज्ञान विरोधी बात करती है। वह कहती है कि जो कुछ भी घटित होता है, भगवान की इच्छा से होता है। सृष्टि का निर्माण मैंने किया है। जबकि विज्ञान के अनुसार फल अर्थात परिणाम प्रयोग पर आधारित होते हैं। यह विशुद्ध रूप से कर्म पर आधारित होते हैं। अतः इसी आधार पर निर्मोही जी ने भगवानवाद, भाग्यवाद और पुर्नजन्मवाद के स्थान पर कर्मवाद के महत्व को प्रतिपादित किया है। गीता में कृषि को निष्कृष्ट कर्म कहा गया है जबकि हमारे देश में 'उत्तम खेती, मध्यमबान, निषिध चाकरी भीख निदान' कहकर कृषि कर्म को श्रेष्ठ कहा गया है। हमारे लिये यही भारत श्रेष्ठ है कोई स्वर्ग आदि नहीं। महाभारत के एक प्रसंग के अनुसार परशुराम ने अपने पिता जमदग्नि के कहने पर अपनी मां की गर्दन काटकर हत्या कर दी थी। उन्हीं परशुराम ने कर्ण को ब्राह्मण समझकर अपना शिष्य बनाया था, लेकिन सूतपुत्र अर्थात मल्लाह के रूप में जानकारी होने पर उसे गुरूकुल से निष्काषित कर दिया। उन्हीं परशुराम को ब्राह्मणवादियों द्वारा अवतार बनाकर प्रस्तुत करना क्या हद दर्जे का नीचतापूर्ण कृत्य नहीं है ?

अन्तिम अध्याय में डॉ. निर्मोही ने पूर्वोक्त वर्णित गीता–महाभारत के अन्यायपूर्ण प्रसंगों के आधार पर इन्हें पापमयी और अधार्मिक ग्रन्थ की संज्ञा दे डाली। कृष्ण द्वारा जीवनभर निन्दनीय अनैतिक कृत्यों को

करने के कारण एक बहेलिये ने अपनी स्वजातीय भील–मल्लाह के कर्ण और एकलव्य सहित अनेक वर्णगत अपमानों और अनैतिक–पक्षपातपूर्ण कृत्यों का बदला कृष्ण का वध करके लिया। पुस्तक 18 अध्यायों में विभक्त है। इस कारण गीता और महाभारत के 18 अध्यायों के साथ साम्य स्थापित हो गया है। यह आश्चर्य पैदा करता है।

'महाभारत' महाकाव्ययुगीन एक महान ग्रन्थ के रूप में प्रचारित ग्रन्थ है। संस्कृत साहित्य और भारतीय साहित्य में इस ग्रन्थ की अत्यधिक मान्यता है। उसी महाभारत और भगवदगीता पर अनेक आक्षेप लगाते हुये उसे कटघरे में खड़ा करने का लेखक द्वारा एक सार्थक प्रयास किया गया है। चूँकि काफी कुछ बातों में डॉ. निर्मोही से मेरी वैचारिक मतैक्यता है। इसलिये मुझे उनकी तर्कपूर्ण और विज्ञान संगत विवेचना का अच्छा लगना स्वाभाविक ही है। उन्होंने ऐसा करके जो साहसपूर्ण लेखन किया है। मैं उनके इस नवीन शोधपरक साहसिक साहित्यिक–सामाजिक लेखन की प्रशस्ति करता हुआ इस विश्वास के साथ अपनी शुभकामनायें दे रहा हूँ कि उनमें यही साहसिक वृत्ति बनी रहे और उनकी लेखनी से ऐसी ही क्रान्तिकारी रचनायें निःसृत होती रहें।

दिनांक–25 मार्च 2020

स्थान– फर्रूखाबाद।

मो0– 9452609903

डॉ० रामकृष्ण राजपूत

एम.ए. (हिन्दी, अर्थ., राजनीति वि.) बी.एड.

साहित्यरत्न, पी.एच.डी., डी.लिट्.

यशभारती, अवन्तीबाई, साहित्यभूषण, डॉ. अम्बेडकर अन्तर्राष्ट्रीय, रवीन्द्रनाथ टैगोर अन्तर्राष्ट्रीय, सुकरात सम्मान सहित सैंकड़ों सम्मान तथा पुरस्कार प्राप्त।

लेखकीय.......

गीता, महाभारत, रामायण जैसे ग्रन्थों ने देश का बहुत अनर्थ किया है। ऐसे ग्रन्थों ने देश वासियों को अज्ञान, अविद्या के मायाजाल में फांस कर उन्हें अज्ञानी, अन्धविश्वासी बनाने का महापाप किया है। ऐसे ग्रन्थों ने ही देश को हजारों वर्ष तक गुलाम बनाने का कार्य किया, जिनके कारण भारत वैदिक भारत के बाद हजारों वर्षों तक वर्ण व्यवस्था के प्रथम दो वर्णों (8 प्रतिशत विदेशी आर्यों) का गुलाम रहा। पश्चात् 1000 वर्ष तक मुगलों का गुलाम रहा। फिर 150 वर्ष तक ब्रिटिश सत्ता का गुलाम रहा। आज का भारत भी अभी तक संस्कृत भाषा के इन जैसे ग्रन्थों का गुलाम बना हुआ है। आज भी भारतीय/हिन्दू इन ग्रन्थों के अमानवीय, अवैज्ञानिक, अन्याय परक सिद्धान्तों को धर्म मानता है और उनके अनुरूप स्वर्ग, नरक, माया, मोक्ष, ईश्वर ब्रह्म, पुर्नजन्म, पूर्वजन्म, पाप कर्म, फल विहीन कर्म को अपना धर्म मानता है। एक तरफ संसार ज्ञान की ऊंचाईयां छू रहा है। भारत को वेद और बुद्ध का वैज्ञानिक, साम्यवादी (मानववादी) भारत बनाने का नारा दिया जा रहा है। प्रधानमंत्री नरेन्द्र मोदी भारत को विश्व गुरू बनाने की घोषणा कर रहे हैं। इसके लिये 'नया भारत' (NEW INDIA) का नारा दिया गया है। क्या रामायण, गीता, महाभारत, मनुस्मृति जैसे अन्यायी, अवैज्ञानिक ग्रन्थों, मन्दिरों, मस्जिदों, गिरजाघरों से नया भारत (वैज्ञानिक भारत) बनेगा ? इनसे तो अविद्या, अज्ञान ही फैलेगा। इसके लिए तो वैज्ञानिक तथा मानववादी चिन्तन चाहिए। केवल भौतिक विज्ञानों से नया भारत नहीं बनेगा, न ही भारत के विश्व गुरू बनाने का सपना ही साकार हो सकेगा। इसके लिए तो भारत को सामाजिक तथा आध्यात्मिक जगत में वैज्ञानिक बनना पड़ेगा। क्योंकि समाज वैज्ञानिक तथा अध्यात्मिक ज्ञान ही भारत की विरासत रही है, जिन्हें ग्रहण कर संसार ने अपना धार्मिक जगत निर्मित किया है।

मेरा सारा लेखन भारत को विश्व गुरू तथा ''नया भारत''

बनाने के उद्देश्य से लिखा जा रहा है। मैंने लीक से हटकर वैज्ञानिक दृष्टि से भारतीय समाज, संस्कृति, धर्म, एक धर्म (रलीजन), अध्यात्म, इतिहास, जाति, वर्ण, जैसे विषयों पर लेखनी चलायी है। ऐसी चौंतीस पुस्तकें अस्तित्व में आ चुकी है। यह पुस्तक ''नयी महाभारत'' भी 'नया भारत' निर्माण का ही एक हिस्सा है। पुस्तक के कवर पृष्ठ पर इन पुस्तकों की सूची को देखकर कोई भी नये भारत निर्माण की सोच को समझ सकता है। आज नहीं तो कल वैज्ञानिक सोच रखने वाले महामना तथा सरकारें मेरी पुस्तकों को पाठ्यक्रम में रखने का प्रयास करेंगी। ऐसा मेरा विश्वास है, क्योंकि मेरा लेखन वैज्ञानिक आधार पर तथ्यों, तर्कों तथा पुरातात्विक ऐतिहासिक प्रमाणों से युक्त होता है। आलोचना प्रत्यालोचना तो कोई भी कर सकता है, परन्तु खण्डन करना उनके वश में भी नहीं होगा।

मुझे वैज्ञानिक सोच प्रदान करने का कार्य मेरे शिक्षा केन्द्र बनारस हिन्दू विश्व विद्यालय के शिक्षकों, वहां के सयाजी राव गायकवाड़ पुस्तकालय, हमारे समाज शास्त्र के प्रोफेसर साथियों, तर्क वितर्क करते मित्रों, विरोधियों, फर्रूखाबाद के साहित्यकारों, मेरे राजनीतिक साथियों, इत्यादि ने किया। मैं अपने ऐसे समस्त सहयोगियों के प्रति हृदय से आभार व्यक्त करता हूँ।

प्राचीन भारत के प्राचीन लेखकों ने जहाँ स्वयं को श्रेष्ठ दिखाने, धार्मिक, पुण्यात्मा बनने, समाज का मार्ग दर्शक बनने के लिए अपने–अपने ग्रन्थों की रचना की है। वहीं पर उन्होंने बड़े ही इमानदारी से, अज्ञानता वश ही सही अपने पाप कर्मों, अन्याय, अवैज्ञानिक, अमानवीय विचारों, कार्यों को भी लिखा है। उनके द्वारा प्रस्तुत उनके ही सत्यों ने मुझे 'नयी महाभारत' लिखने की प्रेरणा दी है। मैं धरोहर देने वाले, अपने पापकर्मों को ईमानदारी से लिखने वाले समस्त प्राचीन ग्रन्थों के नाम, गुमनाम लेखकों के प्रति भी अपना आभार व्यक्त करता हूँ।

मेरी जीवन संगिनी श्रीमती सुधा सिंह (शिक्षिका), बड़े पुत्र डॉ. सन्देश पटेल, इनकी पत्नी डॉ. मिनी पटेल, डॉ. सपनेश मणि पटेल (पी.

एच.डी.), शिक्षक, पत्नी धारिणी गंगवार एम.एस.सी. / एम.एड.(शिक्षिका), इन्जी. 'इसरो' वैज्ञानिक शिवि पटेल, पत्नी डॉ. दीपिका सिंह तथा मेरे बड़े साले श्री राघवेन्द्र सिंह (जिला जज मुरादाबाद) ने हमारा सब प्रकार से सहयोग किया है। मैं अपने ऐसे परिवार के प्रति भी आभार तथा हृदय का स्नेह अर्पित करता हूँ। मुझे अपने ऐसे परिवार पर गर्व है।

टंकणक अजय दिवाकर (प्रिन्स कम्प्यूटर्स फर्रूखाबाद) ने पुस्तक की सामग्री को टंकित कर तथा एस0के0 भूटानी दिल्ली ने पुस्तक को छापकर आप पाठकों तक पहुंचाने तथा ज्ञान को सार्वजनिक बनाने का कार्य किया है। मैं इनके प्रति भी आभार व्यक्त करता हूँ।

"नया भारत" निर्माण की आकांक्षा से पुस्तक को पाठकों तथा समाज को समर्पित करते हुए मुझे अमर हो जाने के सत्य का साक्षात्कार हो रहा है। पुस्तक का एक भी सत्य चिन्तन किसी भी पाठक के स्वीकार किए जाने पर मैं स्वयं तथा अपने लेखन को धन्य समझूंगा। हमें तो महाभारत नहीं "जय भारत" चाहिए। 'नयी महाभारत' दौड़े, ऐसी कामना के साथ आप सब का ही एक अपना------

दिनांक– 10 / 01 / 2021

डॉ. श्याम लाल निर्मोही
फर्रूखाबाद
मो. 9889423843

अभिमत–1

एक और महाभारत होकर रहेगा

"नयी महाभारत" एक और महाभारत युद्ध को जन्म देगी। यह महाभारत ऐसी होगी, जिसमें मूल हिन्दू पुरानी महाभारत को या तो उठाकर फेंक देंगे या उसमें आग लगा देंगे। क्योंकि वह हिन्दुओं में फूट डालने तथा अपनों के विरूद्ध अपनों को लड़ाकर मार डालने के लिए भारत में शरण प्राप्त विदेशी आर्य ब्राह्मणों द्वारा लिखी गयी है। रामायण तो उन्हीं के द्वारा असुरों के विरूद्ध असुरों को लड़ाकर मार डालने के लिए लिखी गयी, परन्तु महाभारत तो एक ही जाति नहीं तो एक ही परिवार/खानदान के लोगों को आपस में लड़ाने और एक दूसरे को मार डालने के उद्देश्य से लिखी गयी।

भावी महाभारत बहुसंख्यक हिन्दुओं और अल्पसंख्यक आर्यों (नकली हिन्दुओं) के बीच होगा। क्योंकि जहां पर बहुसंख्यक हिन्दू (S.T., S.C., OBC etc) पुरानी महाभारत सहित रामायण को भी अपना शत्रु मानने लगेंगे, जबकि इनके समर्थक आर्य इनके लेखक और इन ग्रन्थों को अपना मानने से इन्कार नहीं करेंगे। इन्हें अपने पूर्वजों की देन मानेंगे और इन्हें अपना धर्म ग्रन्थ मानेंगे। ऐसी स्थिति में हिन्दुओं और शरणागत आर्यों के बीच महाभारत को रोका न जा सकेगा।

इस तीसरे महाभारत युद्ध की सम्भावना से इन्कार नहीं किया जा सकता है, क्योंकि यह "नयी महाभारत" हिन्दुओं को जगाकर रख देगी, उनकी आंख खोल देगी। आर्य चाहे जितना जोर लगा लें, इस महाभारत को रोका न जा सकेगा। यह महाभारत पुरानी महाभारत से

भिन्न रक्त रंजित न होकर अहिंसक होगी। यह महाभारत युद्ध बुलेट से नहीं बैलेट से लड़ा जायेगा, क्योंकि आर्यों की साजिस का पर्दा फास हो चुका होगा और हिन्दू जाग गये होंगे। अगले बीस वर्षों के अन्दर इस काया पलट को होने से कोई रोक नहीं सकेगा। यह महाभारत होकर रहेगा। इसमें कोई सन्देह नहीं। क्योंकि भारतीय प्रजातंत्र पूर्णतः शरणागत आर्य शक्तियों के विरूद्ध खड़ा हो चुका होगा। हिन्दुओं के प्रति आर्यों ब्राह्मणों की दूषित मानसिकता का प्रदर्शन आग में घी डालने का कार्य करेगा।

दि0 18.11.2020

भारत सिंह
वाराणसी

सम्राट धृतराष्ट्र

जिन्होंने उत्तराधिकारी न होते हुए भी युद्धिष्ठिर को आधा राज्य दिया।

अभिमत–2

मानवता, सत्य और न्याय की शत्रु हैं गीता, महाभारत

21वीं सदी के पूर्वाद्ध में संस्कृत महाग्रन्थ महाभारत तथा श्रीमद् भगवद्गीता पर समाजशास्त्री डॉ. श्याम निर्मोही ने समाज वैज्ञानिक दृष्टिकोण से समालोचना ग्रन्थ देकर नयी क्रान्ति की मानो शुरूआत कर दी है। महाभारत और श्रीमद् भगवतगीता को आपने अनावश्यक हिंसा और युद्ध का उन्माद पैदा करने वाला ग्रन्थ घोषित किया है। आप का यह कहना सच है कि महाभारत तथा गीता जैसे संस्कृत भाषा के ग्रन्थ हिन्दुओं के ग्रन्थ न होकर हिन्दुओं के दुश्मन भारत में शरण प्राप्त आर्यों ने हिन्दुओं को आपस में लड़ाकर मार डालने तथा उनकी संगठित शक्ति को छिन्न–भिन्न करने के लिए लिखा है। मूलतः यह आर्यों द्वारा लिखा गया आर्यों का ग्रन्थ है।

सम्प्रकाशित ग्रन्थ में महाभारत युद्ध को लेकर कई प्रश्न उठाये गये हैं–

– क्या यह महायुद्ध धर्म की प्रस्थापना के लिए लड़ा गया था?
– भारतीय साहित्य में पहली बार इस युद्ध को हिंसक अनावश्यक युद्ध का उन्माद पैदा करने वाला, अधर्म, अन्याय के लिए लड़ा गया युद्ध कहा गया है।
– विरले साहित्यकार ने सवाल उठाया है कि क्या महाभारत तथा गीता को पवित्र और धर्म ग्रन्थ कहा जा सकता है ?
– यह भी प्रश्न उठाया गया है कि क्या श्री कृष्ण ने धर्म रक्षा का कार्य किया और क्या गीता उनकी वाणी है ?

- यह भी प्रश्न उठाया गया है कि क्या इसका लेखक आर्य ब्राह्मण तो नहीं है, जिसने मल्लाह जाति के वेद व्यास के नाम से भगवद्गीता की रचना की और उसमें अपने स्वार्थ की बातों को तथाकथित भगवान श्री कृष्ण के मुख से कहलवाया है ?
- लेखक ने प्रश्न उठाया है कि कोई मल्लाह (आज की पिछड़ी जाति का) खेती, पशुपालन, मछली आदि का व्यवसाय करने वालों तथा नारियों और शूद्रों को पाप योनि अर्थात पाप की सन्तान नहीं कह सकता।
- आप के अनुसार वेद व्यास या व्यास किसी व्यक्ति का नाम न होकर पदवी है, जो व्यास अर्थात लम्बी चौड़ी व्याख्या देने वाले या लिखने वाले किसी भी व्यक्ति को दी जाती थी। आपके अनुसार गणित की भाषा में वृत्त के भीतर की सबसे बड़ी रेखा को व्यास कहा जाता है ठीक वैसे ही लम्बी चौड़ी व्याख्या/भाषण देने वालों को 'व्यासजी' कहा जाता है। गीता,महाभारत के लेखक भी ऐसे ही आर्य जातीय कोई व्यास हो सकते है। ब्राह्मण ग्रन्थों में 50 व्यासों का नाम मिलता है। ऐसे कई प्रश्न इन ग्रन्थों को लेकर इस पुस्तक में उठाये गये हैं।

आप का यह कहना पूर्णतः सच है कि राज्य का असली उत्तराधिकारी पाण्डु पुत्र युद्धिष्ठिर न होकर घृतराष्ट्र पुत्र दुर्योधन (सुधोधन) था, क्योंकि सुयोधन राजा का बड़ा पुत्र था। युद्धिष्ठिर आदि पांचो पाण्डव तो वनवासियों (आदिवासियों) द्वारा पाण्डु की पत्नियों से पैदा किए गये थे। उस समय पाण्डवों के तथाकथित पिता पाण्डु राजा/सम्राट न होकर सन्यासी थे। अतः "राजा का बड़ा पुत्र ही राज्य का उत्तराधिकारी होता है" के नियम के अनुसार युद्धिष्ठिर राज्य का उत्तराधिकारी न होकर दुर्योधन ही उसका अधिकारी था। इस प्रकार उत्तराधिकार नियम (धर्म) के विरूद्ध लड़ा गया युद्ध धर्म युद्ध कैसे हो सकता है ?

फिर भी युद्धिष्ठिर को आधा राज्य देकर उसे भी राजा बनाया गया, परन्तु युद्धिष्ठिर इतना बड़ा देशभक्त निकला कि वह अपना राज्य जूए में हार गया। डॉ. निर्मोही का कहना है कि ऐसे देशद्रोही, गद्दार पाण्डवों को पांच गांव देना भी अपराध था, देश द्रोह था। आपके अनुसार पाण्डवों या पाण्डवों के दबाव में दलित एकलव्य का अंगूठा काट लेना या कटवा लेना भी मानवीय अपराध था। इस आधार पर डॉ. निर्मोही पाण्डवों को देशद्रोही गद्दार के साथ ही इन्सानियत तथा न्याय का शत्रु भी मानते हैं। ऐसे पाण्डवों के लिए कृष्ण के नेतृत्व में लड़ा गया महाभारत युद्ध धर्म युद्ध कैसे हो सकता है ? आपके अनुसार इस अधर्म तथा पापकर्म में पाण्डवों के साथ ऐसे कृष्ण भी बराबर के पापी तथा अधर्मी हैं। ऐसे कृष्ण को (वह खेती पशुपालन करने वाले) भारत की पहचान खेती, पशुपालन तथा व्यापार करने वालों, आधी आबादी (50%) स्त्रियों और शूद्रों (दलितों) अर्थात कुल 96 प्रतिशत आबादी को पापी/पापयोनि कहने का अधिकार किसने दिया ?

ऐसे ही अनेक कुकृत्यों, पापकर्मों, पापियों, अधर्मियों का साथ देकर हिंसक युद्ध कराने वाले श्री कृष्ण के अवतार (महामानव) होने पर भी डॉ० निर्मोही ने प्रश्न उठाया है और उन्हें अवतार मानने से इन्कार कर दिया है। भगवान के रूप में पूजे जाने वाले श्री कृष्ण पर प्रश्न उठाना डॉ० श्याम निर्मोही जैसे विरले व्यक्ति के ही वश की बात है।

डॉ० निर्मोही "धारणात धर्म इत्याहुधर्मो धारयति प्रजाः" को स्वीकार करते हुए कहते हैं कि जो प्रजा (समाज) या किसी भी चीज के अस्तित्व को धारण करता है अर्थात जिसके कारण किसी की धारणा शक्ति अर्थात अस्तित्व बना रहे, वह धर्म है। जैसे जलाने से आग का अस्तित्व है। अतः जलाना आग का धर्म है। जिससे पानी का अस्तित्व बना रहे, वह पानी का धर्म है। इसी प्रकार जिस कारण से मानव समाज, व्यक्ति का अस्तित्व बना रहे, वह धर्म है। इस प्रकार नियम,

कानून, संविधान का नाम ही धर्म है। क्योंकि इसके अनुरूप आचरण से व्यक्ति एवं समाज तथा विश्व का अस्तित्व बना रहता है। आपका यह कथन सत्य है कि हिन्दू धर्म, मुस्लिम धर्म, ईसाई धर्म, धर्म न होकर गिरोह है; जिसका एक सरदार होता है। इन्हें सम्प्रदाय, मजहब, रिलीजन तो कहा जा सकता है, परन्तु धर्म नहीं कहा जा सकता है।

आप का यह कहना भी सत्य है कि रिस्ते की दुनियां में आग लगाकर अपनों की हत्या करना भारतीय संस्कृति "वसुधैव कुटुम्बकम्" की हत्या करना है। ऐसा कर कृष्ण और पाण्डव हिन्दुत्व के हत्यारे, अपराधी सिद्ध होते हैं।

डॉ० निर्मोही को आश्चर्य पैदा होता है कि ब्राह्मण ग्रन्थ गीता, महाभारत, रामायण, मनुस्मृति, पारासर स्मृति की तरह ईसाई और ईस्लाम धर्म की पुस्तकें– बाईबिल, लूका तथा कुरान भी खेती को पापकर्म, अधर्म घोषित करती हैं। डॉ. निर्मोही ऐसे समस्त ग्रन्थों को मानवता का शत्रु घोषित करते हैं। धर्म ग्रन्थ तो ये हो नहीं सकते हैं।

समाजशास्त्री डॉ० निर्मोही ने गीता के निष्काम कर्मयोग पर भी प्रश्न उठाया है। आपके अनुसार गीता का कर्मयोग "काम करो मजदूरी/वेतन मत मांगो, उसे शक्तिमानों (भगवान आदि) पर छोड़ दो। वह जो दे उसे स्वीकार करो।" शोषण का हथियार है। यह दर्शन कर्म दर्शन के नाम पर अकर्म को प्रश्रय देने वाला मानवता का शत्रु है। आप मानते हैं कि बिना फल के कर्म कैसा ? काम तो फल के लिए ही किया जाता है। खेती से अनाज न पैदा हो या उसके उत्पाद को उचित लाभप्रद मूल्य न मिले तो कोई क्यों खेती करेगा ? खेती का उचित मूल्य (फल) न मिलने के कारण आज 60–70% किसान खेती छोड़ना चाहते हैं। इस पतन के लिए गीता के इस दर्शन और कृष्ण को जमाना कभी माफ नहीं करेगा।

आप के अनुसार जाति, वर्ण के नाम पर कर्ण को फेल करना, भरी सभा में लक्ष्य भेद से उसे रोकना, और अपमानित करना, दलित एकलव्य का अंगूठा काटना (अपने पाप को छिपाने के लिए उसे गुरूदक्षिणा नाम देना) कहां का धर्म है। यह तो पाप है, अधर्म है। ऐसे अनेक मानवता के शत्रु ग्रन्थों को धर्मग्रन्थ नहीं कहा जा सकता है। यदि कोई इन्हें धर्मग्रन्थ कहकर इनका समर्थन करता है तो उन्हें हिन्दू नहीं कहा जा सकता है।

अपनी 'नयी महाभारत' में डॉ० निर्मोही ने असुरों को लेकर एक प्रश्न और उठाया है। उन्होंने प्रश्न खड़ा किया है कि आखिर महाभारत, रामायण, गीता जैसे ब्राह्मणों द्वारा रचित संस्कृत भाषा के ग्रन्थों में ही असुरों को दुष्ट, पापी, नीच, पापाचारी, दुराचारी, नरभक्षी के रूप में क्यों प्रस्तुत किया गया है। जबकि प्राचीनतम पुस्तक वेदों में असुर शब्द प्राणवान, शक्तिवान, ईश्वर/विधाता तथा देवता (संसार को बहुत कुछ देने वाला) का पर्याय है। वेद तो असुर स्तुति करते हुए दिखायी देते हैं। आपने यह भी प्रश्न उठाया है कि संस्कृत के ब्राह्मण ग्रन्थों के अलावा प्राकृत, पालि, तमिल भाषा के ग्रन्थों में कहीं भी असुर को दुःख, पापी नहीं लिखा है। डॉ० निर्मोही द्वारा उठाये गये इन प्रश्नों का उत्तर विद्वानों को देना ही होगा। यदि असुर, दुराचारी, नरभक्षी होते तो सभी उन्हें डकैत के रूप में ऐसा लिखते। इससे निष्कर्ष निकलता है कि जैसे शत्रुओं विरोधियों ने हिन्दू शब्द को कालाचोर, उचक्का आदि लिखा वैसे ही असुरों/(हिन्दुओं) के शत्रु आर्य ब्राह्मणों ने ही असुरों के लिए ऐसा लिखा। असुर तो जीवन की खेती (किसानी) करने वाले भारतीय थे जिन्हें आज हिन्दू कहा जाता है। ऐसा निष्कर्ष डॉ० निर्मोही का है। इससे निष्कर्ष निकलता है कि आर्य ब्राह्मण हिन्दू न होकर इनके शत्रु हैं। ये ऐसे प्रश्न हैं जिनका उत्तर हिन्दुओं को खोजना ही होगा।

समाज वैज्ञानिक डॉ० निर्मोही ने गीता के कर्म और पुर्नजन्म

सिद्धान्त को भी कटघरे में खड़ा किया है। आपने आत्मा, परमात्मा आधारित इस सिद्धान्त को झूठ का पुलिन्दा और समाज को धोखा देने वाला अवैज्ञानिक बताया है। आपने भी आत्मा और ईश्वर के अस्तित्व को नकारा है। आपने आत्मा को लेकर प्रश्न खड़ा किया कि शरीर में क्या चार आत्माएं होती हैं ? क्योंकि शरीर में से चार तत्वों–आग, पानी, हवा और मिट्‌टी में से किसी भी एक के चले जाने/बिखर जाने से प्राणी की मृत्यु हो जाती है।

इसके साथ ही डॉ० निर्मोही ने आत्मा विहीन शरीर से शरीर के पुर्नजन्म का नया सिद्धानत भी दिया है। आप के अनुसार जीवित रहते माता–पिता का पुर्नजन्म सन्तान के रूप में होता है। इसके जीवित रहते कई पुर्नजन्म हो जाते हैं। बेटा–बेटी, नाती–नातिन, पोता–पोती के रूप में दर्जनों पुर्नजन्म को मानव स्वयं अपनी आंखों से देखता है। आप के अनुसार पुर्नजन्म प्राणी का अपनी ही योनि में होता है।

इसके साथ ही आपने धर्मों के ईश्वर, खुदा, अल्लाह, गॉड, भगवान के जनक के रूप में जैविकीय भगवान की नयी संकल्पना दी है। आपने सिद्ध किया है कि भगवान एक जैविकीय संकल्पना है, जो पुरूष के शरीर का एक अंग है, जिसे पुलिंग या शिश्न कहा जाता है। डॉ० निर्मोही ने भग को क्रियाशील बनाने वाले शिश्न को ही प्रमाणों द्वारा भगवान सिद्ध किया है और दोनों भग और भगवान (योनि ओर शिश्न) को सृष्टिकर्त्ता माना है। आपके अनुसार ब्राह्मणों, ईसाइयों, मुसलमानों ने इसी असली भगवान की विशेषताओं को अपने काल्पनिक भगवान पर चस्पा कर दिया है। भगवान को लेकर डॉ० निर्मोही की पुस्तक "भगवान की अवधारणा : उद्‌भव एवं विकास" 2019 में प्रकाशित हो चुकी है। विद्वान पाठक उसे देख सकते हैं।

विद्वान लेखक डॉ० निर्मोही ने वर्ण व्यवस्था को देश को गुलाम

बनाने वाली तथा पतन के गर्त में ढकेलने वाली विकृत आरक्षण व्यवस्था का नाम दिया है। आपके अनुसार वर्ण व्यवस्था के कारण ही देश हजारों वर्षों तक गुलाम रहा। छुआछूत की समस्या जातियों ने नहीं, वर्ण व्यवस्था ने पैदा की है। कुल मिलाकर डॉ० निर्मोही द्वारा प्रणीत 'नयी महाभारत' पुस्तक के निष्कर्ष 90 प्रतिशत से अधिक सत्य हैं। नये भारत के निर्माण के लिए ऐसी पुस्तकें पाठ्य पुस्तक में शामिल किए जाने योग्य हैं।

समालोचना के क्षेत्र में यह पुस्तक आपको भी स्थान देती है। मेरी दृष्टि में डॉ० राजेन्द्र यादव, प्रो० मैनेजर पाण्डेय के बाद आलोचना की दृष्टि से डॉ० श्याम निर्मोही बड़े लेखक हैं। जिन्होंने समाज शास्त्रिय दृष्टिकोण से तर्कपूर्ण ढंग से महाभारत, गीता जैसे ग्रन्थों के झूठ का पर्दाफास किया है। डॉ० निर्मोही जैसे लेखकों की भारत को जरूरत है ताकि पोंगापन्थी साहित्य को समाज वैज्ञानिक सत्य की कसौटी पर कसकर देखा जा सके और अन्धी धार्मिकता की भेड़िया–धसान से देश की युवा पीढ़ी को बचाया जा सके।

इसमें कोई सन्देह नहीं कि डॉ० निर्मोही द्वारा रचित 'नयी महाभारत' भारत के भविष्य का भाग्योदय करेगी और लोगों को वैज्ञानिक ढंग से सोचने को विवश करेगी। "नया भारत" डॉ० श्याम निर्मोही जैसे लेखकों के वैज्ञानिक लेखन से पैदा होगा। ऐसा मेरा विश्वास है। रामायण, महाभारत जैसे उपन्यास तो अज्ञान, अविद्या, परोसने का ही कार्य करते हैं। विज्ञानपरक "नयी महाभारत" लिखने के लिए डॉ० श्याम निर्मोही बधाई के पात्र हैं।

दिनांक 21.07.2020
फर्रूखाबाद

का. योगेन्द्र यादव
प्रधान सम्पादक
युवा पीढ़ी समाचारपत्र
आगरा (उ0प्र0)

1

महाभारत और उसकी भगवद्गीता अनावश्यक हिंसा और युद्ध का उन्माद पैदा करती है

हम सब जानते हैं कि महाभारत कौरवों और पाण्डवों के बीच युद्ध/महायुद्ध की एक विशद पुस्तक है। यह भी हम जानते हैं कि ब्राह्मण धर्म में इसे धर्म ग्रन्थ की मान्यता दी गयी है। श्रीमद् भगवद्गीता नामक पुस्तक इसी महाभारत नामक ग्रन्थ का ही एक अंश है। इसका अर्थ है कि महाभारत के ही एक भाग को श्रीमद् भगवद्गीता के नाम से अलग पुस्तक का नाम दिया गया। हम यह भी जानते हैं कि तथाकथित हिन्दू धर्म और मूलतः ब्राह्मण धर्म में महाभारत के हिसंक महायुद्ध को धर्म युद्ध कहा गया है। यहाँ महाभारत युद्ध को लेकर सात प्रश्न खड़े होते हैं–

1. क्या यह हिंसक युद्ध अधर्म, अन्याय, असत्य के विरूद्ध धर्म, न्याय और सत्य की विजय के लिए देशवासियों तथा मानवता के हित में

था।

2. क्या यह महायुद्ध धर्म की प्रस्थापना तथा अधर्म के विनाश के लिए लड़ा गया था जैसे कि श्री कृष्ण के मुख से लेखक ने कहलवाया है कि "जब जब धर्म की हानि होती है और अधर्म बढ़ता है, तब तब धर्म की रक्षा तथा समाज के कल्याण के लिए मैं (श्रीकृष्ण) अवतार के रूप में जन्म लेता हूँ।"

   यहां धर्म और समाज के रक्षक अवतार के रूप में श्री कृष्ण को प्रस्तुत किया गया है ?

3. क्या महाभारत तथा श्रीमद्भगवद्गीता को पवित्र धर्म ग्रन्थ माना जा सकता है ?

4. क्या इन दोनों समर काव्यों को हिन्दू धर्म का धर्म ग्रन्थ माना जा सकता है ? यदि महाभारत (गीता सहित) धर्म ग्रन्थ है तो हिन्दू इसे अपने घरों में रखना पाप क्यों समझते थे ?

5. यहाँ एक यह भी प्रश्न अलग से खड़ा होता हुआ दिखयी देता है कि गीता क्या भगवान श्रीकृष्ण की वाणी है अथवा किसी साहित्यकार ने अपनी बात को श्रीकृष्ण के मुंह से कहलवाया है।

6. एक प्रश्न यह भी खड़ा होता है कि क्या यह युद्ध आवश्यक था अथवा महाभारत तथा गीता के रचनाकार कवि ने अनावश्यक रूप से युद्ध का उन्माद पैदा किया और अहिंसा परमो धर्म के देश में हिंसा, मारकाट को प्रश्रिय दिया और एक ही खानदान (परिवार) को आपस में लड़ाकर एक दूसरे का खून करने के लिए उकसाने का कार्य किया।

7. अन्तिम प्रश्न यह भी खड़ा होता है कि क्या महाभारत तथा गीता जैसे समर काव्य (युद्ध ग्रन्थ) किसी हिन्दू ने लिखे हैं अथवा

हिन्दूओं के दुश्मनों ने वसुधैव कुटुम्बकम तथा संयुक्त परिवारवादी हिन्दू संस्कृति में आग लगाने के लिए इन पुस्तकों की रचना की है।

इन प्रश्नों का उत्तर हम आगे यथा स्थान देने की कोशिश करेंगे। यहाँ हम देखना चाहेंगे कि क्या यह हिंसक युद्ध आवश्यक था अथवा ये दोनों ग्रन्थ अनावश्यक रूप से हिंसा और युद्ध का उन्माद पैदा क़रते हैं।

गीता अनावश्यक हिंसा और युद्ध का उन्माद पैदा करती है:– इसे सभी जानते है कि महाभारत युद्ध सत्ता के लिए भाइयों–भाइयों के बीच का युद्ध था। कुछ लोग कहते हैं कि द्रोपदी का चीर हरण महाभारत युद्ध का कारण बना तो अधिकांश लोगों की मान्यता है कि अनाधिकार सत्ता के लिए संघर्ष ही युद्ध का कारण बना तो कुछ की मान्यता है कि राजपुत्र सुयोधन (दुष्टों के लिए दुर्योधन) का अपमान (द्रोपदी द्वारा अन्धे का पुत्र अन्धा कहना), एकलव्य का अंगूठा काटा जाना तथा सर्वश्रेष्ठ धनुर्धर कर्ण को द्रोपदी द्वारा स्वयंवर में लक्ष्यभेद से रोका जाना (अपमानित करना) युद्ध का सबसे बड़ा कारण था। क्योंकि पाण्डवों द्वारा मानवता की हत्या हो रही थी।

देखा जाय तो गीता अनावश्यक युद्ध का उन्माद पैदा करती हुई दिखायी देती है। जैसा कि निम्न तथ्य इसकी पुष्टि करते हैं–

पाण्डव राज्य स्त्ता के संवैधानिक उत्तराधिकारी नहीं थे?:– महाभारत के अनुसार घृतराष्ट्र और पाण्डु सगे भाई थे, जिसमें घृतराष्ट्र बड़े तथा पाण्डु छोटे थे। तत्कालीन राज नियम के अनुसार राजा का बड़ा पुत्र ही उत्तराधिकारी बनता था अर्थात सम्राट बनता था। चूँकि बड़े भाई घृतराष्ट्र जन्मान्ध थे। अतः समाज के आग्रह पर उन्होंने छोटे भाई पाण्डु को सम्राट की पदवी दे दी। इस प्रकार पाण्डु राजा बन गये। पाण्डु जन्म से पाण्डु रोग यानि पोलियों से ग्रस्त थे। इस कारण उनकी काम शक्ति छीड़ हो गयी थी। वह सन्तान पैदा करने

तथा अपनी पत्नियों को कामसुख प्रदान करने में अक्षम हो गये थे।

अन्ततः पाण्डु ने दुःखी होकर सन्यास ग्रहण कर वन की राह पकड़ ली। फिर क्या था उनकी पत्नियों ने भी लोक लाज के कारण अपने पति का साथ दिया और वे भी वन में पति के साथ आश्रम में रहने लगी। परन्तु लगता है कि उनकी युवा पत्नियों का काम उनके वस से बाहर निकल गया और उन्होंने समय के साथ पांच पुत्रों को जन्म दिया। उस समय रजस्वला स्त्री की इच्छा पूर्ति करना पुरूष का परम धर्म माना जाता था। यही कारण था कि पाण्डु की युवा पत्नियों ने भी युवाओं का आध्वान किया और सन्तान की प्राप्ति की। अधिक सम्भव है कि पाण्डु के पांचों पुत्र बनवासी आदिवासी जनजातियों के युवाओं द्वारा पैदा किए थे। परन्तु खेत जिसका होता है, उसकी फसल मालिक की ही मानी जाती है। यही कारण था कि पत्नियां (खेत) चूँकि पाण्डु की थी, अतः पांचों बच्चे पाण्डु के पुत्र माने गये।

निःसन्देह पांचों भाई युधिष्ठिर, भीम, अर्जुन, नकुल, सहदेव आदिवासियों द्वारा पैदा किए गये थे, परन्तु इस यथार्थ पर पर्दा डालने के लिए कहानी को प्रतिकात्मक ढंग से प्रस्तुत किया गया। कोई सूर्य की तरह तेजस्वी था तो उसे सूर्यपुत्र (सूर्य के आवाहन से पैदा) कहा गया तो कोई तेज घावक था तो उसे पवन पुत्र (पवन देवता या पवन पुत्र) कहा गया। इसी प्रकार सबकी यथार्थ उत्पत्ति को काल्पनिक ढंग से पैदा दिखा दिया गया। जैसे राजा दशरथ के चारों पुत्र श्रृंगी द्वारा उनकी पत्नियों से पैदा हुए थे, परन्तु उन्हें विशेष खीर खाने से पैदा दिखाया गया। ऐसा बड़े लोगों के सम्मान को बचाये रखने के लिए किया जाता रहा है।

यहां ध्यान देने वाली बात है कि पाण्डु ने सन्यास ग्रहण करने से पूर्व राज्य सत्ता अपने बड़े भाई धृतराष्ट्र को ही सौंपी थी। इसका अर्थ है कि सत्ता पुनः अपने असली उत्तराधिकारी धृतराष्ट्र के पास ही

पहुंच गयी। इस प्रकार घृतराष्ट्र अपनी पत्नियों के सहयोग से शासन करने लगे।

उधर हमने देखा कि पाण्डु को पांच पुत्र पैदा हुए, जिसमें युधिष्ठिर सबसे बड़े थे। दूसरी ओर बड़े भाई घृतराष्ट्र को भी 100 पुत्र पैदा हुए। इन 100 पुत्रों में सुयोधन सबसे बड़े थे। मां ने अपने इस पुत्र का नाम सुयोधन रखा था, परन्तु महाभारत के लेखकों (विरोधियों) ने सुयोधन को दुर्योधन कर दिया। यहां दोनों भाइयों के पुत्रों में युधिष्ठिर सबसे बड़े भाई थे। दुसरा स्थान सुयोधन का था।

अब सत्ता के सिंहासन पर कौन बैठे, यह जब प्रश्न उठा तो युधिष्ठिर बोले मैं खानदान में सबसे बड़ा हूँ, अतः शासन सत्ता मुझे मिलनी चाहिए। सुयोधन बोले– मैं राजा का पुत्र हूँ। राजकुमार हूँ। अतः सत्ता मुझे मिलनी चाहिए। क्योंकि जब मैं पैदा हुआ तो मेरे पिता राजा थे और आज भी हैं। अतः राज सत्ता पर मेरा अधिकार बनता है। क्योंकि नियम के अनुसार राजा का बड़ा पुत्र ही राज्य का उत्तराधिकारी होता है। युधिष्ठिर राजा के पुत्र न होकर सन्यासी के पुत्र हैं। दूसरे अपने पिता के जैविक पुत्र न होकर आह्वान के पुत्र हैं। जब वे राजा थे तब युधिष्ठिर आदि नहीं पैदा हुए थे, जबकि मैं राजा के पुत्र के रूप में पैदा हुआ हूँ। अतः राज सत्ता पर मेरा ही अधिकार होना चाहिए।

यह चर्चा जोरों पर थी। इसी बीच समाज ने एक नया रास्ता निकाला और व्यवस्था दी कि चूँकि पाण्डु कभी राजा थे और आज घृतराष्ट्र सम्राट हैं। अतः राजसत्ता को बराबर–बराबर दो भागों में बाँटकर दोनों बड़े भाइयों–युधिष्ठिर और सुयोधन को आधा–आधा राज्य दे दिया जाए। इस पर दोनों पक्ष सहमत हो गये। इस प्रकार उत्तराधिकार के नियम के विरूद्ध युधिष्ठिर भी आधे राज्य के सम्राट बना दिए गये।

यहाँ ध्यान देने वाली बात यह है कि राज्य के असली उत्तराधिकारी सुयोधन अपने पूर्व सम्राट अपने चाचा के बड़े पुत्र युधिष्ठिर को आधा राज देने के लिए तैयार हो गये। यह सुयोधन और उनके पिता घृतराष्ट्र की मानो दरियादिली का परिचायक है।

पाण्डव तो देशद्रोही गद्दार थेः—उस समय चक्रवर्ती सम्राट बनने की लालसा सभी सम्राटों में होती थी। इसीलिए अश्वमेघ यज्ञ जैसे यज्ञ भी आयोजित होते थे। कुछ लोग युद्ध के रास्ते से अपने राज्य की सीमा का विस्तार करते थे, जिसमें अनिवार्य रूप से हिंसा होती थी और जनधन की हानि भी होती थी। इसमें कुछ राजा समर्पण कर अपनी हार स्वीकार कर लेते थे। बिना खून खराबा के जूए का रास्ता भी चक्रवर्ती सम्राट बनने का एक स्वीकृत मार्ग था। कौरवों और पाण्डवों में भी चक्रवर्ती सम्राट बनने की अकांक्षा थी। सुयोधन ने बिना खून खराबा किए जूए के रास्ते से चक्रवर्ती सम्राट बनने का अभियान शुरू कर दिया। उनके पास पासा फेंकने में निष्णात शकुनि मामा थे, जो जुए में कभी हारते न थे।

फिर क्या था। जुआ शुरू हो गया। अनेक सम्राटों ने जुआ खेलना स्वीकार किया और हारते गये। स्वाभिमानी युधिष्ठिर भला पीछे कैसे रह सकते थे। वे भी चक्रवर्ती सम्राट बनना चाहते थे। इस लालच में वे जुआ खेलने के लिए तैयार हो गये और हारते चले गये। उन्होंने अपना उपहार में प्राप्त आधा राज्य भी दांव पर लगा दिया और हार गये। फिर तो उन्होंने स्वयं सहित पांचों भाइयों और पत्नी द्रोपदी को भी दांव पर लगा दिया और हार गये। अब तो द्रोपदी सहित पांचो पाण्डव मानों सुयोधन सम्राट के गुलाम हो गये। गुलामों के साथ कैसा व्यवहार होता रहा है, इसे सभी जानते हैं। अब यदि देवर सुयोधन ने अपनी भाभी, जो पांच की पत्नी बन चुकी थी, को अपनी जांघ पर बैठने को कहा तो यह तो बदले की भावना थी, क्योंकि द्रोपदी ने इसी सुयोधन को अन्धें का पुत्र अन्धा कहकर अपमानित किया था। सम्राट

की आज्ञा का उलंघन करने के कारण गुलाम द्रोपदी का चीर हरण कर उसे अपमानित करने का कार्य शुरू हुआ, परन्तु उसे नग्न नहीं होने दिया गया। यह सुयोधन की मर्यादित बदले की भावना थी। परन्तु इस सच्चाई को छिपाकर काल्पनिक शक्तिशाली भगवान कृष्ण को चीर बढ़ाने वाला बताकर सच को उलट दिया गया। यहां कृष्ण तो एक काल्पनिक पात्र लगता है, जिसे सब कुछ करने वाला शक्तिशाली भगवान बनाकर खड़ा किया गया।

ऐसे अपने देश, परिवार पत्नी तक को जूए में दांव पर लगाकर हारने वाले अर्थात देश को गुलाम बनाने वाले युधिष्ठिर अथवा पाण्डव क्या क्षमा के पात्र हो सकते हैं। ऐसे पाण्डव तो देशद्रोही गद्दार ही तो कहे जायेंगे। ऐसे लोगों द्वारा ही भरी सभा में कर्ण को जाति के नाम पर अपमानित किया गया था और ऐसे लोगों के दबाव में महान धनुर्धर एकलव्य का अंगूठा काटा या कटवाया गया था, जिसे दक्षिणा का नाम देकर द्रोणाचार्य को बचाया गया। ऐसे मानवता के शत्रु, देशद्रोही गद्दार युद्धिष्ठिर या पाण्डवों को कोई पांच गांव भी क्यों देना चाहेगा। क्या पांच गांव में देशभक्त नागरिक नहीं रहते ? जिन्हें पाण्डवों को दे दिया जाय और उन्हें वे बेच खायें। ऐसे देशद्रोही गद्दार पाण्डवों को लाक्षाग्रह में जलाकर मारने का प्रयास किया गया तो उचित ही था। क्योंकि देशद्रोहियों, गद्दारों और इन्सानियत के शत्रुओं को आज भी मृत्यु दण्ड तक दिया जाता है। ऐसे देशद्रोही गद्दार युधिष्ठिर को कोई धर्मराज कैसे कह सकता है ?

इन देशद्रोही गद्दार, मानवता के शत्रु पाण्डवों के हित में महाविनाशक महाभारत युद्ध रचाया गया, जिसमें श्रीकृष्ण की महत्वपूर्ण भूमिका थी। फिर कृष्ण को क्या कहा जाय ? यह एक विचारणीय प्रश्न है। क्या ऐसे महाविनाशक युद्ध को धर्मयुद्ध कहा जायेगा, जैसा कि प्रचारित किया गया है ? ऐसे पाण्डवों के लिए श्री कृष्ण के मुंह से कहलवाया गया–

2

महाभारत : एक अधर्म युद्ध कथा

महाभारत युद्ध को धर्म युद्ध कहकर प्रचारित किया गया है। गीता को तो श्रीकृष्ण की वाणी कहकर उसे भगवान का कथन कहा गया है। भगवान भी एक धार्मिक अवधारणा है। भगवान कृष्ण महाभारत युद्ध के दिशा निर्देशक हैं और उनके प्रिय पाण्डवों के लिए यह युद्ध कौरवों के विरूद्ध लड़ा गया था। वास्तव में यह युद्ध पाण्डवों के राज्याधिकार के लिए लड़ा गया था, जहाँ कौरव उन्हें पांच गांव का राज्य भी नहीं देना चाहते थे। कौरव और पाण्डव सगे भाई की सन्तान थे। पहले पाण्डव भी कौरव ही कहे जाते थे, क्योंकि वे भी कुरू के वंशज थे। बाद में पाण्डु पुत्र पांचों भाई अपने पिता के नाम पर पाण्डव कहे जाने लगे। इसका अर्थ है महाभारत युद्ध सगे भाईयों की सन्तानों पाण्डवों का (भाइंयों के रहते) सगे भाई की सन्तान कौरवों के विरूद्ध लड़ा गया था। जिसमें ताऊ, चाचा, भाई, भतीजा, नाना–मामा, उनके रिस्तेदार, संगी साथी, सेना एक दूसरे की हत्या करने में लगे रहे। यहां

तक गुरू भी इसमें सम्मिलित थे। एक प्रकार से यह गृहयुद्ध था, जिसकी आग में देशी–विदेशी सभी राजा आग में घी डालने का कार्य कर रहे थे। एक प्रकार से यह छोटा या बड़ा विश्व युद्ध था, जिसमें लाखों/करोड़ों लोग मारे गये थे। ऐसा वर्णन महाभारत आदि ग्रन्थों में मिलता है।

अब हम तथ्यों के आधार पर इस युद्ध का परीक्षण करना चाहेंगे कि वास्तव में यह युद्ध धर्मयुद्ध था जैसा कि प्रचारित किया गया है अथवा यह भी एक अधर्म युद्ध ही था। सबसे पहले हम यहां देखेंगे कि धर्म क्या है ? तभी उसकी कसौटी पर कसकर देख सकेंगे कि यह धर्मयुद्ध था या अधर्म युद्ध। इसका मूल्यांकन इसे काव्योपन्यास ग्रन्थ मानकर किया जायेगा।

धर्म क्या है ?

नियम, कानून, विधि, विधान, संविधान के अनुरूप कार्य करना ही धर्म है। अर्थात जिन भी कारणों से समाज में शान्ति सुव्यवस्था बनी रहे, समाज का अस्तित्व बना रहे, उनका क्रियाशील या गतिशील रहना इत्यादि ही धर्म है।

– जिससे आग का अस्तित्व बना रहे, यह आग का धर्म जैसे जलाने की शक्ति इत्यादि।
– जिससे पानी का अस्तित्व बना रहे, जैसे शीतलता, संजीवनी शक्ति, उसका प्रदूषित न होना इत्यादि।
– जिससे वायु का अस्तित्व बना रहे, जैसे वायु का प्रदूषण मुक्त रहना, पर्याप्त मात्रा में उपलब्धता जीवन के लिए आवश्यक है। इत्यादि।

ध्यान रहे हिन्दू धर्म (वैदिक धर्म), ब्राह्मण धर्म/वैष्णव धर्म, ईसाई धर्म, मुस्लिम धर्म, सिक्ख धर्म जैसे तथाकथित धर्म न होकर मजहब, पन्थ, सम्प्रदाय, रिलीजन हैं। एक समान पूजा पद्धति उपासना

वालों के गिरोह मात्र हैं। जो एक दूसरे धर्मों के विरूद्ध घृणा, हिंसा, भेदभाव को प्रोत्साहित करते रहते हैं। जिससे समाज व राष्ट्र, व्यक्ति परिवार इत्यादि सभी का अस्तित्व खतरे में पड़ जाता है। देखा जाय तो ये सम्प्रदाय धर्म के हत्यारे हैं। इनमें धर्म शब्द जोड़कर प्रस्तुत करने को अपराध घोषित करना चाहिए। क्योंकि इससे भ्रम पैदा होता है। लोग अपने अधार्मिक/पापकर्मों को भी धर्म कह कर प्रस्तुत करने लगते हैं। महाभारत युद्ध को ही ले लीजिए, जो अधर्म पर लड़ा गया, पाप कृत्य था, परन्तु पाण्डवों के पक्ष वाले साहित्यकारों, सम्प्रदायवादियों ने इसे धर्मयुद्ध कहकर महिमा मण्डित किया है। अब हम संक्षेप में देखना चाहेंगे कि महाभारत युद्ध किस प्रकार धर्म के विरूद्ध लड़ा गया अधर्म युद्ध, असामाजिक, समाज द्रोही युद्ध था। युद्ध यानि मार—काट, हिंसा, कार्यों में वाधा, असुरक्षा, वेश्यावृत्ति, भिक्षावृत्ति, चोरी, डकैती, लूट, हत्या इत्यादि को प्रोत्साहन, असुरक्षा, व्यक्ति एवं समाज का खतरे में पड़ना इत्यादि अपने आप में पाप, अपराध, समाज द्रोह, राष्ट्रद्रोह, मानवताद्रोह इत्यादि है। युद्ध को तो बुरा के अलावा कभी भी किसी भी रूप में अच्छा या धर्मयुद्ध नहीं कहा जा सकता है। महाभारत युद्ध को धर्म युद्ध कहना तो सबसे बड़ा अपराध है। युद्ध चाहे कोई भी हो, चाहे महाभारत युद्ध हो, राम रावण युद्ध हो, विश्व युद्ध (प्रथम एंव द्वितीय) हो सभी अधर्म युद्ध ही होते हैं। युद्धों को किसी भी हालत में धर्मयुद्ध नहीं कहा जा सकता है, क्योंकि युद्ध से सभी का अस्तित्व खतरे में पड़ जाता है। जबकि धर्म स्वयं में किसी के अस्तित्व का कारण होता है। क्योंकि जो धारण करे वह धर्म। कुछ लोग जो धारण करने योग्य हैं, वह धर्म कहकर भ्रम पैदा करते हैं। ऐसी स्थिति में तो सभी अपने पाप कर्मों, अपराधों को भी धारण करने योग्य कहकर उसे धर्म कहने लगेंगे। चोर तो चोरी करने को धर्म कहेगा क्योंकि चोरी करने से ही चोर का अस्तित्व बना रहेगा, इस प्रकार सभी अपने पाप कर्मों या किसी भी कर्म को धर्म कहने लगेंगे। जैसे महाभारत युद्ध को पाण्डवों ने धर्म युद्ध कहा, जबकि मानवता तथा समाज एवं राष्ट्र के लिए यह अधर्म युद्ध था, जैसा कि आगे के विश्लेषण में स्पष्ट हो

जायेगा–

महाभारत युद्ध के अधर्म युद्ध होने के प्रमाण–

युद्ध अपने आप में अधर्म, पाप कृत्यः– ज्ञात होना चाहए कि युद्ध अपने आप में अधर्म होते हैं। कोई भी किसी भी युद्ध, महायुद्ध को धर्मयुद्ध यानि श्रेष्ठ नहीं कह सकता है। यदि कोई अपने युद्ध को धर्म युद्ध कहता है तो वह सबसे बड़ा अपराधी तथा अधार्मिक है। ऐसे लोग चाहे कृष्ण हों, महाभारत जैसे ग्रन्थों के रचनाकार हो या रामायण, रामचरित मानस जैसे ग्रन्थों के रचनाकार हों, सभी पापी हैं, अपराधी हैं, अधर्म के रक्षक और धर्म के हत्यारे हैं तथा समाज व राष्ट्र के शत्रु हैं।

अब हम संक्षेप में महाभारत युद्ध के चरित्रों से जुड़े उनके कुछ पापकृत्यों, समाज व राष्ट्रविरोधी कृत्यों का प्रमाण देना चाहेंगे, जिससे स्पष्ट हो जायेगा कि महाभारत युद्ध एक पापकृत्य/अपराध या अधर्म के लिए लड़ा गया युद्ध था–

1. महाभारत युद्ध उत्तराधिकार नियम के विरूद्ध पाण्डवों द्वारा बलात सत्ता हथियाने के लिए लड़ा गया। पाण्डव राजा का पुत्र न होने से राज्य सत्ता के उत्तराधिकारी न थे। राज्य के असली वारिस तो कौरवों में सबसे बड़े पुत्र सुयोधन थे। परन्तु चतुर चालांक कृष्ण का साथ मिल जाने से पाण्डवों ने केवल सत्ता के लिए यह युद्ध रचा था। उनका साध्य अधर्म व पापमय था। अतः उसे धर्मयुद्ध नहीं कहा जा सकता है।

2. साध्य की तरह साधन की पवित्रता इस युद्ध में नहीं रही। इसमें धोखा, छल, फरेब, झूठ का सहारा लिया गया। अनेक योद्धाओं को युद्ध नियमों के विरूद्ध मारा गया। अश्वत्थामा मारा गया का प्रछन्न झूठ युधिष्ठिर द्वारा बोला गया, जबकि अश्वत्थामा योद्धा नहीं, हाथी मारा गया था और जोर से चिल्लाया गया अश्वत्थामा मारा गया।

फिर ढोल नगाड़ों की आवाज के बीच धीरे से बुलवाया गया—हाथी। इस झूठ ने अश्वत्थामा के पिता महायोद्धा द्रोण को निःशस्त्र कर दिया और फिर पाण्डवों ने उन्हें मार डाला। ऐसे अनेक अपवित्र साधनों का प्रयोग महाभारत युद्ध में किया गया। पूर्ण सूर्यग्रहण लगे सूर्य को कहा गया कि सूर्यास्त हो गया है। अतः युद्ध बन्द किया जाता है, परन्तु ग्रहण समाप्त होते ही सामने आये जयद्रथ पर प्रहार कर उसे मार डाला जाता है, चक्रव्यूह रचकर बालक अभिमन्यु को कौरवों द्वारा मार डाला जाता है। इस प्रकार युद्ध के दोनों पक्ष अधर्म का सहारा ले रहे थे। अतः इस युद्ध को धर्मयुद्ध नहीं कहा जा सकता। सूर्यग्रहण के इस सत्य को छिपाने के लिए इसे श्रीकृष्ण के सुदर्शन चक्र का प्रभाव दिखाया गया। इस प्रकार सत्य को छिपाने का अपराध किया गया। ऐसे अनेक छल फरेब का उपयोग इस युद्ध में किया गया। फिर यह धर्म युद्ध कैसे हो सकता है ?

3. महान धनुर्धर एकलव्य आदिवासी/दलित, जो अर्जुन से आगे निकल गया था, उसे पीछे ढकेलने के लिए ही उसके दाहिने हाथ का अंगूठा काटा या कटवाया गया। एक दिन भी शिक्षा न देने वाला द्रोण किस मुंह से अंगूठे की दक्षिणा मांग सकता था। क्या ब्राह्मणों के मस्तक पर कलंक का टीका लगाने के लिए उसने ऐसा किया। ऐसा लगता है कि द्रोण ने पाण्डवों के दबाव में स्वयं एकलव्य का अंगूठा काटा और उसे दक्षिणा का रूप दे दिया गया। सम्भव है अहंकारी पाण्डवों ने अर्जुन को सर्वश्रेष्ठ दिखाने के लिए स्वयं उसका अंगूठा काट लिया, यह कहते हुए कि तुम अपने को सबसे बड़ा धनुर्धर कहते हो, तुम्हें स्वयं पर गर्व है, देखते हैं कैसे तुम धनुष वाण चलाते हो। उन्हें डर था कि कहीं यह महाधनुर्धर एकलव्य सुयोधन के साथ न चला जाए। इसलिए महाभारत युद्ध में अपनी विजय सुनिश्चित करने के उद्देश्य से उन्होंने उसके दायें हाथ का अंगूठा काट लिया, क्योंकि धनुष से वाण चलाने में दाहिने हाथ का अंगूठा ही प्रमुख अंग होता है।

अन्ततः दुश्मनों को मुंह की खानी पड़ी, क्योंकि एकलव्य ने अपने दायें पैर के अंगूठे से वाण चलाने में महारथ हासिल कर लिया। उसने सुयोधन का सैनिक बनकर पाण्डवों के छक्के छुड़ा दिए थे। कुछ भी हो द्रोण और पाण्डवों का यह कृत्य अमानवीय था। इतिहास में ऐसे पाण्डव तथा द्रोण मानवता/इन्सानियत के शत्रु के रूप में याद किए जायेंगे। भारत के गुरू तो यह कलंक का टीका अपने मस्तक पर लगाये घूम रहे हैं। शायद अनन्त काल तक इसे ढोते रहेंगे। कोई भी ऐसे पापकृत्यों को धर्म तो नहीं ही कहेगा।

4. ऐसे ही इन्सानियत के दुश्मन पाण्डवों के लिए ही तो स्वयंवर की भरी सभा में लक्ष्य भेद के लिए उठे महान धनुर्धर, कर्ण को जाति के नाम पर गाली दी गयी, उसे अपमानित किया गया। द्रोपदी ने अपने बाप का मुंह नोचने के स्थान पर कर्ण को अपमानित किया और पाण्डवों के हितैषी कृष्ण मुस्कराते रहे। इतना ही नहीं, महाभारत युद्ध के प्रेरणा स्रोत कृष्ण ने स्वयं अपनी मुंह बोली बहन द्रोपदी को ऐसा कहने के लिए उकसाया था। ऐसे कृष्ण से कोई धर्म की रक्षा की उम्मीद कैसे कर सकता है। आखिर कृष्ण किस धर्म की रक्षा करने की बात करते हैं। क्या मानवता की रक्षा करना धर्म नहीं हैं। कृष्ण चाहते तो स्वयं दुप्रद और उनकी पुत्री द्रोपदी को खरी खोटी सुनाकर उन्हें ऐसा करने से रोक सकते थे। परन्तु ऐसा नहीं किया गया। फिर तो धर्म अपमानित कलंकित होता चला गया। महाभारत युद्ध के लिए यह मानवता का अपमानित होना भी एक कारण बना।

5. पाण्डव, जिनके लिए महाभारत युद्ध लड़ा गया, इन्सानियत के शत्रु के साथ ही देशद्रोही गद्दार सिद्ध हो चुके थे। क्या देश व देश की जनता को जूए में हारना देशभक्ति है, धर्म है। पाण्डव तो ऐसे जुआरी थे, जिन्होंने अपना देश जुए में हारकर देश को गुलाम बनाने का कार्य किया था। यह तो देश का सौभाग्य था कि जीतने वाले राज्य के असली उत्तराधिकारी सुयोधन ही थे, अन्यथा जुआरी युधिष्ठिर आज

के चीन, पाकिस्तान या अमेरिका जैसे देशों से भी तो अपना देश हार सकता था। आतंकवादियों से भी तो देश को हार सकता था। क्या युधिष्ठिर का देश को गुलाम बनाने का यह कार्य देशद्रोह नहीं है। ऐसे देशद्रोही गद्दार पाण्डवों का पक्ष धर्म कैसे हो सकता है ?

6. ऐसे देशद्रोही गद्दार पाण्डवों को कोई देशभक्त पांच गांव भी क्या देना चाहेगा ? क्या उन पांच गांवों में देश की जनता नहीं रहती है कि उन्हें वे गांव पाण्डवों को दे दें और उन्हें वे बेच खाये या गुलाम बना दें। उनका क्या भरोसा ?

7. ऐसे देशद्रोही पाण्डवों को बीच चौराहे पर फांसी पर लटका देना चाहिए था, जिससे कोई देश जूए में हारने या बेचने की हिम्मत न कर सके। यहाँ तो उन्हें धर्मराज कहकर उनका सम्मान किया गया और ऐसे देशद्रोही गद्दार मानवता के शत्रु पाण्डवों के लिए महाभारत जैसा विश्वयुद्ध रचाया गया, जिसमें लाखों लोगों की हत्या की गयी। इसे कैसे धर्मयुद्ध कहा जा सकता है ?

8. महाभारत युद्ध के नायक श्रीकृष्ण समाज विध्वंसक समाज में छूत–अछूत, ऊंच–नीच, धनी गरीब की खायी पैदा करने वाली तथा देश को गुलाम बनाने वाली वर्ण व्यवस्था की वकालत करते हैं। वर्ण व्यवस्था के कारण ही देश हजारों वर्षों तक गुलाम रहा और उसका कुफल देश आज भी भोग रहा है। आज की मण्डल आरक्षण व्यवस्था उसी वर्ण आरक्षण द्वारा पैदा की गयी विकृतियों के निदान के लिए ही तो लागू की गयी। अधिक सम्भव है महाभारत युद्ध भी वर्णारक्षण व्यवस्था की रक्षा के लिए तथा उसकी प्रस्थापना के लिए ही लड़ा गया हो। वर्णारक्षण का पाप देश कब तक ढोता रहेगा। निश्चय ही महाभारत युद्ध पूर्णतः अधर्म युद्ध था।

9. ये महाभारत के नायक कृष्ण ही हैं जो किसानों, पशुपालकों,

व्यापारियों, स्त्रियों और शूद्रो को पाप योनि कहते हैं। खाद्यान पैदा करने वाले किसान तथा स्वयं को जन्म देने वाली स्त्रियाँ (माँ) जिनके लिए पापी हैं, भला वह आदमी धर्म की बात जानता भी है कि नहीं, समझ से परे है। उसके लिए ऐसे अमानवीय कृत्य धर्म हैं तो महाभारत युद्ध का नरसंहार भी तो धर्म ही होगा। भला ऐसा व्यक्ति कभी धर्म का रक्षक, धर्म का वाहक कैसे हो सकता है। सीधी भाषा में कहना हो तो उसे पापी, महाअधर्मी व्यक्ति ही कहा जायेगा। फिर उसके द्वारा संचालित महाभारत युद्ध धर्मयुद्ध कैसे हो सकता है ?

10. महाभारत युद्ध तो ताऊ, चाचा, भाई, भतीजा, जीजा, साला, मामा, नाना, यहां तक शिष्यों द्वारा गुरू की हत्या कर लड़ा गया। कृष्ण ऐसे कृत्यों, पाप कृत्यों के लिए अर्जुन को उकसा रहे थे। गीता में उनकी यही शिक्षा संग्रहीत है। इस प्रकार महाभारत युद्ध रिश्ते की दुनियां में आग लगाकर, अपनो की हत्या कर लड़ा गया। ऐसी स्थिति में भारत अपने चिन्तन वसुधैव कुटुम्बकम पर गर्व कैसे कर सकता है ? यह भी अधर्म था, पर उसे धर्म कहकर गुमराह किया गया। कोई ऐसे युद्ध को धर्मयुद्ध कैसे कह सकता है ?

11. इसी प्रकार युद्ध के नियमों के विरूद्ध अनेक स्थानों पर छल का प्रयोग किया गया। कर्ण का कवच कुण्डल मांगना, कमर के नीचे प्रहार करना, रथविहीन कर्ण पर प्रहार करना जैसे कृत्य भी पाप और अधर्म थे, फिर महाभारत युद्ध को धर्म युद्ध कैसे कहा जा सकता है ?

कुल मिलाकर यही कहा जायेगा कि महाभारत युद्ध एक धर्म युद्ध न होकर अधर्म युद्ध था। यही अधिक सत्य है।

3

कृषकों, पशुपालकों, व्यापारियों, स्त्रियों और दलितों/पिछड़ों की दुश्मन हैं गीता, महाभारत जैसे ग्रन्थ

धार्मिक पुस्तक कही जाने वाली श्रीमद्‌भगवद्‌गीता नामक संस्कृत भाषा की पुस्तक को तथाकथित भगवान कृष्ण की वाणी का संकलन माना जाता है। कहा जाता है कि युद्ध के मैदान में अपने विरूद्ध युद्ध के लिए खड़े अपने परिजनों (ताऊ, चाचा, नाना, मामा, भाई, गुरू, भतीजा जैसे परिवार के सदस्यों) को देखकर अर्जुन ने हथियार डाल दिया और कहा कि "वसुधैव कुटुम्बकम" वाली हिन्दू संस्कृति के विरूद्ध मैं अपने परिवार के सदस्यों की हत्या कैसे कर सकता हूँ ? इस पर श्रीकृष्ण ने अर्जुन को समझाया और उसे युद्ध के लिए तैयार किया। कृष्ण द्वारा युद्ध के मैदान में अर्जुन को दी गयी शिक्षा का ही संकलन गीता में है।

यह श्रीकृष्ण की वाणी का संकलन है अथवा किसी संस्कृत साहित्यकार कवि की कविताओं का संकलन है, कहा नहीं जा सकता

है। क्योंकि श्री कृष्ण कवि थे, ऐसा कहीं भी उल्लेख नहीं मिलता है। ऐसा लगता है कि किसी संस्कृत के प्रकाण्ड पण्डित साहित्यकार ने अपनी वर्णव्यवस्था, आत्मा तथा पुर्नजन्म सिद्धान्त की प्रस्थापना और भाई–भाई के बीच फूट, कलह तथा उनकी एकता को छिन्न–भिन्न करने, यहाँ तक अपने स्वार्थ के लिए एक दूसरे की हत्या तक करने के उद्देश्य से गीता की रचना की और उसे श्रीकृष्ण के नाम से प्रस्तुत कर दिया। संस्कृत साहित्यकार अपनी जाति/वर्ण के हित के लिए ऐसा करते रहे हैं, जैसा कि किसी संस्कृताचार्य ने समाज विध्वंसक अपने विचारों को प्रस्थापित मनु के नाम पर मनुस्मृति के रूप में प्रस्तुत किया तो किसी ने विष्णु के नाम पर विष्णुस्मृति लिखा तो किसी ने शिव, ब्रह्मा, पाराशर, इत्यादि प्रस्थापित महामानवों/भगवानों के नाम पर अपने विचारों को प्रस्तुत किया। क्योंकि उनके विचारों को लोग उनके नाम से स्वीकार नहीं कर सकते थे, जबकि प्रस्थापित महापुरूषों अथवा भगवानों के नाम पर उन्हें स्वीकार करवाना सरल था।

संस्कृत भाषा की इस काव्य कृति गीता को पवित्र ग्रन्थ कहकर प्रचारित किया गया है। यह संस्कृत साहित्य में काव्य की बेजोड़ कृति है ऐसा मैं भी मानता हूँ, जैसा कि संस्कृत गद्य साहित्य में 'कादम्बरी' की कोई तुलना नहीं है। परन्तु गीता में जो विषयवस्तु दी गयी है वह विध्वंसक है। यहां मैं गीता का केवल एक श्लोक देना चाहूँगा जो हिन्दुत्व के साथ ही मानवता के लिए कलंक है। उसमें लिखा है–

माम् हि पार्थ व्यपाश्रित्य येऽपि स्युः पापयोनयः
स्त्रियाः वैश्याः तथा शूद्राः तेऽपि यानि
परां गतिं ।। 32।।
किम् पुनर्ब्राह्मणाः पुण्या भक्ता राजर्षयस्तथा।। 33।।

– गीता 9/32–33

(अर्थात हे पाण्या ! मेरी (श्रीकृष्ण) शरण में आकर स्त्री शूद्र और वैश्य जैसी पापयोनि वाले भी तर जाते है फिर पुण्यात्मा ब्राह्मणों

तथा भक्त क्षत्रियों के क्या कहने ? वे तो तर ही जायेंगे। अतः सब कुछ छोड़कर मेरे को भेजो।)

श्रीमद् भगवद्गीता का यह कथन अनेक प्रश्नों को जन्म देता हुआ दिखायी देता है, जिनका उत्तर देना ही होगा–

1. **पहला प्रश्न** खड़ा होता है कि कि यदि संसार के मानवों को जन्म देने वाली स्त्रियां यानि माताएं पापिन हैं तो उनके गर्भ से पैदा ब्राह्मण और क्षत्रिय पुण्यात्मा कैसे हो सकते हैं ? क्योंकि पापिन के गर्भ से पापी ही तो पैदा हो सकते है।

2. **दूसरा प्रश्न** पैदा होता है कि वैश्य अर्थात खेती, पशुपालन और व्यापार करने वाली जातियां यदि पापयोनि (पापी) हैं तो उनका अन्न, दूध, घी आदि खाकर मोटा होने वाले लोगों को क्या कहा जायेगा ? ऐसे लोग तो महापापी ही कहे जा सकते हैं।

3. **तीसरा प्रश्न** खड़ा होता है कि यदि शूद्र अर्थात सेवक यदि पापी हैं तो उनसे सेवा लेने वाले वैश्यों अर्थात कृषक, पशुपालक व्यापारियों तथा ब्राह्मणों एवं क्षत्रियों को क्या कहा जायेगा ? ऐसे लोग क्या महापापी नहीं कहे जायेंगे ?

4. **चौथा प्रश्न** सामूहिक रूप से यह पैदा होता हुआ दिखायी देता है कि यदि आबादी की 50 प्रतिशत महिलायें पापिन हैं और कृषक, पशुपालक, व्यापारी अर्थात वैश्य वर्ण की 70 प्रतिशत जातियां तथा 22–23 प्रतिशत सेवक (शूद्र) इत्यादि पापी हैं तो क्या 2 प्रतिशत ब्राह्मण और क्षत्रिय वर्ण के पुरूष ही पुण्यात्मा हैं ? क्योंकि उनकी माताएं भी तो पापिन हैं। ऐसी घिनौनी बातें कहने वाला कोई मानवता का दुश्मन ही हो सकता है।

5. **पांचवां प्रश्न** खड़ा होता है कि जो श्रीकृष्ण स्वयं कृषक पशुपालक जाति का है। वह कृषक पशुपालकों, व्यापारियों अर्थात

वैश्यों को पापी कैसे कह सकता है ? निश्चय ही ऐसे पुस्तक का लेखक श्री कृष्ण जैसा कृषक, पशुपालक नहीं हो सकता है।

6. ऐसी पुस्तक का लेखक न तो स्त्रियां हो सकती है और न ही कृषक, पशुपालक अथवा व्यापारी हो सकते हैं, क्योंकि कोई स्वयं अपने को पापी नहीं की सकता है। ऐसी बातें कहने वाला कोई धूर्त ही हो सकता है, क्योंकि पुस्तक का लेखक संस्कृत भाषा का प्रकाण्ड पण्डित है।

7. इस पुस्तक के कथन से प्रगट होता है कि इस पुस्तक का लेखक कोई संस्कृत भाषा का ज्ञाता ब्राह्मण जाति का कोई या कुछ कवि हो सकते हैं क्योंकि उन्हीं के ग्रन्थों में मिलता है कि ब्राह्मण के लिए हल की मुठिया पकड़ना अर्थात खेती करना पाप है। व्यवहार में भी ऐसा देखा जाता रहा है। अब तो सभी खेती करने लगे हैं।

8. गीता की तरह संस्कृत भाषा की पुस्तक वाल्मीकि रामायण,[1] महाभारत,[2] पाराशर स्मृति,[3] मनुस्मृति[4] जैसे संस्कृत भाषा के ग्रन्थ भी खेती को पापकर्म अधर्म मानते हैं।

9. आश्चर्य होता है कि ईसाई और ईस्लाम धर्म की पुस्तक बाईबिल,[5] लूका,[6] कुरान,[7] में भी खेती को पाप कर्म, अधर्म लिखा हुआ है। ब्राह्मण धर्म और खेती के "पाप कर्म अधर्म का दर्शन" पाश्चात्य जगत में भी रहा है। सृष्टि की उत्पत्ति की कहानी में आदम और हब्बा के लिए जो फल खाने से मना किया गया था, वह था गेहूँ का दाना। शायद खेती से पैदा किया जाता था गेहूँ। इसलिए पाप कर्म अधर्म होने

1. वा. रामायण उत्तर काण्ड 74/17–23
2. महाभारत विदुर नीति 3/48
3. पाराशर स्मृति 1/76, 1/73–74
4. मनुस्मृति 10/84
5. बाईबिल 3/20, 4/16
6. लूका 3/38
7. कुरआन सृष्टि की उत्पत्ति कथा

से बाईबिल में गेहूँ के स्थान पर उसे सेव कर दिया गया। (सेव की भी खेती की जाती है)

इसका एक प्रमाण लूका में में मिलता है कि केन और एबल नामक दोनों भाइयों में से केन ने ज्वार की खेती की और एबल ने बकरे पाले, जब केन की ज्वार की फसल तैयार हुई और उसने उसे ईश्वर को समर्पित किया तो उसने उसे स्वीकार नहीं किया, जबकि एवल के बकरे की भेंट ईश्वर ने स्वीकार कर ली। इससे भी स्पष्ट होता है कि खेती पाप कर्म है तभी तो ईश्वर ने ज्वार की भेंट स्वीकार नहीं किया।

10. पाश्चात्य जगत आर्यों का देश था जहाँ खेती नहीं होती थी। वहीं ईसाई, ईस्लाम का जन्म हुआ। इसलिए वहां खेती को पाप कर्म अधर्म माना जाता था। जबकि उस समय जगत में खेती पशुपालन होता था। ऐसा लगता है कि खेती पशुपालन को पाप कर्म अधर्म मानने वाले संस्कृत भाषा के ग्रन्थों के लेखक भारत में शरण प्राप्त विदेशी आर्यों के वंशज भूसुर ब्राह्मण रहे हैं। जिन्होनें अपनी जन्मभूमि की खेती विहीनता की संस्कृति (प्राकृत् जीवन शैली) को श्रेष्ठ दिखाने के लिए ही खेती को पापकर्म अधर्म कहा।

11. निश्चय ही खेती को पापकर्म, अधर्म कहने वाली श्रीमद् भगवद्गीता का लेखक कोई कृष्ण या कोई हिन्दू न होकर विदेशी भूसुर ब्राह्मण या आर्य जाति का कोई संस्कृत का कवि रहा है। ऐसी पुस्तक का लेखक कृषक, पशुपालक श्री कृष्ण तो हो ही नहीं सकता है। निश्चय ही किसी भूसुर ब्राह्मण या आर्य जाति का संस्कृत कवि ही इस पुस्तक का लेखक है। जिसने अपने जातिय हित को ध्यान में रखते हुए, पुस्तक के लेखक के रूप में अपना नाम नहीं दिया, वरन उसे श्री कृष्ण के नाम से प्रस्तुत कर दिया।

खेती पशुपालन करने वाला श्री कृष्ण जैसा व्यक्ति भला कैसे लिख सकता है कि खेती, पापकर्म, अधर्म है ?

12. सम्पूर्ण भूसुर ब्राह्मण साहित्य शूद्रों और स्त्रियों को निकृष्ट मानता है। शूद्रों को तो संस्कृत, भाषा के कवि आदमी मानने के लिए तैयार नहीं। वे तो स्त्रियों को पापयोनि, नरक की खान, मोक्ष प्राप्ति में बाधक, अपवित्र, अवगुणों की खान, और न जाने क्या–क्या मानते हैं। ये तथ्य भी बताते हैं कि गीता का उक्त कथन श्री कृष्ण का न होकर किसी भूसुर ब्राह्मण या विदेशी आर्य जाति के किसी कवि का ही है।

कुल मिलाकर कहना पड़ेगा कि श्रीमद् भगवद्गीता और उसका खेती पाप कर्म, अधर्म और स्त्रियाँ तथा शूद्रों के पापी होने का दर्शन श्रीकृष्ण का न होकर किसी विदेशी आर्य अर्थात भारत में शरण प्राप्त भूसुर ब्राह्मण जाति के संस्कृत कवि का है। इस प्रकार पूरी गीता पुस्तक और उसका दर्शन भी हिन्दुओं का न होकर एक ब्राह्मण जाति के किसी ब्राह्मण (भूसुर) की कृति और उसका दर्शन है। यही सच है।

कृषि प्रधान देश भारत में कृषकों, पशुपालकों, व्यापारियों,स्त्रियों, सेवकों को पाप योनि लिखने वाला संस्कृत साहित्यकार और उसकी पुस्तक श्रीमद् भगवद्गीता निश्चय ही हिन्दुओं की विरोधी और मानवता की शत्रु है। वह भारतीय तो हो ही नहीं सकता है। ऐसी मानवता विरोधी पुस्तक को पवित्र धर्म ग्रन्थ कहने वाले निश्चय ही महामूर्ख हैं।

4

वसुधैव कुटुम्बकम की हिन्दू संस्कृति में आग लगाती हैं गीता और महाभारत

इसमें कोई सन्देह नहीं है कि श्रीमद् भगवद्गीता को संस्कृत काव्य साहित्य का सर्वोच्च सम्मान प्राप्त है जबकि गद्य साहित्य में वाण भट्ट की कादम्बरी को प्राप्त है। कादम्बरी के लेखक का नाम स्पष्ट रूप से अंकित है, जबकि गीता के लेखक ने अपना नाम न देकर उसे तथाकथित भगवान श्री कृष्ण की वाणी का नाम देकर प्रस्थापित किया है। गीता और महाभारत का चिन्तन न केवल वंश के विनाश को आमन्त्रण देता है, वरन् यह हिन्दू संस्कृति में आग लगाने वाला भी है।

हिन्दुत्व की विनाशक हैं ये दोनों ग्रन्थः– हम सब जानते हैं कि भारतीय संस्कृति परिवारवादी रही है। यह संस्कृति वैदिक काल से संसार को अपना परिवार मानने की शिक्षा देती रही है। परिवार से संयुक्त परिवार और आगे बढ़कर सम्पूर्ण वसुधा (पृथ्वी) को अपना

परिवार मानकर उसके सुख दुःख को अपना मानने और प्राणि मात्र के कल्याण के लिए कार्य करने को ही भारतीयों ने वसुधैव कुटुम्बकम का नाम दिया था। यह हिन्दुत्व की प्रमुख पहचान है। "वैदिक कृण्वन्तों विश्वम् अर्यम" का दर्शन वसुधैव कुटुम्कम का आदिम रूप है, जिससे संसार को अर्य अर्थात कर्मशील कृषक बनाकर संसार सागर को पार करने की कला को वैश्विक रूप प्रदान किया था। यही कारण था कि मानवों की इस संस्कृति ने वैश्विक रूप प्राप्त किया और तीनों लोकों का एकीकरण उन्हें एक विश्व का अंग बना दिया। आज तीनों लोक– स्वर्ग, नरक, पाताल सभी मनुष्य लोक के अंग हैं। यह माता मनु की मानुषीकरण या कृषकीकरण के कारण सम्भाव हो सका। महाभारत और इसमें से निकली श्रीमद् भगवद्गीता जैसी संस्कृत भाषा की पुस्तकें ऐसी मानववादी, परिवारवादी हिन्दू संस्कृति में आग लगाती हुई दिखायी देती हैं।

गीता चिल्लाकर कहती है कि "मत देखो ताऊ, चाचा, भाई, भतीजा, मामा, नाना, भान्जा जैसे परिवार के सदस्यों यानि रिश्ते की दुनियां के अपनों को, यहाँ तक अपने ज्ञान दाता गुरू को भी मत देखो। हथियार उठाओं और सभी को मारकर सत्ता छीन लो। यही युद्ध का धर्म है कि सामने वाले को मत देखो। वह तो प्रतिद्वन्दी है मारकर युद्ध धर्म का पालन करो। क्योंकि ये सब तो पहले ही मरे हुए हैं, तुम उन्हें मारकर श्रेय ले लो। उसके अनुसार आत्मा मरती कहां है। वह तो अजर, अमर, अविनाशी, सर्वव्यापी, आदि, अनन्त, अजन्मा है। वह दूसरा जन्म ले लेगी।"

जब गीता यह कहती है तो इसका अर्थ है कि सामने वालों को मारो, चाहे वे अपने परिवार के लोग ही क्यों न हों ? इस प्रकार गीता अनावश्यक रूप से युद्ध और हिंसा का उन्माद पैदा करती है। यह सही–गलत, पाप–पुण्य, न्याय–अन्याय के प्रति सोचने की क्षमता को समाप्त कर देती है और लड़ाई–झगड़ा, मार–काट, हिंसा को

प्रश्रय देती है। हम सब जानते हैं कि भारतीय संस्कृति पारिवारवादी है, परन्तु गीता तो रिस्ते की सारी दुनियां में आग लगाने को मान्यता देती है। यह चिन्तन आतंकवादी नहीं हैं तो और क्या है ? कम से कम इसे मानववादी चिन्तन तो नहीं कहा जा सकता है।

गीता, अर्जुन से कहती है कि "ये जो तुम्हारे सामने अपने खड़े हैं, जिन्हें देखकर तुमने हथियार फेंक दिया है ये तो पहले से मरे हुए हैं। तुम मार कहां रहे हो। उठाओं हथियार और उन पर छोड़ दो। मरे हुओं पर वाण चलाना हिंसा कहां है ? क्या यह वेवकूफी भरा चिन्तन नहीं है ? मरे हुओं को मारने में कौन सा पुरूषत्व है ? जबकि सच्चाई है कि जीवित उनके अपने सामने खड़े थे। इसका अर्थ है कि गीता कृष्ण के माध्यम से अनावश्यक हिंसा के लिए उकसा रही है।

हमने पीछे देखा कि जिन पाण्डवों को युद्ध के लिए उकसाया जा रहा है वे सत्ता के उत्तराधिकारी भी नहीं थे क्योंकि वे राजा पाण्डु के पुत्र न होकर नपुंसक सन्यासी की पत्नियों के आह्वान पुत्र थे। अर्थात अपने पिता के जैविक पुत्र न थे, जबकि सुयोधन सम्राट धृतराष्ट्र के जैविक पुत्र और राजसत्ता के असली उत्तराधिकारी थे। फिर पाण्डवों को गलत शिक्षा देकर उन्हें मार–काट के लिए उकसाना अथवा युद्ध करवाना क्या धर्म, न्याय, सत्य की हत्या करना नहीं है। गैर कानूनी अधिकार के लिए श्री कृष्ण का पाण्डवों को ललकारना और युद्ध करवाना अनावश्यक हक के लिए अनावश्यक युद्ध एवं हिंसा का उन्माद पैदा करना क्या नहीं है ? ऐसे श्री कृष्ण और गीता को क्या कहा जायेगा ?

गीता का ऐसा युद्ध दर्शन महाविनाश को आमन्त्रण देता हुआ दिखायी देता है। यह चिन्तन हिन्दुत्व ही नहीं तो मानवता की हत्या करने वाला चिन्तन है। गलत उद्देश्य के लिए अर्थात अपने स्वार्थ के लिए परिवार, खानदान के अपनों (रिस्तेदारों) की हत्या के लिए जो

चिन्तन गीता के द्वारा श्री कृष्ण के माध्यम से प्रस्तुत किया गया है, उसके लिए अपने गांव, नगर, देश और अन्य देशों के लोग तो कीड़े मकोड़े या शत्रु ही नजर आयेंगे। जो अपनों द्वारा अपनों की हत्या को जायज धर्म कह रहा हो, उसके लिए अपने गांव, नगर, देश या परदेश के लोगों की हत्या करना कितना आसान होगा, कोई भी सोच सकता है। ऐसी स्थिति में सृष्टि को कैसे बचाया जा सकता है। निश्चय ही अनावश्यक मारकाट की स्थिति महाविनाश को जन्म देगी। लोग ऐसे गीता के चिन्तन पर गर्व कैसे करते हैं। आश्चर्य होता है।

गीता कहती है कि सामने कौन है ? मत देखो। मारो काटो और अपना लक्ष्य प्राप्त करो। सही–गलत, अपना–पराया देखकर युद्ध नहीं जीता जाता है। तुम्हारा काम है युद्ध करना और अपना लक्ष्य प्राप्त करना। गीता यहां साधन–साध्य की पवित्रता की परवाह किए बिना हिंसा तथा युद्ध के लिए ललकारती है। ऐसा लगता है कि गीता का लेखक हिन्दुत्व का दुश्मन है जो रिस्ते की दुनियां में आग लगाकर हिन्दुत्व को नष्ट करना चाहता है। आगे के अध्यायों में हम देख सकेंगे कि गीता और महाभारत जैसी पुस्तकें किस प्रकार हिन्दुत्व की विरोधी हैं।

मामा सकुनी

जिनके पासे ने बिना युद्ध के सैकड़ों राजाओं को परास्त कर सुयोधन को चक्रवर्ती सम्राट बना दिया।

5

गीता का विनाशकारी कर्मयोग सिद्धान्त– (काम करो वेतन मत मांगो) शोषकों का दर्शन है

"कर्मण्येवाधिकारस्ते मा फलेषु कदाचन" यही तो कहता है कि काम करो वेतन (पारिश्रमिक/फल) मत मांगो। सामान्यतः संसार के सभी मानव किसी न किसी फल (वेतन/परिश्रामिक/मजदूरी आदि) के लिए ही काम करते हुए देखे जाते हैं। बिना फल की इच्छा के कोई भी मनुष्य कोई काम नहीं करता है। यहां तो श्रीमद्भगवद्गीता सीधे कहती है कि 'कर्म करो, फल की इच्छा न करो'। वह तो कर्म का हत्यारा है देखें कैसे–

1. बिना फल के कैसा कर्मः– गौतम बुद्ध कहते हैं कि मानव के प्रत्येक कर्म का फल अनिवार्य रूप से मिलता है। अच्छे कर्मों का फल अच्छा और बुरे या पाप कर्मों का बुरा फल उसे अनिवार्य रूप से मिलता ही है। यह फल प्रकृति देती है या मनुष्य स्वयं, मानव समाज या

सरकार देती है। बुरे कार्यों का फल व्यक्ति कभी–कभी स्वयं आत्म हत्या करके प्राप्त करता है। यहाँ तो ब्राह्मण धर्मी (हिन्दू धर्मी नहीं) गीता कहती है कि कर्म करते रहो, फल की चिन्ता न करो। मिले तो ले लो अन्यथा सन्तोषं परं सुखम्। यह कैसी शिक्षा है ? कैसा दर्शन है। भला बिना वेतन, बिना पारिश्रमिक या बिना मजदूरी के मनुष्य कोई काम क्यों करेगा ? ऐसा तो होता नहीं। लोग तो वेतन के लिए आन्दोलन, हड़ताल करते हैं। फल/वेतन न मिले तो काम करना बन्द कर तबाही मचा देते हैं। वेतन/मजदूरी कम मिलने पर भी लोग आन्दोलन, हड़ताल, तालाबन्दी, बाजारबन्दी का रास्ता अपनाते हैं। बिना फल के कोई कर्म कैसा ? कुछ उदाहरणों से इसे समझा जा सकता है–

– यदि खेतों में फसल (फल) न पैदा हो, पैदा हो तो उसकी फसल का उचित मूल्य न मिले तो किसान क्यों खेती करेंगे। फसल और उसका मूल्य ही तो उसके लिए कर्म फल है। सरकारें कहती हैं कि किसानों को उनका लागत मूल्य नहीं दे सकते, क्योंकि इससे कारखाना बन्द हो जायेगें। खेती का लाभप्रद मूल्य न मिलने के कारण 70 प्रतिशत भारतीय किसान खेती छोड़ने को तैयार बैठे हैं।

– यदि मजदूरों को उनके परिश्रम का फल (मजदूरी) न मिले तो कोई क्यों काम करेगा। तब तो सभी कारखाने बन्द हो जायेंगे।

– कारखानों में मजदूर काम करें और प्रतिफल कुछ भी न मिले तो श्रमिक न काम करेंगे और न ही उद्योगपति कल कारखाना चलाना चाहेंगे। चक्की में गेहूँ डाले आटा बनाने के लिए और फल (आटा) न निकले तो कोई उससे गेहूँ क्यों पिसवायेगा। यदि वह कहे कि तुम्हारे सामने हमने 50 किलो गेहूँ डाला,

परन्तु 20 किलो ही आटा निकला तो मैं क्या करूं। क्या इसे कोई मान लेगा।

— यदि बन्दूक से चली गोली से शत्रु सेना का जवान न मरे, न घायल हो तो ऐसी बन्दूक कोई क्यों खरीदेगा ?

— इन्जीनियर या डॉक्टर के कामों का फल न मिले तो कोई उनसे महल क्यों बनवायेगा या अपनी चिकित्सा ही क्यों करवायेगा।

— सरकारें सबके विकास की बात करें, परन्तु जनता का, देश का विकास ही न हो तो ऐसी सरकार को कौन चाहेगा। जनता तो उसे उठाकर फेंक देगी।

— गाय भैंस से फल (दूध) न मिले तो लोग उन्हें बेच देते हैं, जो बूचड़खाने पहुँच जाती हैं।

— फल विहीन पेड़ को लोग काट देते हैं।

ऐसे अनेक उदाहरण दिए जा सकते हैं, जहाँ संसार गीता के "कर्मणोधिकारते मा फलेषु कदाचन" को मानता ही नहीं। फिर काम हम करें और फल की चिन्ता हम नहीं करेंगे तो और कौन करेगा ? निश्चय ही लोग फल के लिए ही कर्म करते हैं। फल नहीं तो कर्म नहीं।

2. यह तो बेगार प्रथा का नाम है :— संसार में काम करा लो और मजदूरी (फल) न दो। मांगे तो मारकर भगा दो या थोड़ा सा देकर शेष हड़प लो। इसे बेगार प्रथा कहा जाता है। गीता का "कर्मण्येवाधिकारस्ते मा फलेषु कदाचन" तो मजदूरी (फल) न दो। मांगे तो मारकर, भगा दो या थोड़ा सा देकर शेष हड़प लो। इसे ही बेगार

प्रथा कहा जाता है। गीता का "कर्मण्येवाधिकारस्ते मा फलेषु कदाचन" दर्शन इसी बेगार प्रथा का नाम है। ऐसी प्रथा को आज कल अपराध कहा जाता है। निश्चय ही इस प्रथा को महिमा मण्डित करने वाला गीता का रचनाकार मानवता का शत्रु और समाज का अपराधी है।

3. यह कर्मवादी विश्व को अकर्मण्य बनाने का चिन्तन है :— गीता का लेखक चाहें जो कोई रहा होगा, निश्चय ही कामचोर रहा होगा। तभी तो वह कहता है कि फल मिले, न मिले, कोई हड़प ले, तुम चिन्ता मत करो। अपना कर्म करते रहो। यह कोई भिखारी रहा होगा। तभी तो वह कहता है कि भीख (कर्म) माँगते रहो। कोई तो होगा जो भीख देगा। वे तो भीख मांगने को कर्म कहते हैं :जबकि भीख मांगना कर्म नहीं है। कर्म तो रचनात्मक होता है और फल के लिए ही होता है। फल के बिना कोई कर्म नहीं। यह चिन्तन तो कर्मशील संसार के मानवों को अकर्मण्य बनाने के लिए कहा गया। ऐसा लगता है। यदि इसे माना जायेगा तो सभी मानव नकारा हो जायेंगे। जब कोई फलदायी कर्म नहीं करेंगे तो वे भिखारी बन जायेंगे।

4. दस करोड़ से अधिक साधुओं की फौज इसी की देन :— कहते हैं कि आज भारत में दस करोड़ से अधिक नकारा साधू सन्यासियों की फौज खड़ी है। ये फलविहीन कर्म करते हैं। ये काम तो भगवान का करते हैं, परन्तु भगवान उन्हें एक रोटी भी नहीं देता है। रोटी तो वे मानवों से मांगते हैं। उन्हें धार्मिक कहा जाता है। संसार में केवल धार्मिक हैं जो फल विहीन कर्म करते हैं और अपना जीवन बर्बाद करते हैं। इन्हें भिखारियों की फौज कहा जा सकता है। आज लाखों वर्ष हो गये होंगे, कितनी पीढ़ियां बर्बाद हो गयीं होंगी, परन्तु किसी को भगवान (फल) नहीं मिला। इन्हें कौन समझाये कि ऐसा फल विहीन कर्म किसी काम का नहीं है।

5. कर्मण्येवाधिकारस्ते.......मूर्ख धार्मिकों का चिन्तन है :— यह चिन्तन संसार के मानवों के लिए तो उन्हें बर्बाद करने वाला चिन्तन है जैसा कि हमने देखा कि यह लोगों को नकारा तथा भिखारी बनाने वाला चिन्तन है। देखा जाय तो यह दर्शन केवल और केवल धार्मिकों के लिए है जो भगवान मिले न मिले, वह कुछ दे या न दे, भगवान की पूजा करते रहो। क्योंकि आज तक भगवान ने किसी को कुछ भी नहीं दिया। उल्टे पण्डा पुजारी भगवान के नाम पर जनता को लूटते रहते हैं। इसे मूर्खों का चिन्तन भी कह सकते हैं।

6. यह चिन्तन तो गुंडे बदमाशों, शोषकों का दर्शन है :— हम सब जानते है कि गुण्डे, बदमाश, माफिया, शोषक, जमींदार, ठाकुर जैसे लोग गरीबों से काम तो करवा लेते रहे हैं और जब मजदूरी (फल) देना होता है तो मारकर डरा धमका कर उन्हें भगा देते रहे हैं। गीता का ''काम करो, फल की चिन्ता न करो'' दर्शन तो ऐसे ही गुण्डों, जमींदारों, शोषकों का चिन्तन लगता है। कार्ल मार्क्स के अनुसार इसी चिन्तन को मानने वाले सर्वहारा के शोषक पूँजीपति होते हैं। जो मजदूरों की कमाई का बड़ा हिस्सा हड़प कर ही धनी बनते हैं।

7. विज्ञान का हत्यारा है कर्मण्येवाधिकारस्ते....का दर्शन :— विज्ञान कहता है कि फल के लिए कार्य करते रहो। जब तक फल (परिणाम) न मिले प्रयोग पर प्रयोग करते रहो। यहाँ तो गीता कहती है कि फल की चिन्ता न करो, प्रयोग करते रहो। बताइये ऐसी, स्थिति में कर्म कोई क्यों करे। जब कर्म फल की चिन्ता नहीं तो कारण की खोज नहीं और कारण की खोज नहीं तो विज्ञान नहीं। शायद यही कारण था कि वैदिकोत्तर भारत में वेदों का विज्ञान मर गया। इस प्रकार गीता का यह दर्शन निश्चय ही विज्ञान का हत्यारा है। यह ज्ञान विज्ञान का शत्रु है।

8. यह दर्शन भारत के दुश्मनों ने दिया है :— लोगों को नकारा बनाने वाला, बेगार प्रथा को बढ़ावा देने वाला, ज्ञान विज्ञान का हत्यारा दर्शन देने वाला कर्मभूमि भारत का निवासी न होकर भारतीयों का कोई दुश्मन ही रहा होगा, जिसने अकर्म की शिक्षा देकर भारत को पतन के गर्त में ढकेल दिया।

9. फल की चिन्ता तो सबको करनी चाहिए :— काम तो सभी को करना चाहिए, भीख से जीवन जीने वाले लोग भिखारी कहे जाते हैं, जिन्हें नरक में भी जगह नहीं मिलती है चाहे वे साधू, सन्यासी रूपी भिखारी ही क्यों न हों। फल विहीन कर्म नहीं। फल नहीं मिला तो चिन्ता करनी चाहिए। खोज करनी चाहिए कि फल कहां किसने हड़प लिया। कारण की खोज कर उसका निदान कर फल प्राप्त करना कर्मशील मानव का कर्त्तव्य है। अन्यथा कामचोर, गुण्डे, शोषक लोग फल की चोरी करते रहेंगे। देश में गरीबों, मजदूरों की जो फौज खड़ी है, वह फल चोरों की ही देन हैं।

10. देश की गरीबी, भुखमरी, अन्याय, अत्याचार का जनक है यह दर्शन :— देश में जो गरीबी है, भुखमरी है, अन्याय, अत्याचार है, यह सब फल चोरों के कारण ही है, क्योंकि उन्होंने लोगों के पसीने की कमाई चुरा ली और लोग धनी—गरीब हो गये। इसी कारण भुखमरी बढ़ी और शोषकों के अन्याय, अत्याचार बढ़ने लगे।

11. यह चिन्तन यादव कृष्ण का नहीं हो सकता :— कृष्ण यदुवंशी थे, जो खेती और पशुपालक थे। ये कर्म मानव को जीवन देते हैं। किसान खेती करते हैं तो धरती मां एक के बदले 100 गुना, हजार गुना अनाज देती है। उसके पशुपालन का दूध भी जीवन देता है। भला खेती पशुपालन करने वाला श्री कृष्ण "बिना फल के कर्म" की शिक्षा क्यों देगा ? हमने देखा कि ऐसी बात तो कोई भिखारी या धार्मिक भिखारी और देश तथा मानवता का दुश्मन ही कर सकता है। शायद

गीता का लेखक कोई धार्मिक जाति का भिखारी रहा होगा। वह कोई विदेशी हो सकता है, जिसने इस देश के लोगों को नकारा बनाने तथा यहां के ज्ञान विज्ञान की हत्या करने के उद्देश्य से अपना दर्शन कर्मशील श्री कृष्ण के नाम से प्रस्तुत किया।

कुल मिलाकर कहना पड़ेगा कि गीता का "कर्मण्येवाधिकारस्ते मा फलेषु कदाचन" का दर्शन हिन्दुत्व के दुश्मनों का दर्शन है, जिनका उद्देश्य भारत को पतन के गर्त में ढकेलना तथा यहां के ज्ञान विज्ञान की हत्या करना था। सीधी भाषा में कहा जाय तो कहना पड़ेगा कि यह दर्शन भिखारी विदेशी भूसुरों (आर्यों/ब्राह्मणों) का दर्शन है, जिनके लिए रचनात्मक खेती आदि कर्म करना पाप रहा है। वे तो भीख मांगने को पवित्र मानते रहे हैं।

● ● ●

6

गीता और महाभारत देशद्रोही, गद्दार, इन्सानियत के शत्रु पाण्डवों के गीत गाती है

हम सब जानते हैं कि गीता और महाभारत जैसी पुस्तकें कौरवों के पक्ष को अधर्म और पाण्डवों के पक्ष को धर्म कहकर प्रस्तुत करती हैं। इसी आधार पर महाभारत युद्ध को धर्मयुद्ध कहा गया है और इसी कारण युधिष्ठिर को धर्मराज कहकर प्रस्तुत किया गया है। जबकि पाण्डव देशद्रोही, गद्दार और इन्सानियत के शत्रु थे। इस आधार पर वास्तव में पाण्डव अधर्मी थे। इसके विपरीत कौरवों का पक्ष धर्म का पक्ष था। वे राष्ट्रवादी, देशभक्त और मानवता को सम्मान देने वाले थे। जैसी महाभारत तथा गीता के कुछ दृष्टान्तों से बात स्पष्ट होती है–

1. पाण्डवों द्वारा देश को जूए में हारना क्या देशद्रोह नहीं है :– यह भी हम जानते हैं कि पाण्डु पुत्र युधिष्ठर राज्य के

उत्तराधिकारी न थे क्योंकि वे राजा के पुत्र न होकर एक नपुंसक सन्यासी पाण्डु के मान्य पुत्र थे। वे अपने पिता पाण्डु के जैविक पुत्र न थे और उस समय उनके पिता राजा भी नहीं थे, क्योंकि उन्होंने राज्य को अपने बड़े भाई धृतराष्ट्र को सौंपकर सन्यास ग्रहण कर लिया था, जहाँ वनवासियों के सहयोग से उनकी पत्नियों को भी बच्चे पैदा हुए। जैसे खेत में किसी भी प्रकार पैदा फसल खेत के स्वामी की होती है वैसे ही अपनी पत्नियों से पैदा बच्चे (पाण्डव) भी पाण्डु के मान लिए गये। राज्य के असली उत्तराधिकारी तो राजा घृतराष्ट्र के बड़े पुत्र सुयोधन ही थे, क्योंकि वे उस समय पैदा हुए थे जबकि उनके पिता राजा थे। अतः राजा का बड़ा पुत्र ही राज्य का उत्तराधिकारी हो सकता था। यह पुराना नियम था।

फिर भी लोगों के समुझाने बुझाने पर सुयोधन ने अपने राज्य का आधा राज्य पाण्डवों को दे दिया था। इस प्रकार बड़े पुत्र युधिष्ठिर भी आधे राज्य के सम्राट बन गये थे। परन्तु युधिष्ठिर अपने राज्य को संभाल नहीं सके। जूए की लत ने उन्हें जूआ खेलने के लिए आकर्षित कर दिया। भारतीय सम्राट अपने देश/राज्य की सीमा विस्तार के लिए विजय दशमी पर्व पर सीमोलंघन किया करते थे। चक्रवर्ती सम्राट बनने के लिए वे ऐसा करते थे। इसके लिए तीन रास्ते मान्य थे–

1. दूसरे देश पर आक्रमण कर उन पर विजय के द्वारा।

2. अश्व मेघ यज्ञ के द्वारा, जिसमें अश्वमेघ यज्ञ का घोड़ा छोड़ा जाता था। पीछे राजा की सेना चलती थी। जो राजा समर्पण कर देता था वह तो सीधे राज्य का अंग बन जाता था, परन्तु जो घोड़े को रोकता था, उससे सम्राट युद्ध कर, उसे जीत कर, उसका देश अपने देश में मिला लेता था।

3. तीसरा रास्ता जुआं का था। यह बिना खून खराबा का था। इसमें जूए में जीतने वाला सम्राट हारने वाले राजा का राज्य/देश अपने देश में मिला लेता था।

चक्रवर्ती सम्राट बनने की अकांक्षा से सम्राट सुयोधन ने बिना खून खराबा वाले सीमा विस्तार के जूए के रास्ते को अपनाया। उनके मामा शकुनि पासा फेंकने और जीतने में पारंगत थे। अतः अपने राज्य की सीमा विस्तार के लिए उन्होंने जूए के रास्ते को चुना। जूआ कई दिनों तक चला और चुनौती स्वीकार करने वाले सम्राट जूआ खेलने आते और हारकर अपना राज्य (देश) गवां बैठते। इस प्रकार अनेक देशों को सुयोधन ने अपने देश का अंग बना लिया। धीरे–धीरे वे चक्रवर्ती सम्राट बनते जा रहे थे। इधर सम्राट युधिष्ठिर भी जूआ खेलने में माहिर थे। उनमें भी सुयोधन के देश (राज्य) सहित उनके जीते हुए देशों को जूए में जीतकर चक्रवर्ती सम्राट बनने का लोभ पैदा हुआ और वे भी सुयोधन के राज्य में जुआ खेलने पहुँच गये। परन्तु जीतने के स्थान पर अपना राजपाठ, अपना देश यहाँ तक अपने भइयों सहित पत्नी द्रोपदी को भी दांव पर लगाकर सब कुछ हार गये। यह बात महाभारत चिल्लाकर कहती है।

अब प्रश्न उठता है कि अपनी पत्नी तथा भाइंयों सहित अपने देश (राज्य) को जूए में दांव पर लगाने वाला तथा उन्हें हारने वाला युधिष्ठिर या पाण्डवों को देशद्रोही गद्दार नहीं कहा जायेगा तो और क्या कहा जायेगा ? ऐसे देशद्रोही गद्दार पाण्डवों को धर्म का पक्ष और युधिष्ठिर को धर्मराज कैसे कहा जा सकता है ? ऐसे देशद्रोही गद्दारों को तो चौराहे पर खड़ा कर फांसी दे देना चाहिए था। आश्चर्य होता है कि श्री कृष्ण जैसा व्यक्ति (भगवान) ऐसे देशद्रोही पाण्डवों के साथ कैसे खड़ा हो गया ?

2. पाण्डवों द्वारा महान धनुर्धर एकलव्य का अंगूठा कटवाना या काटना क्या मानवता की हत्या नहीं है ?

:— सभी जानते हैं कि धनुष–वाण चलाने में दायें हाथ का अंगुठा सर्वाधिक महत्वपूर्ण होता है। बिना दाहिने हाथ के अंगूठे के धनुष से वाण सन्धान करना सम्भव नहीं। पाण्डवों ने तो अर्जुन की सर्वश्रेष्ठता के लिए तत्कालीन सर्वश्रेष्ठता के शिखर पुरूष एकलव्य का दायें हाथ

का अंगूठा ही काट या कटवा लिया। कवियों ने तो पाण्डवों की इस नीचता को छिपाने के लिए एकलव्य द्वारा गुरू की दक्षिणा में स्वयं अपना अंगूठा काटकर देना दिखा दिया। इससे भारत के महान गुरू द्रोणाचार्य पर शिष्य को फेल करने की दृष्टि से अंगूठा दक्षिणा में मांगना माना गया। यह कलंक का टीका गुरूओं पर लग गया कि इस देश में ऐसे भी गुरू होते हैं, जो शिष्य को फेल करने की नीयत से दक्षिणा मांगते हैं। सच्चाई यह है कि बाहुबली राजा महाराजा अपने स्वार्थ के लिए ऐसा पाप कृत्य करवाते थे। सम्भव है वे स्वयं अपने लोगों द्वारा ऐसे पाप कृत्य करवाते थे, क्योंकि कोई छोटी जाति का, वह भी सामान्य परिवार का व्यक्ति राजपुत्रों से कैसे आगे निकल सकता था। इसे वे अपना अपमान समझते थे। अधिक सम्भव है पाण्डवों ने ही स्वयं की श्रेष्ठता के लिए टापर एकलव्य के दायें हाथ का अंगूठा काट लिया हो और उसे गुरू दक्षिणा में देना दिखा दिया हो। इससे उन्होंने स्वयं की श्रेष्ठता तो बचा ही लिया, शिष्य की गुरूभक्ति को भी स्थापित कर दिया, परन्तु गुरूओं के मस्तक पर कलंक का टीका तो लगा ही दिया। यदि गुरू ने स्वयं दक्षिणा में दायें हाथ का अंगूठा मांगा होगा तो यह भी शासक पाण्डवों का ही दबाव रहा होगा, क्योंकि वह उन्हीं को चुनौती दे रहा था।

कुछ भी हो एकलव्य के दायें हाथ के अंगूठे को काटने, कटवाने या गुरू दक्षिणा में मांगने के अपराधी पाण्डव ही थे। ऐसे पाण्डवों को इन्सानियत का शत्रु ही तो कहा जायेगा। पाण्डवों का यह कृत्य तो अधर्म का महापाप था। ऐसे लोगों को धर्मराज नहीं कहा जा सकता है।

3. कर्ण को भरी सभा में अपमानित करना क्या था ?

:— महाभारत कहती है कि सम्राट द्रुपद ने अपनी पुत्री द्रोपदी के लिए श्रेष्ठ वर चुनने के लिए स्वयंवर की रचना की। उसमें नीचे कडाह में तेल भरकर रखा गया और ठीक उसके ऊपर 30–40 फीट ऊँचाई पर मछली बांधकर रख दी गयी। स्वयंवर में आये हुए विश्व के युवाओं को

ललकारते हुए द्रुपद ने कहा– है कोई माई का लाल ! जो नीचे कड़ाह में देखते हुए ऊपर टंगी मछली की आंख में लक्ष्य भेद करेगा। द्रोपदी, उसी को व्याह दी जायेगी। इसकी घोषणा पहले भी कर दी गयी थी। उसी के आधार अपनी तैयारी कर द्रुपद की चुनौती का उत्तर देने के लिए स्वयंवर में विश्व के युवक/राजकुमार इत्यादि आये हुए थे। स्वयंवर में जाति, वर्ण, धर्म, धनी, गरीब का भेद नहीं होता था। वहां तो चुनौती का उत्तर देना होता था।

स्वयंवर में आये हुए युवाओं के सामने ज्यों ही द्रुपद ने लक्ष्य भेद के लिए ललकारा, अनेक युवकों ने लक्ष्य भेद की कोशिश की, परन्तु असफल रहे। धनुर्धर कर्ण भी उस सभा में आये हुए थे। आखिर युवाओं को चुनौती मिली थी। उन्हें अपनी धनुर्विद्या पर भरोसा था। सो वे उठे और लक्ष्य भेद स्थल पर पहुंच गये। परन्तु उन्हें जाति के नाम पर लक्ष्य भेद नहीं करने दिया गया। भरी सभा में उन्हें अपमानित किया गया। क्या यह मानवता का अपमान नहीं था ?

4. पाण्डव तो घोर जातिवादी और मानवता के शत्रु थे :– हमने देखा कि किस प्रकार पाण्डवों ने दलित जाति के महान धनुर्धर एकलव्य को पीछे ढकेलने के लिए उसके दायें हाथ का बलात अंगूठा ही काट या कटवा लिया और अपने पाप को छिपाने के लिए उसे गुरू दक्षिणा का रूप दे दिया। हमने यह भी देखा कि किस प्रकार पाण्डवों के साथी श्रीकृष्ण की उपस्थिति में महान धनुर्धर कर्ण को उसकी जाति की गाली देकर, भरी सभा में अपमानित किया गया। किसी ने भी इसका विरोध नहीं किया। दूसरे पाचों पाण्डवों ने एक नारी (द्रोपदी) को पांच की पत्नी बनने के लिए बाध्य कर दिया और द्रोपदी ने भी मना नहीं किया। अपने देश, भाई, पत्नी तक को जूएं में हारने वाले पाण्डवों को देशद्रोही, गद्दार, मानवता का शत्रु न कहकर उन्हें सम्मान दिया गया और उनके स्वार्थ के लिए महाभारत युद्ध रचाया गया। आश्चर्य तो यह है कि उनका साथ तथाकथित भगवान कृष्ण ने दिया और उनके पक्ष को धर्म कहा।

5. श्री कृष्ण ने ऐसे देशद्रोही, गद्दार, मानवता के शत्रु पाण्डवों का साथ क्यों दिया ? :– अब तो सिद्ध हो गया कि पाण्डव देशद्रोही, गद्दार, मानवता के दुश्मन, अन्याय, अत्याचार के पक्ष–धर और घोर जातिवादी थे। फिर भगवान कहे जाने वाले श्री कृष्ण ने ऐसे पाण्डवों का साथ क्यों दिया ? क्या वे पाण्डवों के पाप के भागीदार नहीं होंगे ? क्या उनकी बुद्धि को लकवा मार गया था कि वे देशद्रोही, मानवता के शत्रु पाण्डवों का साथ देने के लिए दौड़ पड़े। आखिर क्यों ? इससे स्पष्ट होता है कि श्री कृष्ण में कोई भी भगवान या अवतार का गुण नहीं था और वे भी पाण्डवों की तरह ही थे। आखिर देशद्रोही, गद्दार, मानवता के शत्रुओं का साथ देने वालों को भी तो वही कहा जायेगा।

एक और झूठ फैलाया गया है कि जूए में पाण्डवों को धोखे से हराया गया, परन्तु यह सच नहीं है। हर हारने वाला अपनी झेंप मिटाने के लिए यही बात कहता है। ये तथ्य बताते हैं कि पाण्डव देशद्रोही, गद्दार, मानवता के दुश्मन तथा अन्याय, अत्याचार के समर्थक थे। वे जाति व वर्ण व्यवस्था की अमानवीय व्यवस्था को मानने वाले थे। एक प्रकार से वे अधार्मिक व्यक्ति थे। सत्य, न्याय, धर्म से उनका नाता न के बराबर था। ऐसी अनेक बुराइंया उनमें थीं। ऐसे पाण्डवों का साथ श्री कृष्ण दे रहे थे। ऐसे पाण्डवों के स्वार्थ के लिए ही महाभारत युद्ध रखा गया और रिस्ते की दुनियां में आग लगायी गयी। हिन्दु संस्कृत की वसुधैव कुटुम्बकम को ध्वस्त किया गया। भाई, भतीजा, ताऊ, चाचा, मामा, नाना यहां तक गुरू की हत्या को धर्म कहा गया। यह कैसा और कहां का आदर्श है। ऐसे अन्यायी, अधर्मी जैसे दुर्गुणों से युक्त पाण्डवों के गीत गीता और महाभारत कृष्ण कहे जाने वाले व्यक्ति के नाम पर गाया गया। अब प्रश्न खड़ा होगा ही कि ऐसे व्यक्ति और महाभारत तथा श्रीमद्भगवद्गीता को भारतीयों/हिन्दुओं का धर्मग्रन्थ कैसे कहा जा सकता है और इन्हें आदर्श पुस्तक कैसे माना जा सकता है ?

7

गीता का आत्मा और पुर्नजन्म का सिद्धान्त झूठ का पुलिन्दा है। (पुर्नजन्म तो प्राणी का प्राणी से होता हैं)

वेदों में पुर्नजन्म सिद्धान्त का अभावः—

श्रीमद् भगवद्गीता के किसी अनाम कवि ने अपनी शैली में श्री कृष्ण के नाम से आत्मा और उसके पुर्नजन्म का सिद्धान्त दिया है। भारतीय क्या विश्व के अनेक समाजों में प्रकारान्तर से यह सिद्धान्त जड़ें जमा चुका है। कुछ लोगों ने इसे मान भी लिया है। जबकि हिन्दुओं की पवित्र और प्राचीनतम पुस्तक वेदों में इसका कहीं भी कोई संकेत नहीं है। वेदों (चारों वेदों) में कहीं भी न आत्मा है और न ही ईश्वर है, ऋग्वेद के दसम मण्डल में ऋग्वेद की रचना के एक हजार वर्ष बाद ईश्वर की अवधारणा को अवश्य मिलाया गया है। अतः उसे वेद का नहीं माना जा सकता है। इस प्रकार वेदों में ईश्वर के साथ उसके अंश आत्मा का भी अस्तित्व नहीं है। इससे स्पष्ट होता है कि

वेदों में आत्मा और उसके पुर्नजन्म का सिद्धान्त नहीं हैं। वेद में एक हजार वर्ष बाद दसम मण्डल मिलाया गया, इसका प्रमाण वेद स्वयं देता है। ऋग्वेद के दसम मण्डल के (10/90/9) में चारों वेदों के नामों का स्पष्ट उल्लेख है। ऐसा तभी हो सकता है जबकि चारों वेद अस्तित्व में आ चुके हों। सभी जानते हैं हजार वर्ष तक तीन वेद चर्चित थे। त्रिवेद का अनेक स्थानों पर प्राचीन ग्रन्थों में उल्लेख हुआ है। अथर्ववेद तो एक हजार वर्ष बाद संग्रहीत हुआ। अतः सिद्ध हो जाता है कि वेदों में न ईश्वर न आत्मा न पुर्नजन्म का सिद्धान्त ही था। अतः यह सिद्धान्त हिन्दुओं का नहीं हो सकता है।

इस सिद्धान्त का जन्म किस जाति/वर्ण के व्यक्ति ने दिया ? गीता, महाभारत, पुराणों में लेखकों का नाम न होने से कोई नहीं कह सकता है कि यह सिद्धान्त किसने दिया। अधिकांश ब्राह्मणों द्वारा रचित संस्कृत भाषा के गीता, रामायण, महाभारत, पुराणों आदि में ही आत्मा और उसके पुर्नजन्म का सिद्धान्त मिलता है। इससे इस बात को बल मिलता है कि यह सिद्धान्त ब्राह्मण धर्मियों द्वारा प्रस्तुत किया गया है। क्योंकि ये संस्कृत भाषा के ग्रन्थ ब्राह्मणों द्वारा अपना नाम न देकर प्रस्थापित चरित्रों (व्यास, मनु, वाल्मीकि इत्यादि) के नाम से रचे गये हैं। रामायण राम के नाम वाल्मीकि ब्राह्मण ने लिखा तो इसी जाति के किसी कवि ने मनुस्मृति मनु के नाम पर, गीता, महाभारत गुमनाम व्यास के नाम पर लिखा। व्यास कोई व्यक्ति न होकर पदवी है। जैसे वृत्त के अन्दर की सबसे बड़ी रेखा को व्यास कहते हैं। उसी प्रकार किसी विषय को विस्तार देकर प्रस्तुत करने वाले या लिखने वाले को व्यास जी कहा जाता रहा है। रामायण हो या महाभारत, गीता, पुराण इत्यादि की लम्बी चौड़ी व्याख्या या वर्णन करने के कारण ही उसके लेखकों को व्यास कहते हैं। यहां रामायण के लिखने वाले बाल्मीकि कोई मेहतर जाति के न थे और न ही महाभारत, गीता, भागवतपुराण जैसे पुराणों के लेखक मछेरा (धीवर) पुत्र व्यास थे। इनके लेखक सभी व्यास ब्राह्मण जाति के ही थे, क्योंकि मल्लाह धीवर इत्यादि....जातियों को शूद्र माना जाता था और शूद्रों को ज्ञान प्राप्त करने, लिखने पढ़ने

का अधिकार ही नहीं था। फिर वे कैसे ग्रन्थ लिखते ? ये सभी ग्रन्थ ब्राह्मणवाद, ब्राह्मण जाति, वर्ण व्यवस्था जैसे ब्राह्मण धर्मी विधानों की प्रसंशा करते हैं और वैश्यों शूद्रों को नीच, पापी अछूत कहते हैं। भला कोई शूद्र शूद्रों को गाली क्यों देगा ? निश्चय ही ये ग्रन्थ ब्राह्मणों ने लिखा और उन्हें दूसरों का नाम इसलिए दिया, जिससे बहुसंख्यक समाज उनके दर्शन को स्वीकार कर ले। उन्होंने अपनी बात कहीं पर भगवान (कृष्ण, राम इत्यादि) के नाम पर प्रस्तुत किया तो कहीं पर अन्यों के नाम पर। निश्चय ही आत्मा और उसके पुर्नजन्म का सिद्धान्त ब्राह्मणों द्वारा प्रस्तुत सिद्धान्त है।

गीता का आत्मा का सिद्धान्त क्या है ?

श्रीमद् भगवद्गीता इत्यादि समस्त संस्कृत ग्रन्थों में आत्मा का जो सिद्धान्त दिया गया है उसके अनुसार आत्मा के अस्तित्व को स्वीकार किया गया है, परन्तु आत्मा क्या है ? इसकी स्पष्ट परिकल्पना कहीं नहीं मिलती। आत्मा और उसके पुर्नजन्म की सबसे अधिक वकालत करने वाली गीता में भी आत्मा स्पष्ट नहीं है। सभी में उसकी विशेषताओं का ही कथम मिलता है। उसके अनुसार आत्मा की निम्न विशेषताएं बतायीं गयी हैं–

1. आत्मा अजर है अर्थात आग उसे जला नहीं सकती है।
2. आत्मा अमर है। उसे कोई मार नहीं सकता है।
3. पानी उसे गला नहीं सकता।
4. हवा उसे सुखा नहीं सकती।
5. अविनाशी है। उसका नाश कभी नहीं हो सकता।
6. सर्वव्यापी है। यह तो ब्रह्माण्ड में सर्वत्र व्याप्त रहती है।
7. वह सर्वशक्तिमान, सर्वव्यापी, अजर, अमर, अविनाशी, ईश्वर का अंश होती है। इसलिए ईश्वर के गुण उसमें भी पाये जाते हैं।
8. आदि अनन्त है। अर्थात उसका न प्रारम्भ है और न ही अन्त।
9. व्यक्ति से अलग अस्तित्व आत्मा का होता है।
10. शरीर में आत्मा के रहते ही प्राणी जीवित रहता है।
11. आत्मा के शरीर से निकल जाने पर आदमी (प्राणी) की मृत्यु हो

जाती है।

12. जितने प्राणी सृष्टि में पाये जाते हैं आत्मायें उससे कहीं अधिक होती हैं।

13. शरीर से निकल जाने अर्थात प्राणी की मृत्यु के बाद आत्माएं वायु मण्डल में विचरण करती रहती हैं।

14. समय पाकर वही आत्माएं मादा प्राणी (मां) के गर्भ में प्रवेश कर पुर्नजन्म लेती है। उनका पुर्नजन्म का यह क्रम मोक्ष की प्राप्ति तक अनवरत चलता रहता है।

15. कुछ लोग आत्मा के आकार को अंगूठे के बराबर बताते हैं। पर देखा किसी ने भी नहीं।

16. आत्मा भी ईश्वर का अंश होने से ईश्वर की तरह सूक्ष्म और अदृश्य होती हैं।

17. हर योनि अर्थात मनुष्य, शेर, बिल्ली कुत्ता, गाय, बकरी, हिरन, घोड़ा, हाथी, चीटी, पतंग, सांप, पनाला के कीड़े, मकोड़े जैसे समस्त जीवों की आत्माएं समान होती हैं। केवल संस्कार की भिन्नता होती है।

18. मोक्ष प्राप्ति के बाद आत्मा स्वर्ग की होकर रह जाती है। उसे मनुष्य के रूप में पुनर्जन्म नहीं लेना पड़ता है। इस प्रकार आत्मावादी तथा ईश्वरवादी दोनों आत्मा के अस्तित्व को स्वीकार करते हैं और उपरोक्त विशेषताओं को मानते हैं।

गीता का आत्मा के पुर्नजन्म का सिद्धान्त क्या है ?

आत्मा के कारण ही यह विश्व जीव धारियों से आबाद है। आत्माओं के जन्म से जीव, प्राणी, मनुष्य पैदा होते हैं। प्राणी की मृत्यु के बाद कुछ समय तक विचरण के पश्चात् आत्माएं पुर्नजन्म लेती हैं। आत्मा का पुर्नजन्म सिद्धान्त निम्न आधारों पर आधारित माना जाता है–

1. आत्मा जीवों के कर्मानुसार पुर्नजन्म लेती है।

2. कोई भी किसी की भी आत्मा मनुष्य, पशु, पक्षी, कीट–पतंग, कीड़े–मकोड़े किसी भी योनि में जन्म ले सकती है।

3. प्राणियों की योनियों की संख्या संस्कृतज्ञों ने चौरासी लाख बतायी है।
4. चौरासी लाख योनियों (पशु, पक्षी, मनुष्य इत्यादि) में पुर्नजन्म लेते–लेते कोई भी आत्मा (पशु, पक्षी, कीट पतंग मनुष्य आदि की) अपने अच्छे कर्मों के बल पर मनुष्य योनि में जन्म ले सकती है।
5. मनुष्य योनि सर्वश्रेष्ठ मानी गयी है। ईश्वरवादी भी इसे मानते हैं और विज्ञानवादी भी।
6. संस्कृति की भिन्नता के कारण आत्माएं एक होते हुए भी अलग स्वरूप की होती हैं।
7. ईश्वरवादियों की मान्यता के अनुसार आत्माएं मानव समाज के चार वर्णों–ब्राह्मण, क्षत्रिय, वैश्य (कृषक, पशुपालक व्यापारी जातियां) और शूद्र वर्ण (सेवक जातियां) में स्व कर्मानुसार पुर्नजन्म लेती हैं।
8. अच्छे कर्मों वाली आत्माएं (किसी भी प्राणी की) ब्राह्मण तथा क्षत्रिय वर्ण में जन्म लेती हैं और निष्कृट कर्मों वाली आत्माएं वैश्य और शूद्र वर्ण में जन्म लेती हैं।
9. मनुस्मृति कहती है कि अच्छे कर्मों वाले शूद्र की आत्मा ब्राह्मण वर्ण में तथा नीच कर्म करने वाले ब्राह्मण की आत्मा शूद्र वर्ण में जन्म ले सकती है। अर्थात अच्छे कर्म के बल पर कोई शूद्र ब्राह्मण बन सकता है और नीच कर्म वाला ब्राह्मण शूद्र बन सकता है।
10. ऐसा सातवें जन्म में ही सम्भव होगा। ऐसा मनुस्मृति कहती है अर्थात कोई भी शूद्र छः जन्मों (पुनर्जन्मों) में अच्छा कर्म करेगा तो सातवें जन्म में वह ब्राह्मण वर्ण की योनि में जन्म ले सकता है और ब्राह्मण भी अपने बुरे कर्मों के कारण सातवे जन्म में शूद्र बन सकता है।
11. आत्मावादियों के अनुसार यहाँ मानव योनि के भीतर चार वर्णों की योनियाँ पायी जाती हैं। इस प्रकार चारों योनियों को मिलाकर पांचवी मनुष्य योनि बनती है।
12. इस प्रकार वर्ण परिवर्तन सातवें जन्म/पुर्नजन्म में ही सम्भव हो सकता है। सातवां पुर्नजन्म किस मानव ने देखा है कि वह पहले

दूसरे आदि जन्मों में आदमी के रूप में पैदा हुआ था अथवा कुत्ता, बिल्ली, गिरगिट, सांप, बैल, गाय, घोड़ा, शेर, चीता, भालू, बन्दर, गुबरीला, सुअर, मच्छर, मक्खी इत्यादि के रूप में पैदा हुआ था।

13. यहाँ ध्यान देने वाली बात यह है कि यह पुर्नजन्म की व्यवस्था ईश्वर द्वारा निर्मित है। इसमें परिवर्तन सम्भव नहीं।

14. जैसे ईश्वर का अस्तित्व अदृश्य है वैसे ही उसकी अंश आत्मा प्राणी के रूप में दिखायी नहीं देती है।

15. मोक्ष या स्वर्ग के प्राप्त होने के बाद आत्माओं का पुर्नजन्म रूक जाता है। उन्हें मनुष्य के रूप में दुबारा पुर्नजन्म नहीं लेना पड़ता है। इसे ही आवागमन के बन्धन से मुक्ति कहा जाता है। संक्षेप में इसे ही पुर्नजन्म का सिद्धान्त कहा जाता है। इसे ब्राह्मण धर्म (तथाकथित हिन्दू धर्म) का महत्वपूर्ण अंग कहा जाता है।

गीता का आत्मा और पुर्नजन्म का सिद्धान्त झूठ का पुलिन्दा है

अब हम विज्ञान की कसौटी पर कसकर देखना चाहेंगे कि श्री कृष्ण के नाम से प्रस्तुत किया गया गीता तथा अन्य पौराणिक पुस्तकों में प्रस्तुत आत्मा और उसके पुर्नजन्म का सिद्धान्त क्या सच है अथवा मात्र झूठ, छल, फरेब का पुलिन्दा है। इसमें कोई सच्चाई नहीं हैं। यह तो मात्र एक भ्रम जाल है, जिसे योजना ढंग से फैलाया गया है।

अब हम देखना चाहेंगे कि किस प्रकार तथ्यविहीन, मनगढ़न्त होने से यह सिद्धान्त पूर्णतः असत्य है –

1. भगवान नाम की कोई सत्ता नहीं

आत्मा को किसी भगवान का अंश बताया गया है। जबकि भगवान नाम की अलग से कोई सत्ता नहीं होती है। भगवान/ईश्वर/खुदा गॉड तो एक काल्पनिकता है। वास्तविकता से इसका कोई सम्बन्ध नहीं है। इसे तो योजना बद्ध ढंग से बनाया गया है।

भगवान कल्पना की उपज है– वैदिक भारतीय देवता पूजक थे, "देने वालों" को देवता कहा जाता था। अपने–अपने योगदान के कारण भारतीयों ने सूर्य, चन्द्रमा, आग, पानी, हवा, नदी, पहाड़, पेड़, पौधे, उल्लू, बिल्ली, मेढ़क और इन्द्र तथा किसान देवता को सम्मान देते थे और उनकी पूजा करते थे। वेद इनकी प्रसंशा के गीतों से भरे हैं।

वैदिकोत्तर मानवों/दार्शनिकों ने देखा कि भारतीय ऐसे यथार्थ देवताओं की पूजा करते हैं। उनके मन में विचार आया कि इन समस्त देवताओं से भी बड़ा इन सबका स्वामी सबका निर्माता कोई देवता होना चाहिए। बस उन्होंने एक कालपनिक ईश्वर/भगवान/पुरूष की रचना कर डाली और उसे ऋग्वेद के दसम मण्डल में मिला दिया और उसी से समस्त देवताओं, पेड़, पौधों, ग्रह, उपग्रहों, प्राणियों, इत्यादि की उत्पत्ति दिखा दी। कहने लगे कि ईश्वर सर्वोच्च सत्ता है। अजर, अमर, अविनाशी, सर्वव्यापी, आदि अनन्त है, आदि आदि। इस प्रकार सृष्टिकर्त्ता, पालनकर्त्ता, विनाशकर्त्ता के रूप में भगवान को जन्म दिया गया। यह मात्र कल्पना की देन है। सत्य से इसका कोई सम्बन्ध नहीं है। ब्राह्मण धर्म (तथाकथित हिन्दूधर्म) में धार्मिकों द्वारा इसी भगवान की पूजा की जाती है और इसी का प्रचार–प्रसार किया जाता है।

धार्मिकों के भगवान की अपेक्षा प्राणियों का यथार्थ जैवकीय भगवान :– धार्मिक जगत में व्याप्त भगवान, खुदा, लार्ड/गॉड से भिन्न प्राणियों का सृष्टिकर्त्ता भगवान स्वयं प्राणियों के शरीर का ही अंग होता है। जिसे हमने जैवकीय भगवान की संज्ञा दी है। यह जैवकीय भगवान सूर्य, चन्द्रमा, आग, पानी इत्यादि देवों की तरह यथार्थ होता है, जिसे सभी देखते हें और उपयोग करते हैं। इसे ही प्राणियों का सृष्टिकर्त्ता कहा जाता था। इसे आजकल शिश्न या पुलिंग (पुरूष लिंग यानि लक्षण) कहा जाता है। शिश्न को ही आदि मानव भगवान कहता था। स्त्री के पास भग होता है तो पुरूष के पास भगवान होता है। भग और भगवान जब साधनारत क्रियाशील होते हैं तो सन्तान के रूप में नयी सृष्टि जन्म लेती है। यही कारण है कि उसे

सृष्टिकर्त्ता कहा गया। पुरूष प्रधान समाज होने कारण ही पुलिंग भगवान (शिश्न) को सृष्टिकर्त्ता कहा जाने लगा। जबकि भग और भगवान दोनों को सृष्टिकर्त्ता कहा जाना चाहिए था, क्योंकि बिना भग के भगवान अकेले सृष्टि नहीं रच सकता है।

जैसे गाड़ी के चालक को गाड़ीवान कहा जाता है ठीक वैसे ही भग के चालक को भगवान कहा गया। गाड़ी बिना गाड़ीवान (चालक) के क्रियाशील नहीं हो सकती, वैसे ही भग के चालक को भगवान कहा तो कोई आश्चर्य नहीं। इस प्रकार मानव सहित प्राणियों के शिश्न को ही भग का चालक होने से भगवान कहा गया। यहां भग (योनि) और भगवान (शिश्न) दोनों सृष्टिकर्ता हैं। यही कारण है कि (स्त्रीलिंग/भग और शिश्न/भगवान (पुलिंग) दोनों को लिंग कहा जाता है। कल्याणकारी (शिव) होने से उन्हें शिवलिंग कहा जाता है। शिवलिंग पूजा में दोनों लिंगों का युग्न होता है। जिन महानुभावों को भगवान (लिंग) का विस्तृत वैज्ञानिक अध्ययन करना है उन्हें मेरी पुस्तक "भगवान की अवधारणा : उद्भव एवं विकास 2018 का एक अध्याय" जैवकीय भगवान अवश्य पढ़ना चाहिए।

यह जैवकीय भगवान ही अजर, अमर, अविनाशी, सर्वव्यापी, आदि, अनन्त, सृष्टिकर्त्ता है। सर्वशक्ति सम्पन्न है। ऐसे ही यथार्थ जैवकीय भगवान को ही कवियों ने 'बिनु पग चलहिं, सुनहिं बिनु काना बिनु कर कर्म करहिं विधि नाना' जैसे शब्दों में भी प्रस्तुत किया है।

2. धार्मिकों द्वारा जैवकीय भगवान को आध्यात्मिक भगवान का रूप देना :– भारतीय धार्मिकों ने अपने काल्पनिक सृष्टिकर्त्ता ईश्वर की रचना के लिए इसी यथार्थ भगवान (जैवकीय भगवान) को ही धार्मिक जगत का भगवान बनाकर प्रस्तुत कर दिया। बोले असली भगवान ये नहीं है, वह तो कहीं आसमान में स्वर्ग में रहता है। वहीं ग्रहों उपग्रहों सहित समस्त चराचर जगत का जनक तथा नियंत्रक है। इतना ही नहीं उन्होंने जैवकीय भगवान की समस्त विशेषताओं को ही अपने काल्पनिक भगवान पर चस्पा कर दिया।

भगवान नहीं तो आत्मा नहीं फिर पुनर्जन्म कैसा ?:– हमने देखा कि धार्मिक जगत का भगवान काल्पनिक है। अतः उसके अंश के रूप में आत्मा का अस्तित्व कैसा ? फिर तो आत्मा के पुर्नजन्म का सिद्धान्त स्वतः गलत सिद्ध हो जाता है। इसका सत्य से कोई सम्बन्ध नहीं। यह तो मात्र झूठ का पुलिन्दा ही है। यह सिद्धान्त क्यों फैलता गया, समझ से परे है। जैसे भगवान और उसके अंश के रूप में आत्मा असत्य है, वैसे ही प्राणी/मानव के रूप में आत्माओं का पुर्नजन्म भी असत्य है। यानि माया है।

3. आत्मा के अस्तित्व का सिद्धान्त झूठ का पुलिन्दा

अब हम देखेंगे कि आत्मा होती भी है या नहीं। तभी हम आत्मा के पुर्नजन्म का परीक्षण कर सकते हैं।

आत्मा नाम की कोई चीज नहीं:– गीता का यह कथन कि आत्मा का अस्तित्व होता है। वह जब तक शरीर में रहती है। तभी तक प्राणी जीवित रहता है। यह कथन इसलिए गलत है क्योंकि जब ईश्वर नहीं तो उसका अंश आत्मा का अस्तित्व कैसे सम्भव हो सकता है। अजर, अमर, अविनाशी, जैसे गुणों वाली आत्मा कोरी कल्पना की उपज है। शरीर से अलग उसका कोई आस्तित्व नहीं कि शरीर के जर्जर होने पर कपड़े की तरह नया वस्त्र (शरीर) धारण कर लेती है। जैसा कि आगे के विश्लेषण में सत्य और भी स्पष्ट हो जायेगा।

एक शरीर में क्या चार आत्माएं होती हैं ? :– आत्मवादी चिन्तक मानते हैं कि प्रत्येक प्राणी में एक आत्मा होती है। वह जब शरीर से निकल जाती है तो प्राणी मर जाता है। इसके विपरीत सभी जागरूक मनुष्य जानते और देखते हैं कि शरीर चार तत्वों–आग, पानी, हवा, मिट्टी से बना है और इनमें से किसी भी एक का निकल जाना मृत्यु है–

1. आग ठण्डी हो जाय तो प्राणी/आदमी मर जाता है।

2. यदि पानी (खून) जम जाये तो भी आदमी मर जाता है।

3. यदि हवा का आना जाना (शरीर के भीतर) बन्द हो जाये तो भी आदमी मर जाता है।

4. चौथा तत्व मिटटी भी यदि टुकड़े–टुकड़े होकर बिखर जाये तो शरीर की जीवनी शक्ति समाप्त हो जाती है। यानि आदमी मर जाता है। कहने का अर्थ है कि आदमी (प्राणी) तभी तक जीवित रहता है जब तक की ये चारों तत्व साम्यावस्था में एक साथ संयुक्त रहते हैं। इन चारो तत्वों में से किसी भी एक का नष्ट होना मृत्यु का कारण बनता है। फिर इसमें आत्मा कहां है जो निकल जाती है। सच तो यह है कि इन चार तत्वों में से किसी भी एक का नष्ट होना, बिखर जाना या निकल जाना ही मृत्यु है। यदि आत्मा के निकल जाने को मृत्यु कहेंगे तो क्या एक शरीर में चार आत्माएं होती हैं। फिर उन्हें आत्मा न कहकर आग, पानी, हवा, मिट्टी क्यों कहा जाता है ?

इसका सीधा सा अर्थ है कि मानव या प्राणी के शरीर में कोई आत्मा नहीं होती है कि उसके निकल जाने पर मृत्यु होती है।

आत्मा कब गर्भ में प्रवेश करती है ? :– संसार के मानव जानते हैं कि जब पति–पत्नी (स्त्री–पुरूष) या नर–मादा रतिक्रिया करते हैं तो मां (मादा) के गर्भ में नये प्राणी के रूप में भ्रूण बनता है और नौ माह तक विकसित होने के बाद नौवे माह में वह शिशु के रूप में जन्म लेता है। मानवों में नौ माह बाद सन्तान पैदा होने का नियम पाया जाता है। नर–मादा के मिलन से ही विकसित जीव पैदा होते हैं। समय की सीमा भिन्न हो सकती है या होती है।

फिर पति–पत्नी / माता–पिता या नर–मादा की रतिक्रिया के बीच आत्मा कब और कैसे मां के गर्भ में प्रवेश कर जाती है। आत्मवादियों के पास क्या इसका कोई उत्तर है। इसका अर्थ है कि आत्मा नाम की कोई चीज नहीं होती है।

क्या आत्मा चोर होती है :– यदि कोई आत्मा मां के गर्भ में रतिक्रिया के बीच घुसती है तो मानना पड़ेगा कि आत्मा चोर होती है, जो चोरों की तरह जिस भी गर्भ (घर) को चाहा चोरी करने के लिए उसमें घुस जाती है। फिर वह क्या चोरी करती है। उत्तर यही है कि वह सत्य की चोरी करती है। वह स्त्री–पुरूष या पति–पत्नी या माता–पिता के सच को चुरा लेती है

क्या ईश्वर भी चोरी से गर्भ में घुसता है :– ईश्वरवादी कहते हैं कि सभी मनुष्य ईश्वर की सन्तान हैं। उसी ने सबको पैदा किया है। क्या आत्मा की तरह ईश्वर भी चोरों की तरह पत्नी (मां) के गर्भ में बीज बोता है या प्रवेश करता है। इसे भी कोई नहीं जान पाता। इसका अर्थ है कि आत्मा की तरह ईश्वर भी चोरी से गर्भ में प्रवेश करता है और दूसरों की पत्नियों से बच्चे पैदा करता है। तब तो सभी मनुष्य (प्राणी) बलात्कार की सन्तान हुए। यह चिन्तन तो पति पत्नी को नपुंसक सिद्ध करता है और संसार के प्राणियों/मानवों को बलात्कार की सन्तान घोषित करता है। कितना घिनौना है ईश्वर की सन्तान होने का झूठ या सच। यहाँ आत्मा की तरह ईश्वर भी माता–पिता, पति–पत्नी के सच की चोरी करता हुआ दिखायी देता है।

अतः कोई कैसे कह सकता है कि आदमी या प्राणी को ईश्वर/खुदा/गॉड/लार्ड/अल्लाह ने पैदा किया है।

4. माता–पिता ही प्राणियों के असली सृष्टिकर्त्ता :–

यह भी सभी जानते हैं कि पति–पत्नी या माता–पिता अर्थात नर–मादा ही अपनी–अपनी प्रजाति के जीवों/प्राणियों के जनक, उनके सृष्टिकर्त्ता हैं। उन्हें न तो कोई अन्य ईश्वर ही पैदा करता है और न ही कोई आत्मा गर्भ में प्रवेश कर सन्तान के रूप में पैदा होती है या पुर्नजन्म लेती है। जो भी मानव सहित किसी भी विकसित प्राणी को पैदा करते हैं, संसार उन्हें पति–पत्नी या माता–पिता कहता है और पैदा करने वाले दोनों माता–पिता ही सन्तान के सृष्टिकर्त्ता होते हैं।

प्राणियों के शिवलिंग ही सृजन में सहायक सृष्टिकर्त्ता

माता–पिता, स्त्री–पुरूष या पति–पत्नी के सृजन यंत्र को शिवलिंग कहा जाता है। शिव का अर्थ कल्याणकारी होता है और लिंग का अर्थ लक्षण बताया गया है। इसी लक्षण से स्त्री–पुरूष या नर–मादा की पहचान होती है। यही कारण है कि दोनों के लक्षण को लिंग कहा जाता है। चूँकि ये अंग चरम सुख के साथ सन्तान को जन्म देकर माता–पिता के साथ संसार को अमर बनाते हैं। अतः इनसे बड़ा कल्याणकारी (शिव) अन्य कुछ हो नहीं सकता है। यही कारण है कि उन्हें शिवलिंग कहा गया। यह शिव लिंग किसी एक व्यक्ति (शंकर, ब्रह्मा इत्यादि) का प्रतीक न होकर संसार के स्त्री–पुरूषों तथा समस्त प्राणियों के नर–मादा का प्रतीक होते हैं, शिव लिंग पूजा के साथ उनके स्वस्थ, सक्षम रखने की भावना निहित होती है।

5. आत्मा नहीं तो उसका पुर्नजन्म कैसा ?

जब यह सिद्ध हो गया कि न तो ईश्वर होता है और न ही उसके अंश के रूप में आत्मा ही होती है तो उसके आधार पर खड़ा पुर्नजन्म का सिद्धान्त भी झूठा सिद्ध हो जाता है। भारतीय संस्कृति में जो नहीं होता उसे माया कहा गया है। इस प्रकार भारतीय संस्कृति की परिभाषा में ईश्वर और आत्मा दोनों माया हैं। मृगमरीचिका हैं। सच से इनका कोई सम्बन्ध नहीं। यह तो कल्पना की ऊंची उड़ान का नाम है। बिना किसी तथ्य, बिना किसी आधार या प्रमाण के कुछ लोगों के कहने मात्र से ईश्वर और आत्मा के अस्तित्व और उसके पुर्नजन्म के सिद्धान्त को कोई कैसे स्वीकार कर सकता है। यह तो झूठ के अलावा कुछ भी नहीं है।

इसी प्रकार आत्मावादियों का यह कथन कि मनुष्य अपने पूर्वजन्म के कर्मों के आधार पर पशु–पक्षी की योनि में गिरगिट, सुअर, कुत्ता, बैल, कौवा इत्यादि के रूप में भी जन्म ले सकता है, मूर्खता के शिवाय कुछ भी नहीं है। यह तो प्रकृति के नियम के विरूद्ध है क्योंकि प्राकृतिक नियमों के अनुसार सभी प्राणी अपनी ही योनि में पैदा होते

हैं। यानि मनुष्य केवल मनुष्य योनि में ही पैदा हो सकता है। इसी प्रकार किसी वर्ण, जाति, धर्म में भी कोई अपने कर्मों के आधार पर नहीं पैदा हो सकता है। ये तो ऊपर से प्रकृति के विरूद्ध मानवों द्वारा बनायी गयी हैं। सभी मनुष्य केवल मनुष्य के रूप में ही पैदा होते हैं। मनुस्मृति या अन्यों का यह कथन कि अपने अच्छे कर्मों से शूद्र सातवें पुर्नजन्म में ब्राह्मण के रूप में पैदा हो सकता है और ब्राह्मण अपने निकृष्ट कर्मों से शूद्र वर्ण में जन्म ले सकता है। ऐसा कहना तो महामूर्खता है। ऐसा तो लोगों को बेवकूफ बनाने के लिए गढ़ा गया। जब सभी प्राणी अपनी ही योनि में जन्म लेते हैं तो चौरासी लाख योनियों में भटकते–भटकते यानि पुर्नजन्म लेते–लेते कोई भी प्राणी सर्वश्रेष्ठ योनि मनुष्य योनि में जन्म कैसे ले सकता है। यहाँ यह सिद्धान्त भी स्वतः गलत सिद्ध हो जाता है। निश्चय ही इससे आवागमन के बन्धन वाला ब्राह्मणधर्मी मोक्ष का सिद्धान्त भी असत्य सिद्ध हो जाता है।

कुल मिलाकर कहना पड़ेगा कि गीता आदि का आत्मा और उसके पुर्नजन्म का सिद्धान्त झूठ का पुलिन्दा है।

6. गीता का पुर्नजन्म सिद्धान्त प्रकृति के नियम के विरूद्ध :– गीता आदि का पुर्नजन्म सिद्धान्त अच्छे–बुरे पूर्व जन्म के कर्मों पर आधारित है। उसके अनुसार मानव के पूर्व जन्म के कर्म उसे मनुष्य योनि या पशु–पक्षी की योनि में भेज सकते हैं। अच्छे कर्मों से उसे मनुष्य योनि में जन्म मिलता है, जबकि बुरे कर्मों के कारण उसे पशु–पक्षी, कीट–पतंग, कीड़े–मकोड़े इत्यादि की योनि मिल सकती है। इसके लिए उनके द्वारा उदाहरण दिए गये है कि अमुक ने अपने बुरे कर्मों के कारण गिरगिट, बैल, कुत्ता, गधा इत्यादि की योनि में जन्म लिया। परन्तु यह गलत उदाहरण हैं।

पुर्नजन्म तो अपनी ही योनि में होता है :– वैज्ञानिक दृष्टि से देखा जाये तो गीता आदि का यह पुर्नजन्म सिद्धान्त प्रकृति के नियमों के विरूद्ध है। क्योंकि प्रकृति में मनुष्य सहित पशु–पक्षी, कीट,

पतंग सभी अपनी ही योनि में पैदा होते हैं। शेर–शेरनी से शेर, गाय–साड़ से गोवंश, बकरी–बकरा से बकरों का वंश, कुत्ता–कुत्तिया से कुत्तों का वंश, हाथी–हथिनी से हाथियों का वंश, गिरगिट–गिरगिटान से गिरगिटों का वंश, मोर–मोरिनी से मोरों का वंश, नाग–नागिन से नांगों का वंश, पेड़–पौधों से पेड़ पोधों का वंश, स्त्री–पुरूष के जोड़ों से मानवों का वंश पैदा होता है और आगे चलता है। यह प्रकृति का नियम है। यह प्रत्यक्ष रूप से दिखायी भी देता है और विज्ञान सम्मत भी है। फिर कोई ऐसी स्थिति में आदमी कुत्ता, गधा, गाय, गिरगिट, मेढ़क का जन्म कैसे ले सकता है। गीता का पुर्नजन्म सिद्धान्त सच कैसे माना जा सकता है ?

पुर्नजन्म तो शरीर से शरीर का होता है :– प्राकृतिक रूप से हर प्राणी का पुर्नजन्म होता है। परन्तु आत्मा का नहीं, वरन् जीवित शरीर से जीवित शरीर (प्राणी) का पुर्नजन्म होता है। प्राणियों के जीवित शरीर से शरीर (नर–मादा) के प्रणय सम्बन्धों से नये जीवित प्राणी (जीवित शरीर) का पुर्नजन्म होता है। इस प्रकार जीवित शरीर का जीवित शरीर के रूप में पुर्नजन्म होता है। इसमें नर–नारी या नर–मादा ही पुर्नजन्म में जन्म लेते हैं। अर्थात नर–मादा, स्त्री–पुरूष से नर–मादा तथा स्त्री–पुरूष का पुर्नजन्म होता है। यहां आत्मा और ईश्वर पति–पत्नी के रमण के बीच कहां से आ जाते हैं। रमण के बीच किसी आत्मा का आ जाना तो व्यवधान माना जाता है। इससे सृष्टि बाधित होती है। ऐसी स्थिति में प्राणी का पुर्नजन्म हो ही नहीं सकता।

धान से धान के पुर्नजन्म की तरह मानव का पुर्नजन्म :– हम सब देखते हैं कि धान से धान का ही पुर्नजन्म होता है। इसी प्रकार गेहूँ से गेहूँ, चना से चना, आम से आम, का पुर्नजन्म होता है। एक धान हजारों (100 से 8000 तक) धान को पैदा करता है। धान बोने पर लगता है वह नष्ट होकर पौधों को जन्म दे रहा है, परन्तु ऐसा नहीं है। वह नष्ट नहीं होता। वह मरता नहीं। वह तो हजारों धान का पुर्नजन्म

ले चुका होता है। एक धान से हजारों धान के बीजों का पैदा होना धान का पुर्नजन्म ही तो है। यदि खाद्यानों, पेड़–पौधों का पुर्नजन्म न हो तो मानव सहित समस्त प्राणी भी मर जाय। यह पुर्नजन्म का प्राकृतिक नियम है। पुर्नजन्म के इस नियम के कारण ही वनस्पतियों तथा मनुष्य सहित प्राणी जगत आज तक अमर बना हुआ है।

सन्तान के रूप में माता पिता या पति–पत्नी का ही पुर्नजन्म :– यह सच है कि पुर्नजन्म होता है। यह पुर्नजन्म प्राणी से प्राणी का होता है न कि किसी आत्मा का पुर्नजन्म होता है। सच तो यह है कि माता–पिता या पति–पत्नी अथवा नर–मादा ही अपनी सन्तान के रूप में अपने जीवित रहते पुर्नजन्म लेते हैं। इस प्रकार पुत्र–पुत्री, माता–पता के पुर्नजन्म हैं। पुत्र की सन्तानें अर्थात माता–पिता के पोता–पोती उनका दूसरा पुर्नजन्म हैं तो उनकी (माता–पता) पुत्री की सन्ताने नाती–नातिन अपने दादा–दादी के तीसरे पुर्नजन्म हैं। पड़पोता–पड़पोती के रूप में उनका चौथा पुर्नजन्म है तो पुत्री के घर पड़नाती–पड़नातिन के रूप में उनका पांचवां पुर्नजन्म है। इस प्रकार कोई भी स्त्री–पुरूष अपने जीवित रहते अपनी आंखों से ही अपना कई पुर्नजन्म देख सकता है। पुर्नजन्म तो जीवित रहते ही होता है। इसमें आत्मा की या ईश्वर की कोई भी आवश्यकता नहीं। पुर्नजन्म के इस नये सिद्धान्त की व्याख्या को संक्षेप में निम्न रूपों में देख सकते हैं।

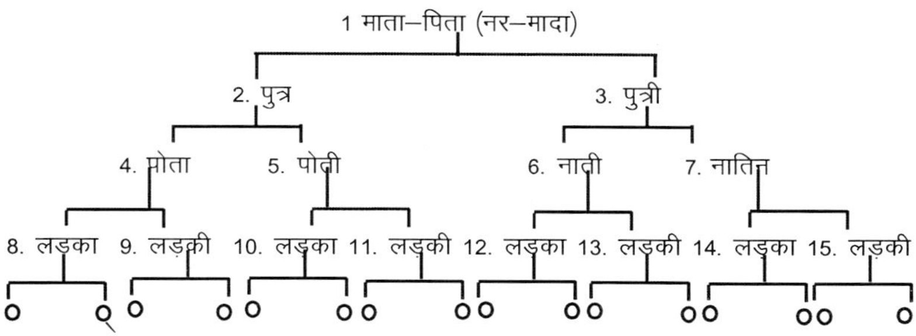

पुनर्जन्म के इस नये सिद्धान्त के अनुसार अधिकतर माता–पिता अपना सात या अधिक पुर्नजन्म अपनी आँखों से देख लेते हैं। क्या इसे

माता–पिता, पति–पत्नी या नर–मादा का मरना कहेंगे। इसलिए मेरा मानना है कि प्राणी या माता–पिता अमर हैं। वे कभी मरते ही नहीं। क्योंकि वही सन्तान के रूप में अपनी आँखों के सामने अपना पुर्नजन्म ले चुके होते हैं।

7. पुनर्जन्म में संचित कर्मों की महत्वपूर्ण भूमिका :–

प्राचीन मनीषियों ने मानवों द्वारा किए जाने वाले कर्मों की तीन श्रेणियां गिनायीं हैं– 1. क्रियमाण कर्म

2. संचित कर्म

3. प्रारब्ध कर्म

मनुष्य जो भी कार्य करता है वह क्रियमाण यानि किया जाने वाला कर्म कहलाता है। खाना, पीना, सोना, उठना, बैठना, खड़े होकर चलना, सोचना, विचारना, लिखना, पढ़ाना, नयी–नयी खोज करना, रचनात्मक या अच्छे कर्म करना, चोरी, डकैती, हत्या, लूट, बलात्कार, धोखा, छल, भ्रष्टाचार, बेईमानी जैसे बुरे कर्म करना इत्यादि समस्त अच्छे–बुरे कर्म एकत्र होते जाते हैं। उन्हें संचित कर्म कहा गया है।

इन्हीं संचित कर्मों को आज की वैज्ञानिक भाषा में डी.एन.ए. कहा जाता है। इस संचित कर्म में मानव द्वारा किये जाने वाले समस्त अच्छे बुरे कर्मों में से जो कर्म उसके जीवन में प्रगाढ़ हो जाते हैं। जिनके बिना वह बेचैन हो उठता है। सोते उठते बैठते वे कर्म उसका साथ नहीं छोड़ते हैं, वही संचित कर्म अर्थात डी०एन०ए० के रूप में उसके शरीर में एकत्र होते रहते हैं। ऐसे कर्म कभी नष्ट नहीं होते हैं। जैसे खाना, पीना, काम तथा सन्तान की इच्छा, जैसे अनिवार्य कर्म उसके जीवन का अंग बनकर संचित होते जाते है और आगे बढ़ते रहते हैं।

ये संचित कर्म (डी०एन०ए०) प्राणी/मनुष्य के अगले जन्म यानि पुर्नजन्म को भी प्रभावित और संचालित करते हैं। यही कारण है कि खाने, पीने, सोने, खड़े होकर चलने का क्रम चलता रहता है। कभी–कभी तो माता–पिता के विचार, सोने का ढंग, बोलने का ढंग,

जैसे सीखे हुए गुण भी सन्तानों में देखने को मिल जाते हैं। यह सब संचित कर्मों यानि डी०एन०ए० का ही प्रभाव होता है।

संचित कर्म या डी०एन०ए० ही प्रारब्ध :– संचित कर्म ही अगले पुर्नजन्म के लिए प्रारब्ध या भाग्य का कार्य करते हैं। पिछले जन्म में आप मनुष्य थे और मनुष्यों के अच्छे कर्म किये तो संचित कर्म भी अच्छा होगा। फिर पुर्नजन्म (पुत्र–पुत्री) में अच्छे गुण ही तो आयेंगे। अच्छे संचित कर्म या डी०एन०ए० व्यक्ति को भाग्यशाली ही बनायेंगे। इस प्रकार संचित कर्मों यानि डी०एन०ए० से प्रारब्ध या भाग्य का निर्माण होता है। जब मानव जीवन में कोई अच्छी चीज अचानक मिल जाती है। या उसे कोई नयी उपलब्धि एकाएक मिल जाती है, कोई नया ज्ञान विज्ञान व्यक्ति के भीतर पैदा हो जाता है तो उसे भाग्य के रूप में देखा जाता है। यह सब संचित कर्मों यानि डी०एन०ए० का फल होता है। इसे ही प्राचीनों ने प्रारब्ध कहा था। यह एक वैज्ञानिक सिद्धान्त था, परन्तु धार्मिकों या गीता जैसे ग्रन्थों के रचनाकारों ने इसे अपने मनगढ़न्त आत्मा के पुर्नजन्म सिद्धान्त से जोड़कर गुड़ का गोबर कर दिया। आदमी के पुर्नजन्म को पशु–पक्षी, कीट, पतंग, कीड़े, मकोड़े के रूप में दिखाकर तो महामूर्खता ही कर डाली। इस पुर्नजन्म के नये सिद्धान्त की व्याख्या हमने अपनी पुस्तक "हिन्दू संस्कृति के बारह सच" 2011 के एक अध्याय में की है। विस्तृत ज्ञान के लिए इसे वहीं देखना उचित होगा।

8. पुर्नजन्म का वर्ण, जाति, धर्म से कोई सम्बन्ध नहीं :–

गीता आदि के अनुसार बुरे कर्मों से आदमी शूद्र या वैश्य वर्ण या नीची जाति में जन्म लेगा या पशु, पक्षी की योनि में और अच्छे कर्मों से उसकी आत्मा ब्राह्मण या क्षत्रिय के घर जन्म लेगी। ऐसा कहना तो महामूर्खता है। पुर्नजन्म का वर्ण, जाति, धर्म से कोई सम्बन्ध नहीं होता है। ये तो मानवों द्वारा बनाई गयी चीजें हैं। ब्राह्मणों तथा क्षत्रियों की प्रवृत्ति तो अकर्मी या मांगकर खाने तथा दादागीरी की रही है। इसे

कोई अच्छा कर्म तो नहीं कहेगा। दूसरे ब्राह्मण और क्षत्रियों ने देश को गुलाम बनाने के अलावा देश, समाज, राष्ट्र को दिया ही क्या है कि उन्हें कोई अच्छा कहेगा। समाज के लिए तो उनकी भूमिका निकृष्ट ही रही है। इसके विपरीत वैश्य और शूद्रों की भूमिका अच्छी रही है, क्योंकि उनके कर्मों के बल पर देश आज तक जिन्दा है।

सच तो यह है कि मानव से मानव ही पैदा होते हैं। ब्राह्मण क्षत्रिय वर्ण तो नकली है। कारण मुंह या हाथ से आदमी नहीं पैदा होते हैं। सभी मनुष्य जाँघों की शक्ति से ही पैदा होते हैं, और मनुष्य से मनुष्य के रूप में पैदा होते हैं। वर्ण, धर्म, जाति तो नकली चीजें हैं और नकली चीजों से असली मानव नहीं पैदा हो सकते हैं।

कुल मिलाकर कहना पड़ेगा कि गीता आदि का पुर्नजन्म सिद्धान्त झूठ का पुलिन्दा है। सच से इसका कोई सम्बन्ध नहीं है।

● ● ●

महाभारत का सर्वश्रेष्ठ धनुर्धर एकलव्य, जिसके संहार के लिए स्वयं कृष्ण को आना पड़ा।

8

श्रीमद् भगवद्गीता देश को गुलाम बनाने वाली वर्ण व्यवस्था की वकालत करती है

हम जानते हैं कि वैदिक भारत संगठित ''हम'' का भारत था। असुरों का भारत था। विश्व विजेता था। तभी तो असुरों के शत्रु–आर्यों/सुरों/बाद के ब्राह्मण साहित्यकारों को लिखना पड़ा कि ''असुरों के पास पृथ्वी का साम्राज्य था। सुरों के पास तो उतनी ही जमीन थी, जिनता कि कोई बैठा हुआ मनुष्य देख सकता है।''[1] इस पर सभी को विश्वास करना पड़ेगा, क्योंकि असुरों के दुश्मनों ने यह बात लिखी है । अब कोई रावण का दुश्मन (बाल्मीकि, तुलसी आदि) लिखे कि असुर सम्राट रावण की लंका सोने की थी तो मानना ही पड़ता है कि रावण का देश सोने का था। वेदों के ईश्वर और देवता, विधाता असुरों को कोई दुष्ट पापी, अन्यायी, अत्याचारी लिखे और कहे तो उसे असुरों का दुश्मन ही तो कहा जायेगा। ऐसे असुर भारत में विभाजनकारी आरक्षण व्यवस्था की विकृत रूप वर्ण व्यवस्था न थी।

वर्गों वाला वैदिक असुर भारत :—असुरों का वैदिक भारत आधुनिक जगत की तरह का वर्गों वाला भारत था। जैसे आज अध्यापक, डॉक्टर, वकील, इन्जीनयर, क्लर्क, एम०पी०, एम०एल०ए०, कृषक, श्रमिक जैसे वर्ग हैं, जिनमें कोई भी किसी भी जाति, वर्ण, धर्म, पन्थ का व्यक्ति अपनी योग्यता, परिश्रम से जा सकता है, ठीक वैसे ही असुरों के वैदिक भारत में सारा देश प्राणवान शक्तिवान होने से असुर नाम से जाना जाता था तो माता मनु की सन्तान होने से यहाँ के लोग मनुष्य कहे जाते थे। कालान्तर में माता मनु और पिता कश्यप के प्रयत्नों से तीनों लोक अन्ततः मनुष्य लोक के अंग बन गये। खेती करने के कारण अर्थात विश बैठ जाने से उन्हें ''विश'' भी कहा गया। विश कृषक का पर्याय है। विश संस्कृति के प्रसार के कारण ही जगत को विश्व कहा गया, जिसके सम्राट को विशपति कहा जाता था। इसे विशों अर्थात कृषकों का कृषि प्रधान भारत कहा गया, जो आज तक चला आ रहा है। विश (कृषक) समाज के जो लोग शब्दकर्मी (ब्रह्मकर्मी) थे उन्हें ब्राह्मण कहा जाता था।

विशों अर्थात कृषक समाज के ही जो लोग बड़ी जोत के स्वामी थे वही धीरे–धीरे क्षेत्र के अधिपति बन गये। क्षेत्र के अधिपति होने से उन्हें क्षत्रप कहा गया। क्षत्रपों को ही क्षत्रपति भी कहा जाता था। महाराजा शिवाजी को जब ब्राह्मण और क्षत्रिय वर्ण वालों ने क्षत्रिय मानने से इनकार कर दिया था तो उन्होंने शासकों के लिए मान्य वैदिक क्षत्रपति सम्बोधन को धारण कर लिया। परन्तु अज्ञानी ब्राह्मण और क्षत्रिय भूल गये कि "वीर भोग्या वसुन्धरा" के नियम के अनुसार शासक जन्म से पैदा न होकर बाहुबल से बनते रहे हैं। शिवाजी बाहुबल से गुलाम क्षत्रियों और गुलाम ब्राह्मणों तक को आजाद करने वाले तथा दक्षिण भारत को आजाद कराने वाले स्वतंत्रता संग्राम के पहले महायोद्धा थे। उनकी वैदिक क्षत्रपति पदवी 'क्षत्रिय' से महान है।

वर्ण व्यवस्था ने तो देश को गुलाम बनाने का कार्य किया :– ब्राह्मण और क्षत्रिय जाति वाले वर्णव्यवस्था की प्रशंसा करते नहीं थकते हैं। परन्तु देश जानता है कि यह वर्ण व्यवस्था ही थी, जिसने भारतीयों के "संगठित हम" की एकता को तोड़ा और देश को गुलाम बनाने का कार्य किया। वर्ण व्यवस्था कोई व्यवस्था न होकर देश की एकता को तोड़ने यानि समाज को पतन की ओर ले जाने वाली आरक्षण व्यवस्था थी। यह आज के आरक्षण व्यवस्था की विकृत रूप थी, जिसमें शासन सत्ता, शिक्षा न्याय का आरक्षण समाज के 10 प्रतिशत ब्राह्मणों तथा क्षत्रियों के लिए था। क्षत्रिय वर्ण/जाति का व्यक्ति ही शासक हो सकता था और उसके प्रधानमंत्री, शिक्षा मंत्री, न्याय मंत्री आदि के पद ब्राह्मण के लिए ही आरक्षित थे। ब्राह्मण के अलावा कोई भी शिक्षक या न्यायधीश नहीं हो सकता था और क्षत्रिय के अलावा किसी अन्य जाति का व्यक्ति राजा या सैनिक नहीं बन सकता था। तीसरा वैश्य वर्ण खेती, पशुपालन तथा व्यापार के लिए आरक्षित था, जबकि तीनों की सेवा (घरेलू नौकर) का कार्य शूद्र के लिए आरक्षित था।

वर्णारक्षण के रचनाकार सम्भवतः विदेशी आर्य या सुर जाति के भूसुर ब्राह्मण तथा ब्रह्म क्षत्रिय थे। उन्होंने वैदिक 'ब्रह्मन' शब्द को ब्राह्मण बना दिया। ब्रह्मन विश समाज के वे लोग कहे जाते थे जो 'शब्द ब्रह्म' से क्रीड़ा करते हुए कविता लेखन, गायन का कार्य करते थे अर्थात विश समाज के जो लोग लेखक कवि गायक थे, अध्यापक थे, वहीं वर्ण व्यवस्था के जमना ब्राह्मण बना दिए गये थे जो क्षत्रपति या क्षत्रप थे, विश/कृषक समाज के वही लोग/परिवार क्षत्रिय घोषित कर दिये गये। शेष मूल विश समाज वैश्य बना दिया गया। इतना ही नहीं तीनों वर्णों के घरेलू नौकर के रूप में गरीब विशों को शूद्र बना दिया गया। इस प्रकार विराट विश/कृषक, समाज, ब्राह्मण, क्षत्रिय, वैश्य, शूद्र जैसे चार टुकड़ों में बांट दिया गया। इसके कारण देश की

संगठित शक्ति छिन्न–भिन्न होती गयी और देश पतन के गर्त में गिरता चला गया।

जब आरक्षण व्यवस्था में 4–5 प्रतिशत क्षत्रिय ही शासक, सम्राट सैनिक हो सकते थे। उन्हें ही शासन तथा देश की रक्षा करना था। ब्राह्मण उनके सहायक प्रधानमंत्री आदि होते थे। ऐसी स्थिति में 8–10 प्रतिशत ब्राह्मण और क्षत्रियों के पास ही देश की रक्षा, शिक्षा, शान्ति, सुव्यवस्था का दायित्व था।

जब देश पर विदेशियों का आक्रमण हुआ तो ये 4–5 प्रतिशत क्षत्रिय है और 4–5 प्रतिशत ब्राह्मण देश की रक्षा न कर सके और देश गुलाम होता रहा। आश्चर्य होता है कि हजार वर्ष तक देश इन्हीं क्षत्रियों और ब्राह्मणों के कारण गुलाम रहा। इतना ही नहीं यहाँ तो गुलामों ने भी इन्हें गुलाम बनाकर शासन किया। क्या गुलाम वंश का शासन हम नहीं जानते ? देश को गुलाम बनाने वाले क्षत्रिय और ब्राह्मण किस मुँह से अपने पर गर्व करते हैं। अरे देश तो वैश्य और शूद्रों के बल पर आज तक जिन्दा रहा, जो अपना–अपना काम पूर्ण मनोयोग से करते रहे।

गीता किस मुँह से वर्ण व्यवस्था की वकालत करती है ? :– तथाकथित भगवान कृष्ण की गीता श्रीमद् भगवद्गीता में कृष्ण के मुख से कहलवाया गया है कि "वर्ण व्यवस्था को मैंने गुण कर्म के आधार पर बनाया है।"[1]

यानि भगवान कृष्ण कहते हैं कि चारों वर्णों–ब्राह्मण, क्षत्रिय, वैश्य, शूद्र को मैंने ही उनके गुण कर्म के आधार पर बनाया है। भगवान ने बनाया है तो मानना ही पड़ेगा। जैसा कि पुरूषोपनिषद (ऋग्वेद के मिलावटी दसम मण्डल सूक्त 90 ऋचा 12) में कहा गया कि भगवान के मुँह, हाँथ, पेट, पैर से क्रमशः ब्राह्मण, क्षत्रिय, वैश्य, शूद्र पैदा हुए। जबकि सच्चाई यह है कि ऐसा षड़यन्त्र के अन्तर्गत वर्ण व्यवस्था को प्रस्थापित करने के लिए किया गया। सत्ता का सुख भोगने वाले

क्षत्रियों और ब्राह्मणों ने षड़यन्त्र पूर्वक भगवानों के मुख से इसलिए यह बाते कहलवायी, जिससे धर्मभीरू जनता वर्णारक्षण की अन्याय पूर्ण व्यवस्था को धर्म और भगवान के नाम पर स्वीकार कर उसी के अनुरूप जीवन जीने के लिए बाध्य हो जाय। इसीलिए उन्होंने चारों वर्णों के जन्म को पूर्व जन्म के कर्मों के फल से जोड़कर प्रस्तुत किया। चारो वर्ण तो जाति से भी अधिक कठोर थे। मनुस्मृति जब कहती है कि शूद्र अपने अच्छे कर्मों से ब्राह्मण योनि में जन्म ले सकता है तो ब्राह्मण अपने पाप कर्मों से शूद्र बन सकता है। यह वर्ण व्यवस्था की परिवर्तशीलता का प्रतीक नहीं है क्योंकि इसी के आगे वह कहती है कि ऐसा सातवें जन्म में होगा। इस व्यवस्था के समर्थक इस बात को छिपाकर आधी बात को प्रस्तुत कर वर्णव्यवस्था के लचीलेपन की वकालत करते हैं।

महाभारत और गीता जैसे ग्रन्थ स्वयं इसके प्रमाण है, जहाँ कृष्ण के सामने ही क्षत्रिय गुणकर्म वाले परशुराम, ब्राह्मण बने घूम रहे थे और क्षत्रिय गुणों वाले एकलव्य, महारथी कर्ण शूद्र के नाम से कृष्ण के ही शिष्य पाण्डवों द्वारा अपमानित किए जा रहे थे। यदि गुण कर्म से चारों वर्ण ईश्वर द्वारा बनाये गये होते तो श्री कृष्ण ने क्यों नहीं ब्राह्मण परशुराम और शूद्र एकलव्य तथा कर्ण को क्षत्रिय घोषित किया। एक तरफ उनके प्रिय पाण्डव एकलव्य और कर्ण जैसों को शूद्र कहकर अपमानित करते रहे और तथाकथित भगवान कृष्ण तमाशा देखते रहे। इस प्रकार श्री कृष्ण द्वारा आरक्षण व्यवस्था की विकृत रूप वर्ण व्यवस्था की वकालत करना शोषण, अन्याय, अत्याचार को बढ़ावा देना था।

श्री कृष्ण तो स्वयं एक कृषक और गोपालक वैश्य वर्ण में पैदा हुए थे। ऐसी स्थिति में श्रीकृष्ण भला सत्ता और सुखों का ब्राह्मण तथा क्षत्रिय जाति के लिए आरक्षण की वकालत क्यों करते ? क्या श्रीकृष्ण जैसा कोई भी व्यक्ति स्वयं अपने ही पैरों में कुल्हाड़ी मार सकता है ? क्या कोई अमानवीय, अन्याय परक, छोटे–बड़े, ऊंच–नींच, छूत–अछूत, धनी–गरीब बनाने वाली वर्ण व्यवस्था को अपने तथा अपने दलित,

पिछड़े समाज पर लागू करने की वकालत कर सकता है ? निश्चय ही कोई ऐसा नहीं कर सकता। ऐसा तो ब्राह्मण और क्षत्रिय जाति के लेखकों/साहित्कारों ने अपनी जाति के हितों की रक्षा के लिए दलित–पिछड़ी जाति के श्रीकृष्ण के मुख से कहलवाया। जिससे दलित पिछड़ी जाति के लोग अपने नायक की बात मानकर उनकी अमानवीय अन्यायपरक वर्ण व्यवस्था को भगवान की वाणी तथा भाग्य का खेल मानकर स्वीकार कर लें। अतः ब्राह्मण तथा क्षत्रिय लेखकों द्वारा पुरूषोपनिषद आदि ग्रन्थों में भगवान के मुँह, हाथ, पेट, पैर से चारों वर्णों की उत्पत्ति दिखाना तथा रामायण महाभारत के नायक राम तथा श्रीकृष्ण द्वारा उसकी वकालत करवाना लेखकीय षड़यन्त्र का द्योतक है। यह जनता को मूर्ख बनाने के शिवाय कुछ भी नहीं है। उनका पुर्नजन्म का सिद्धान्त भी धोखा है। आखिर सातवां जन्म किसने देखा है ? सच्चाई तो यह है कि आदमी से आदमी और जानवर से उसी की जाति के जानवर के रूप में पुर्नजन्म होता है, जिसे संसार उनकी सन्तान के रूप में जानता है। ब्राह्मण, क्षत्रिय, वैश्य, शूद्र तो षड़यंत्र पूर्वक बनाये गये लोग हैं। पहले ब्राह्मण, क्षत्रिय के लिए सत्ता सुख का आरक्षण था, अब दलितों (अनुसूचित जातियों, अनुसूचित जनजातियों) के लोगों को जो एम.पी., एम.एल.ए. आदि का आरक्षण है क्या वह पूर्व जन्म के कर्मों का फल है ? यदि यह दलितों पिछडों के पूर्व जन्म के कर्मों का फल है तो वर्णारक्षण की वकालत करने वाले सवर्ण नयी आरक्षण व्यवस्था का विरोध क्यों करते हैं ? इसे उनके पूर्व जन्म के बुरे कर्मों का फल मानकर स्वीकार क्यों नहीं कर लेते ? क्या आरक्षण से बाहर होना उनके पूर्वजन्म के बुरे कर्मों का फल है ?

सच तो यह है कि न तो पुरानी वर्ण आरक्षण व्यवस्था सही थी, न ही आज की आरक्षण व्यवस्था ही सही है। अपने मूल रूप में दोनों गलत हैं। आज की मण्डल आरक्षण व्यवस्था तो वर्ण आरक्षण द्वारा हजारों वर्षों में समाज में पैदा की गयी छूत–अछूत, ऊंच नींच, धनी–गरीब, शोषक–शोषित की खायीं को पाटने, सभी को समान

बनाने तथा कुल मिलाकर वर्णारक्षण द्वारा पैदा की गयी बुराइंयों को दूर करने के उद्देश्य से लागू की गयी है। इसलिए वर्ण आरक्षण से यह नयी आरक्षण व्यवस्था मानवीय, न्यायपरक और अधिक सही है।

आज राम, कृष्ण जैसा ब्राह्मणों/क्षत्रियों का कोई भी भगवान या कोई भी शोषकों की सन्तान आज भी आरक्षण व्यवस्था की वकालत भले ही न करे, परन्तु "आज का श्याम" डॉ० श्याम लाल निर्मोही जैसा समाज वैज्ञानिक इसकी वकालत अवश्य करेगा। कम से कम शोषकों के आदमी बनने तक तो इस नयी आरक्षण व्यवस्था को लागू रहना ही चाहिए। यह बड़े ही संघर्ष से प्राप्त हुई है। विरोधी शक्तियाँ षड़यंत्रपूर्वक इसे समाप्त करने की कोशिश करेंगी। इसके रक्षकों को अतिदलित, दलित, पिछड़ा, अति पिछड़ा का भेद पैदा कर इनकी संगठित शक्ति को तोड़ने की कोशिश करेंगी। इसके प्रति लोगों को सचेत रहने की जरूरत है।

9

मानवता के शत्रु हैं महाभारत के द्रोणाचार्य और पाण्डव

महाभारत कालीन धनुर्विद्या के गुरू द्रोणचार्य द्वारा एकलव्य भील नामक बालक के दायें हाथ के अंगूठे को गुरू दक्षिणा में मांगने और एकलव्य द्वारा स्वयं अपना अंगूठा काटकर देने की सच्ची या कल्पित कहानी का खूब प्रचार किया गया। इसे गुरूभक्ति का आदर्श नमूना बताया गया और द्रोणाचार्य को आदर्श आचार्य/गुरू के रूप में प्रस्तुत किया गया। द्रोणाचार्य के नाम पर तो भारत सरकार उच्च पुरस्कार तक प्रदान करती है।

महाभारत से यह ज्ञात होता है कि एकलव्य का अंगूठा कटा। तभी तो वह पैर के अंगूठे से धनुष–वाण चलाने लगा था और उसमें भी वह निष्णात हो गया था। यही कारण था कि महाभारत युद्ध में कौरवों के पक्ष का वह महायोद्धा था। यहां तो प्रश्न खड़े हो ही गये कि क्या वास्तव में एकलव्य ने स्वयं की इच्छा से अपना अंगूठा काटकर दक्षिणा में दिया अथवा द्रोणाचार्य ने अपने शिष्य राजपुत्रों (पाण्डवों) को श्रेष्ठ दिखाने के लिए स्वयं एकलव्य का अंगूठा काटकर

उसे धनुर्विद्या के आयोग्य बनाया था अथवा शक्तिशाली, अहंकारी पाण्डवों ने स्वयं एकलव्य को नीची जाति का होने से उसका अंगूठा काटकर उसे राजपुत्रों की बराबरी करने से रोका था। ये प्रश्न तो खड़े हो ही जाते हैं।

हम सब जानते हैं कि द्रोणाचार्य ने धनुर्विद्या का कोई भी ज्ञान एकलव्य को नहीं दिया था। फिर गुरूदक्षिणा का कोई भी अधिकार उनका न था कि वे गुरू दक्षिणा मांगकर अपना अपमान कराते। अतः निष्कर्ष निकलता है कि द्रोणाचार्य ने स्वयं एकलव्य का अंगूठा काटा अथवा शक्तिशाली पाण्डवों में से किसी ने उसका अंगूठा काटकर अपने भय का प्रदर्शन किया, जिससे कोई नीची जाति वाला ऊँची जाति के पाण्डवों की बराबरी करने की हिम्मत न कर सके। आज भी ऊँची जाति वालों द्वारा तथाकथित नीची जाति के गरीब लोागों के साथ ऐसी हरकतें करते हुए देखे जाते हैं। ऐसी ऊँची जाति के पाण्डवों और ब्राह्मण जाति के द्रोणाचार्य के आगे गरीब भील बालक एकलव्य क्या था ? सभी जानते हैं कि वह तो पाण्डवों यहां तक द्रोणाचार्य से भी आगे निकल गया था। इसे ब्राह्मण जाति के द्रोणाचार्य और क्षत्रिय पाण्डव कैसे बर्दास्त कर सकते थे। एकलव्य के ज्ञान को दोनों ने अपना तथा अपनी जाति का अपमान समझा और पाण्डवों तथा द्रोणाचार्य दोनों ने मिलकर बलात एकलव्य के दायें हाथ का अंगूठा काट लिया और अपने पाप को छिपाने के लिए उनके चाटुकार कवियों ने लिख दिया कि उसने तो स्वयं अपना अंगूठा गुरू दक्षिणा में दिया था।

एकलव्य की धनुर्विद्या और द्रोण तथा पाण्डवों का खिसियाना

महाभारत यह भी कहती है कि द्रोणाचार्य ने कोई भी धनुर्विद्या या अन्य कोई ज्ञान एकलव्य को नहीं दिया था। वे तो राजाओं के यहाँ उनके राजकुमारों को धनुर्विद्या सिखाते थे। गरीब जातियों के बच्चों को वे ज्ञान नहीं सिखा सकते थे। उन्हें तो कानून द्वारा ज्ञान प्राप्त करने के अधिकार से वंचित रखा गया था।

भील बालक एकलव्य ने तो अपने बाप दादों या अपनी जाति के उस्तादों से तथा स्वयं की लगन से धनुर्विद्या का ज्ञान प्राप्त किया था। वह तो जंगल में धनुर्विद्या का अभ्यास किया करता था। एक दिन पाण्डव अपने गृह शिक्षक (ट्यूटर) द्रोण के साथ वन में शिकार करने या घूमने निकले। उनके साथ उनका कुत्ता भी आगे–आगे चल रहा था। कुत्ता बहुत आगे निकल गया, जहाँ एकलव्य धनुर्विद्या का अभ्यास कर रहा था। उसे देखकर कुत्ता भौंकने लगा। अपने अभ्यास में व्यवधान देख एकलव्य ने कुत्ते को बिना नुकसान पहुँचाए उसका मुंह वाण मारकर वाणों से भर दिया। इससे कुत्ते का भौंकना बन्द हो गया। अन्ततः कुत्ता अपने मालिक के पास वापस आ गया। पाण्डवों और द्रोण ने देखा कि कुत्ते का मुंह वाणों से भरा हुआ है पर एक बूंद खून नहीं टपक रहा है। वे सभी यह ज्ञान देखकर चकित रह गये और सोचने लगे कि ऐसा वाण चलाने वाला कौन पैदा हो गया ? फिर तो कुत्ते के पीछे–पीछे चलते हुए वे एकलव्य तक आ पहुँचे। वे समझ गये कि कुत्ते की यह स्थिति इसी युवक ने की है। उनके पूंछने पर युवक ने सच सच बता दिया और अपना परिचय भी दे दिया। ऐसा ज्ञान तो पाण्डव कौन द्रोणाचार्य भी नहीं जानते थे। फिर एक गरीब दलित पिछड़ी भील जाति के युवक के ज्ञान को देखकर अहंकारी पाण्डव और ब्राह्मण द्रोणाचार्य के अन्दर जलन पैदा हो गयी कि हमसे कौन बड़ा धनुर्धर पैदा हो गया। हमसे प्रतिस्पर्धा करेगा ? फिर क्या था लगता है कि द्रोण और पांचो भइयों ने मिलकर उसके दाहिने हाथ का अंगूठा ही काटकर फेंक दिया कि वह स्पर्धा क्या धनुष वाण चलाने के लायक ही न रहे। नीची जातियों के प्रति ऊँची जातियों के लोगों में व्याप्त ईर्ष्या और जलन तथा व्यवहार में उनके प्रति होते रहे दुर्व्यवहारों को देखते हुये यही सच लगता है कि उन लोगों ने ही उसका अंगूठा काट लिया। यही अधिक सच लगता है।

अंगूठा काटने को गुरू दक्षिणा का रूप देना :– इसमें कोई सन्देह नहीं कि एकलव्य का अंगूठा कटा या काटा गया। महाभारत

अर्थात वर्ण व्यवस्था के कठोर नियमों के अनुसार कोई शूद्र किसी भी प्रकार की विद्या ग्रहण नहीं कर सकता था। उसी समय वर्ण व्यवस्था को कठोरता के साथ लागू किया गया। द्वापर में वर्ण व्यवस्था के जन्म की बात को स्वीकार करते हुए महाभारत कहती है–

"सर्वे वर्णाश्च जायन्ते सदा चैव च द्वापरे
महोत्साहा वीरवितः परस्परं जयैषिण :"
– महाभारत भीष्म पर्व

बाल्मीकि रामायण भी महाभारत ग्रन्थ की ही समकालीन रचना है जिसमें वर्णन मिलता है कि शिक्षा तथा तप करने के कारण शूद्र शम्बूक ऋषि का सिर भगवान कहे जाने वाले राम ने काट डाला था। ऐसा वर्ण व्यवस्था की रक्षा तथा उसे कड़ाई के साथ लागू करने के लिए किया गया था। जब राम ज्ञान देने या ग्रहण करने के कारण शूद्र शम्बूक की गला रेतकर उसकी हत्या कर सकते है तो वर्ण व्यवस्था की रचना करने वाले ब्राह्मण (द्रोण) और क्षत्रिय पाण्डव पीछे कैसे रह सकते थे। चाहे तो वे राम की तरह शूद्र एकलव्य का सिर ही काट सकते थे। परन्तु यहां तो अंगूठा ही काटा गया। यह कार्य निश्चय ही द्रोण और पाचों भाई पाण्डवों ने मिलकर किया। यही अधिक सच है।

परन्तु ब्राह्मणों और क्षत्रियों के इस पाप को छिपाने के लिए अंगूठा काटने की घटना को उनके चापलूस साहित्यकारों ने गुरू दक्षिणा का रूप दे दिया। इसे शिष्य की गुरूभक्ति कहकर प्रस्तुत किया गया। जैसे नागवंशी अग्रवाल तथा कुर्मी कृषक सम्राटों एवं उनके अनुयायियों की आग में झोंककर मारने को सर्प यज्ञ कहकर प्रस्तुत किया गया तो बौद्धों के सामूहिक नर संहार को दुष्ट असुरों का संहार कह कर प्रस्तुत किया गया, वैसे ही अंगूठा काटने के पाप को छिपाने के लिये उसे गुरू दक्षिणा कहकर प्रस्तुत किया गया।

ऐसा सम्भव नहीं कि कोई भी शिष्य ऐसे तथाकथित गुरू को गुरू दक्षिणा के रूप में अपने दांये हाथ का अंगूठा दे दे, जिसने उसे कभी भी कोई ज्ञान नहीं दिया हो। द्रोण की प्रतिमा बनाकर उससे सीखने की कहानी तो गुरू द्रोण की श्रेष्ठता दिखाने के लिए गढ़ी गयी ।सच तो यह है कि शूद्र एकलव्य से ज्ञान प्राप्त करने का अधिकार छीन लिया गया था। उसने इसका उलंघन कर ज्ञान प्राप्त किया और वह राजकुमार अर्जुन से भी आगे निकल गया था। इसलिए वर्ण व्यवस्था के नियमों के अनुसार उसके रक्षक ब्राह्मण (द्रोण) और क्षत्रियों (पाण्डवों) द्वारा जबरदस्ती उसका अंगूठा काटा गया और अपने पाप को छिपाने के लिए उसे गुरू दक्षिणा का नाम दिया गया।

एकलव्य का पैर के अंगूठे से सर सन्धान और कौरवः—

एकलव्य को मानवता के रक्षक राष्ट्रवादी सुयोधन आदि कौरवों का साथ मिला और एकलव्य ने अपने दायें पैर के अंगूठे से वाण चलाना सीख लिया और उसमें भी वह निष्णात हो गया। महाभारत युद्ध में उसने देशद्रोही मानवता के शत्रु पाण्डवों के छक्के छुड़ा दिए थे। इसका उल्लेख भी महाभारत ही करती है।

महाभारत का युद्ध एकलव्य के अंगूठे पर लड़ा गया होता :—

इस सच को स्वीकार किए बिना नहीं रहा जा सकता है कि यदि एकलव्य का अंगूठा काटा नहीं गया होता और वह एकलव्य के हाथ से जुड़ा होता तो महाभारत का युद्ध उसके अंगूठे पर लड़ा गया होता, क्योंकि उसकी बराबरी करने वाला कोई भी नहीं था। यह सिद्ध हो चुका था। फिर भी उसने युद्ध में अपने दायें पैर के अंगूठे से सर सन्धान कर सबके छक्के छुड़ा दए थे। एकलव्य तो सर्वश्रेष्ठ धनुर्धर थे। महान धनुर्विद्या के गुरू द्रोणाचार्य और अर्जुन भी वह विद्या नहीं जानते थे, जिसे एकलव्य ने अपने लगन और पूर्वजों से प्राप्त किया था। कुछ भी हो महाभारत के गुरू द्रोणाचार्य तथा पाण्डवों के साथ जब एकलव्य का नाम लिया जायेगा तो एकलव्य ही नायक और गुरू द्रोणाचार्य तथा

पाण्डव खलनायक ही कहे जायेंगे। एकलव्य का अंगूठा चिल्ला–चिल्ला कर कहता रहेगा कि द्रोणाचार्य और पाण्डव महापापी थे। श्रीकृष्ण ने ऐसे पापियों का साथ देकर पाप को ही बटोरा था। आखिर पापियों/अपराधियों का साथ देने वालों को भी तो पापी या अपराधी ही कहा जायेगा। वे सभी मानवता के हत्यारे तो कहे ही जायेंगे। आज नहीं तो कल सभी को इसे स्वीकार करना ही होगा।

देशवाशियों ! ऐसे महाभारत के द्रोणाचार्य तथा पाण्डवों से सावधान रहने की आवश्यकता है। ऐसे द्रोणाचार्य आज के विद्यालय, शिशु मन्दिरों, महाविद्यालयों, विश्वविद्यालयों में भी हो सकते हैं। उनसे सावधान रहने की जरूरत है। देश में अब भी द्रोणाचार्य को आदर्श मानने वाले मानवता के शत्रु द्रोणाचार्य तथा अर्जुन पुरस्कार बांट रहे हैं। इस सन्दर्भ में महाभारत कालीन अंगुलीमाल की गुरूदक्षिणा भी देखने योग्य है। जहाँ ब्राह्मण गुरू ने नालन्दा विश्व विद्यालय के सर्वश्रेष्ठ छात्र अहिंसक से 1000 लोगों की बलि गुरू दक्षिणा में मांगी थी।

10

श्री कृष्ण की सोलह हजार रानियां अथवा परायी स्त्रियों का अपहरण

महाभारत युद्ध के नायक और श्रीमद् भगवद्गीता के तथाकथित प्रवक्ता श्रीकृष्ण के पास 108 पटरानियां पहले से ही थीं। 16000 रानियां उन्हें और प्राप्त हो गयीं। इस प्रकार श्री कृष्ण के पास 16108 रानियाँ थी। यहां मैं उनकी 108 पटरानियों की बात नहीं कर रहा हूँ यहाँ तो उनकी 16000 नयी रानियों का रहस्योउद्घाटन किया जा रहा है, जिनका उन्होंने अपहरण किया था। साथ ही पुरूषों द्वारा अधिक पत्नियाँ रखने के कारणों का भी विश्लेषण किया जा रहा है।

अधिक पत्नियां रखने के तीन कारणः—

1. अधिक रानियां रखना पौरूष का प्रतीक :—

प्राचीन काल में भेड़ बकरी की तरह स्त्रियां रखना पौरूष का प्रतीक माना जाता था। उस समय भेड़, बकरी, गायें सम्पत्ति मानी जाती थी। वे लोग जो अधिक गाय रखते थे। सामर्थ्यवान, धनवान

और सम्मान के पात्र होते थे। गायों के लिए युद्ध होते थे। ठीक इसी प्रकार अधिक से अधिक स्त्रियों का पति होना पौरूषवान के साथ ही सामर्थ्यवान होना माना जाता था। हम जानते हैं कि राजा दसरथ की तीन रानियों के अतिरिक्त अनेक अन्य रानियां भी थीं। आसाम के महाराजा नरकासुर की 16000 रानियां थीं तो विजय नगर साम्राज्य के ब्राह्मण राजा के पास 150 रानियां थीं। इसी प्रकार अरब के बादशाह इब्बन सउदी के पास 200 बीवियां भी थी। इन्हीं के नाम पर वह क्षेत्र सउदी अरब कहा गया। ब्राह्मण चार या अधिक पत्नियां रख सकता था तो क्षत्रिय तीन विवाह कर सकता था, वैश्य दो तथा शूद्र को केवल एक पत्नी रखने का वर्णारक्षण व्यवस्था का कानून था। वेदकालीन विश्व विजेता कृषक सम्राट इन्द्र का दरबार तो हजारों अप्सराओं से भरा रहता था। ये इन्द्र वैदिक विश्व के सबसे शक्तिशाली सम्राट थे। सम्राट कश्यप उर्फ ब्रह्मा की भी अनेक पत्नियां थीं। अधिक पत्नियां रखने वाला पुरूष काम की दृष्टि से पौरूषवान तो माना ही जाता था। स्त्रियां भी चूँकि सम्पत्ति मानी जाती थीं। इसलिए अधिक पत्नियों का होना सम्पत्तिवान होना माना जाता था। परिवार की बड़ी संख्या धन सम्पत्ति एकत्र करने में भी सहायक होती थी। यही कारण था कि प्रारम्भिक समाजों में अधिक पत्नियां रखने का चलन था।

2. रिश्ते की दुनियां का विस्तार–

अनेक पत्नियां अनेक रिस्तों की दुनियां का निर्माण करती थीं, जहाँ हर क्षण बड़ा जनबल उनकी सहायता के लिए तत्पर रहता था। राजा का ससुराल राजघरानों में होने से जनबल अधिक बढ़ जाता था। जहाँ भी आदमी (दामाद) जाता था, सर्वत्र सुसराल वाले उसके स्वागत तथा सहयोग के लिए तैयार रहते थे। पत्नियां अनेक प्रदेशों तथा देशों की होने से तो रिस्ते का विस्तार वैश्विक हो जाता था। विजेता जहाँ भी विजय प्राप्त करता था वहाँ का पराजित राजा या तो अपनी इच्छा से अपनी पुत्रियाँ उसे व्याह देता था या विजेता राजा बलात् उनकी पुत्रियां उठा लेता था। सम्राट चन्द्र ने तो विजय के बाद पराजित

सुरों/आर्यों के गुरू वृहस्पति की पत्नी तारा को बलात् अपनी पत्नी बना लिया था, जिसके लिए कहते हैं भयंकर संग्राम हुआ था। समझौता स्वरूप पत्नी तारा वृहस्पति को वापस कर दी गयी, परन्तु उसके गर्भ का चन्दपुत्र बुध को वापस न कर असुर सम्राट चन्द्र को ही दिया गया। इसी बुध ने अपने पिता के नाम पर चन्द्रवंश चलाया। आज के चन्द्रवंशी क्ष.त्रिय इसी चन्द्र के वंशज माने जाते हैं। चन्द्रवंशी सम्राटों के रिस्ते की दुनियां को हम सब अच्छी तरह जानते हैं।

सम्राट कूर्म कश्यप उर्फ सृष्टिकर्त्ता ब्रह्मा की तेरह रानियों की सन्तानों के इतिहास से प्राचीन साहित्य भरा पड़ा है। उनकी एक पत्नी दिति के बच्चे दैत्य कहे गये तो दूसरी पत्नी दनु के बच्चे दानव नाम से विख्यात हुए। दैत्य और दानव बड़े ही शक्तिशाली तथा सामर्थ्यवान माने जाते हैं। वे लम्बी चौड़ी डील डौल वाले होते थे। वे हमेशा विजयी होते थे। उन्होंने कभी पराजय नहीं देखी थी। उनके बाहुबल तथा बुद्धिबल के आगे दुनियां थर–थर कांपती थी। वे अपने देश अपनी जाति, अपनी संस्कृति की रक्षा में पूर्णरूपेण सक्षम थे। इसलिए उन्हें राक्षस भी कहा गया। प्राणवान शक्तिवान होने से ऐसे लोग ही असुर भी कहे गये। असुर/राक्षस/दैत्य/दानवों की मार बड़ी भयंकर होती थी। इसका प्रमाण है कि आज भी जब कोई भारी भरकम, शक्तिशाली जीव, मनुष्य, मशीने आदि दिखायी देती हैं तो संसार उन्हें राक्षस, दानव, दैत्य, असुर के रूप में ही प्रस्तुत करता है। भारी भरकम बगुला को बकासुर, भयंकर काले चूहे को क्रौन्चासुर, खुंखार विशाल भैंसा (जिसे दुर्गा ने मारा) को भैंसासुर (महिषासुर) अजगर को अघासुर, जैसे नामों से हम परिचित हैं। सम्पूर्ण संसार में राक्षसों/असुरों/दानवों/दैत्यों का डर आज भी समाया हुआ है। अभी 18–19 वीं सदी में वैज्ञानिकों को जब पत्थर बन गया विशाल अण्डा मिला तो संसार ने उसे डायनासुर कहा, यानि डाइन और असुर की संयुक्त सन्तान। यह डायनासुर ही भाषा भेद के कारण आज कल संसार का विशालतम और शक्तिशाली प्राणी (जो लुप्त हो गया) डायनोसोर के नाम से जाना जाता है।

कश्यप की ही एक अन्य पत्नी मनु थी, जिसके नाम पर उनकी सन्तानें मनुष्य कहीं गयीं। कहते हैं कि माता मनु की सन्तानों का, सर्वाधिक विस्तार हुआ। उनकी सन्तानें संसार भर में फैल गयीं। तो सम्पूर्ण संसार के व्यक्तियों को मनुष्य कहा जाने लगा और अन्ततः स्वर्ग लोक के सुर (आर्य), दानव तथा दैत्य इत्यादि सभी मनुष्य कहे जाने लगे। फिर तो तीनों लोकों का अस्तित्व भी मनुष्य लोक में विलीन हो गया। आज तीनों लाकों स्वर्ग, नरक, पाताल को मनुष्य लोक कहा जाता है। कश्यप की सन्तानों के संसार भर में फैल जाने के कारण ही उन्हें "सृष्टिकर्ता ब्रह्मा" का सम्मान दिया गया।

महर्षि कश्यप को "सृष्टिकर्ता ब्रह्मा" का सर्वश्रेष्ठ सम्मान उन्हें अपने रिस्ते के विस्तार अर्थात अनेक पत्नियों के कारण ही मिला। रिस्तों के विस्तार के महत्व का इससे बड़ा उदाहरण अन्यत्र नहीं खोजा जा सकता है। प्राचीन विश्व के अनेक सम्राटों, राजाओं, व्यक्तियों के रिस्ते की दुनियां के उदाहरण दिए जा सकते हैं। इसी आधार पर संयुक्त परिवार से आगे बढ़कर भारत ने "वसुधैव कुटुम्बकम" का नारा दिया था। यह है रिस्ते की दुनियाँ का प्रभाव।

3. शक्तिवान प्राणवान साम्राज्य का प्रतीक–

जिस राजा के पास अनेक पत्नियां होती थी, वह सम्पत्तिवान, सामर्थ्यवान तथा पौरूषवान तो माना ही जाता था, शक्तिशाली और प्राणवान भी माना जाता था। अनेक पत्नियों का होना यानि अनेक ससुराल या परिवारों का साथ आना माना जाता था। यदि ससुराल राज घराने में हुआ तो उस राजा (स्वसुर) की थलसेना, जलसेना इत्यादि का उसके साथ आ जाना होता था। इससे अनेक पत्नियों वाले सम्राटों को विजय मिलती थी और चक्रवर्ती सम्राट बनने की उनकी इच्छा पूरी होती थी। प्राचीन इतिहास इस बात का प्रमाण है कि शक्ति के बल पर महाराजा कृषक सम्राट इन्द्र सम्पूर्ण संसार को जीतकर त्रिलोक विजेता बने थे। उनके दरबार का अप्सराओं से भरा होने का अर्थ है, उनकी हजारों पत्नियां थी।

महाराजा कूर्म कश्यप इसी आधार पर सृष्टिकर्त्ता ब्रह्मा तो बने ही विश्व के शासक और संस्कारकर्त्ता भी बने थे। महाराजा बलि, महाराजा पृथु जैसे अनेक सम्राट इसी आधार पर विश्व विजयी हुए थे। जितने दूर–दूर से जितने देशों से पत्नियां लायी जाती थी, वह देश, वह सम्राट उसकी रिस्ते की दुनियां का अंग बन जाता था। विश्व विजय की स्थिति में ऐसी पत्नियों के पिता की सेनाएं भी राजा के साथ जुड़ जाती थीं। इस कारण अन्य देशों पर विजय पाना आसान हो जाता था। इस प्रकार अनेक पत्नियों वाला सम्राट अन्ततः विश्व विजयी होकर चक्रवर्ती सम्राट कहलाने लगता था। उसकी शरीरिक शक्ति भले ही कम हो, उसकी सेना भी कमजोर हो, पर रिस्ते की दुनियाँ की सेनाओं के बल पर उसकी शक्ति तो बढ़ ही जाती थी, जिससे उसके साम्राज्य के विस्तार को कोई रोक नहीं सकता था। यह था रिस्ते की दुनियाँ का सामर्थ्य।

श्रीकृष्ण की सोलह हजार रानियों का रहस्य :–

महाभारत कहती है कि श्री कृष्ण के पास सोलह हजार के अतिरिक्त एक सौ आठ पत्नियां और थीं। एक सौ आठ पत्नियों में से कुछ व्याहकर आयी थीं तो कुछ अपहरण के द्वारा बलात लायी गयी थीं। इसका भी उल्लेख महाभारत जैसे ग्रंथों में है। उनकी सोलह हजार रानियाँ कहां से और कैसे आयी, इसका उल्लेख भी महाभारत में है। परन्तु महाभारत के व्याख्याकारों, सीरियल निर्माताओं इत्यादि ने इसका विस्तार से उल्लेख नहीं किया है। जबकि समाज तथा राष्ट्र निर्माण की दृष्टि से इसका उल्लेख आवश्यक है।

इसके अतिरिक्त आसाम के सम्राट नरकासुर की सोलह हजार पत्नयों का भी उल्लेख प्राचीन साहित्य में मिलता है। ये 16000 पत्नियां श्रीकृष्ण की थीं या नरकासुर की थीं अथवा दोनों की अलग–अलग 16000 सोलह हजार रानियां थी। इसका रहस्योद्घाटन आवश्यक है।

सच्चाई यह है कि 16000 रानियां असुर सम्राट नरकासुर की पत्नियां थी। श्री कृष्ण के मन में भावना, जगी कि क्यों न मैं दुनिया की नजरों में पौरूषवान दिखूं। अतः उन्होंने पौरूषवान दिखने तथा अपने साम्राज्य के विस्तार के लिए नरकासुर के राज्य पर आक्रमण किया और नरकासुर को मारकर उसका राज्य भी अपने राज्य में मिला लिया तथा उसकी सोलह हजार पत्नियों को अपनी पत्नियां बना लिया। इस प्रकार श्रीकृष्ण सोलह हजार एक सौ आठ पत्नियों के पति बन गये। पुरूषत्व का सम्मान अब उन्हें मिलने लगा, परन्तु छीनकर उन्हें प्राप्त किया था। अतः रिस्तेदारी कैसे बन सकती थी ?

सोलह हजार रानियों से 10–10 बच्चे पैदा करने का रहस्य :–

महाभारत कहती है कि पश्चात् माया के सहयोग से उन श्रीकृष्ण की सोलह हजार पत्नियों ने 10–10 बच्चे पैदा किए। स्वाभाविक है कि कोई भी एक पुरूष सोलह हजार स्त्रियों को काम सन्तुष्टि नहीं प्रदान कर सकता। यहाँ "माया के सहयोग" को समझना आवश्यक है। माया दो शब्दों मा+या के योग से बना है जिसका अर्थ है जो नहीं है। मा नहीं या जो। इसका आशय यहां यह है कि जो उन स्त्रियों के पति नहीं थे, उनसे बच्चे पैदा किये गये। प्रश्न उठता है कि उन सोलह हजार स्त्रियों (श्रीकृष्ण की पत्नियों) से 10–10 बच्चे पैदा करने वाले कौन थे। इसका रहस्योद्घाटन, महाभारत के किसी रचनाकार ने नहीं किया है उन्होंने तो जो नहीं थे (माया) कहकर समाप्त कर दिया।

हम सब जानते हैं कि राजा दसरथ के चारो पुत्र भी माया के सहयोग से पैदा हुए थे, क्योंकि दसरथ वृद्ध होने या किसी कारण से अपनी पत्नियों से सन्तान पैदा करने में अक्षम थे। साहित्यकारों ने लिखा कि फल या विशेष खीर खाने से दसरथ की पत्नियों ने चार पुत्रों को जन्म दिया। सारा संसार जानता है कि फल या खीर खाने से बच्चे

नहीं पैदा होते हैं। बच्चे तो कैसे पैदा होते हैं, सभी जानते हैं और पैदा भी करते हैं। महाभारत युद्ध के एक पक्ष पाण्डु के पांचो पुत्र भी ऐसे ही माया के सहयोग से पैदा हुए थे क्योंकि पाण्डु सन्तान पैदा करने में असमर्थ थे। लेखकों ने इसे हिरनी का श्राप कह कर उनकी अक्षमता पर पर्दा डालने का कार्य किया। यह भी हम सब जानते हैं कि पीलिया रोग से पीड़ित पाण्डु जब सान्तान पैदा करने में अक्षम सिद्ध हो गये तो उन्होंने राज्य अपने बड़े भाई घृतराष्ट्र (जिनकी अन्धता के कारण उन्हें राजा बनाया गया था) को सौंपकर सन्यास ग्रहण कर लिया था और जंगल की शरण लिया था। उनकी पत्नियों ने भी पति का अनुसरण किया और वे भी उनके साथ जंगल में रहने लगीं। यहां उन्होंने परपुरूषों के अहवान से पाँच पुत्रों को जन्म दिया। महाभारत में यह सब लिखा है।

हम जानते हैं कि यद्यपि महाभारत को वेद व्यास द्वारा लिखा गया, बताया गया है, परन्तु महाभारत तो हजारों साहित्यकारों (व्यासों) ने लिखा था क्योंकि मूल महाभारत में मात्र 8800 श्लोक ही थे, परन्तु आज महाभारत के श्लोकों की संख्या एक लाख से भी अधिक है। इसका सीधा सा अर्थ है कि अनेक लेखकों ने अपने–अपने श्लोक महाभारत में मिलाये। भारत में क्या संसार के देशों से भी अपनी बात, अपने विचारों, सिद्धान्तों, कानूनों को प्रस्थापित करने के लिए लोग उन्हें किसी मान्यता प्राप्त या प्रस्थापित पुस्तक में मिलाते रहे हैं अथवा किसी प्रस्थापित नायक/महापुरूष के मुख से कहलवाते रहे हैं। सामान्यतया लोग अपना खोटा सिक्का चलाने के लिए अपना नाम न देकर दूसरों के नाम से उसे प्रस्तुत करते रहे हैं। इसका उद्देश्य अपनी जाति या वर्ण के हित को साधना होता था।

सामान्यतया बड़े लोगों की इज्जत बचाने के उद्देश्य से उनकी सन्तानों को फल या खीर खाने से (दसरथ पुत्र), माया के सहयोग से (श्रीकृष्ण के पुत्रों की) आह्वान पुत्र (पाण्डु के पुत्र), सूर्य पुत्र (कर्ण),

ब्रह्मा जी के मानस पुत्र (नारद आदि) दिखाकर या कहकर प्रस्तुत किया जाता रहा है। कुछ साहित्यकारों ने अवश्य उनके सच को न छिपाकर स्पष्टतः लिखा है कि दसरथ के पुत्र उनकी मान्य पुत्री शान्ता के पति श्रृंगी ऋषि द्वारा उत्पन्न किए गये थे तो महाभारत के लेखकों में से किसी ने स्पष्टतः लिख दिया कि पांचो पाण्डु पुत्रों में से अमुक पवन कुमार के द्वारा पैदा किए गये तो कोई सूर्य कुमार (बैगा) द्वारा पैदा हुए तो कोई ऐसे ही किसी के द्वारा पैदा किए गऐ। इसका अर्थ है कि जो उनके पति न थे। यानि माया के सहयोग से ही दसरथ तथा पाण्डु की पत्नियों से बच्चे पैदा हुए थे। इन्हें आह्वान द्वारा उपलब्ध पुरूषों, देवताओं द्वारा पैदा दिखाया गया है। आखिर पतियों के नपुंसक होने की स्थिति में स्त्रियां किसी सक्षम पुरूष का ही तो आह्वान करेंगी। दसरथ हो या पाण्डु या अन्य कोई नपुंसक सम्राट सभी की सन्तानें आह्वान सन्ताने ही कही जायेंगी। इस आह्वान में आने वाला कोई हट्टा कट्टा युवा चमार, धोबी, मेहतर, कुर्मी, काछी, अहीर, गडेरी, ठाकुर, ब्राह्मण कोई भी हो सकता है। इतना ही नहीं जंगल में तो आदिवासी, वनवासी, बैगा, खरवार, मूसहर, पासी, दुसाध जैसी जनजातियों के युवा ही हो सकते हैं।

माया के सहयोग से या आह्वान के द्वारा अथवा खीर या फल खाने से बच्चे पैदा होने का सीधा सा अर्थ है कि जो उनके पति न थे, उनके द्वारा पैदा किए गये बच्चे। इसे प्राचीन काल में नियोग प्रथा कहा जाता था। इसे मान्यता प्राप्त थी। सन्तान पैदा करने में अक्षम लोग इस नियोग प्रथा से दूसरों द्वारा अपनी पत्नियों से सन्तान प्राप्त करते थे। कौरव और पाण्डवों के पिता घृतराष्ट्र और पाण्डु भी इसी प्रकार माया या नियोग द्वारा पैदा हुए थे, जहाँ कोई वेद व्यास ही उनके जैविक पिता थे, व्यास के विशाल शक्तिशाली परन्तु बदसूरत चेहरे को देखकर विस्तर पर लेटते ही घृतराष्ट्र की मां ने आंख बन्द कर लिया था, इसलिए पुत्र घृतराष्ट्र अन्धें पैदा हुए, जबकि पाण्डु की मां ने आंख तो नहीं बन्द किया, परन्तु उनकी बदसूरती ने उन्हें उदास कर दिया था।

उन्होंने पूरे मन से रतिक्रिया में सहयोग नहीं किया, इस कारण पुत्र पाण्डु पीलिया रोग से ग्रस्त पैदा हुआ। यही कारण था कि पाण्डु रोग (पीलिया) से ग्रस्त होने के कारण लोग उन्हें पाण्डु–पाण्डु कहने लगे और अन्ततः वही उनका नाम पड़ गया। श्रीकृष्ण की सोलह हजार रानियों से 10–10 बच्चे माया के सहयोग से कैसे पैदा किए गये। सम्भवतः इसका भी रहस्योद् घाटन माया के बच्चे कहकर प्रस्तुत किया गया है। हम इन्हें आह्वान अथवा नियोग से पैदा बच्चे भी कह सकते हैं। एक और रहस्योद्घाटन हुआ है जिससे स्पष्ट होता है कि ये 10–10 बच्चे भीलों द्वारा पैदा किए गये थे। जो उनकी पत्नियों को लेकर भाग गये थे।

सोलह हजार रानियों के माया पति भील और 10–10 बच्चे :– श्रीकृष्ण किसी डर या अन्य किसी कारण से अपनी पहले की 108 रानियों को लेकर मथुरा वृन्दावन को छोड़कर द्वारका चले गये। वहाँ उन्होंने समुद्र के बीच में अपना आवास बनाया। पश्चात् उन्होंने अपने प्रिय साथी अर्जुन से कहा कि वह उनकी सोलह हजार पत्नियों को भी द्वारका पहुँचा दे। अर्जुन उनकी सोलह हजार रानियों को लेकर द्वारका पहुँचाने जा रहे थे। अभी द्वारका के पास पहुँचने से पहले ही रानियों को थकान का अनुभव हुआ और छाया में सुस्ताने लगी। कुछ दूरी पर उन्हें पानी से भरा तालाब दिखायी दिया। गर्मी से रानियां परेशान थीं। सो उन्होंने तालाब में नहाने की इच्छा जाहिर की। अर्जुन दीवाल की आड़ में पेड़ के नीचे बैठ गये और वे सोलह हजार युवतियां अर्द्धनग्न हो तालाब के ठण्डे जल में स्नान करने लगीं।

उधर से भीलों (आदिवासियों) का झुण्ड गुजरा, उन्होंने देखा कि हजारों की संख्या में सुन्दर–सुन्दर जवान स्त्रियाँ अर्द्धनग्न तालाब के जल में जल क्रीड़ा (स्नान) कर रहीं हैं। उन्हें देखकर उनके मन में उन्हें पाने की इच्छा बलवली हो उठी। वे उन स्त्रियों पर टूट पड़े। अर्जुन ने विरोध किया। परन्तु भीलों ने अर्जुन को घायल कर दिया और 8–10, 10–20 जिनके हाथ जितनी स्त्रियाँ लगीं, उन्हें लेकर भाग

निकले। इस प्रकार नरकासुर को मारकर उन्हें अपनी पत्नियाँ बनाने वाले श्रीकृष्ण की वे सोलह हजार रानियाँ अन्ततः भीलों द्वारा लूट ली गयीं। लोगों को लगा लूट की माल लूट में चली गयीं।

सम्भवतः ऐसे ही भीलों द्वारा पैदा किए गये बच्चों को ही साहित्यकार ने माया पुत्र कहा, क्योंकि वे भील उनके पति नहीं थे। यानि उनके लिए वे माया थे। श्रीकृष्ण उन्हें लूटकर लाये थे, परन्तु बच्चे पैदा होने से पहले ही भीलों द्वारा लूट ली गयीं। फिर उनसे जो बच्चे पैदा हुए उन्हें माया से उत्पन्न सन्तान कहा गया तो कोई आश्चर्य नहीं। श्रीकृष्ण की सोलह हजार पत्नियों को लूटने वाले उनके पति न होकर परपुरूष थे, उनसे पैदा बच्चों को माया (जो उनके पति न थे) के सहयोग से पैदा हुआ, कहा गया तो यह गलत न था।

अभी हमने दसरथ पुत्रों–राम, लक्ष्मण, भरत, शत्रुघ्न, घृतराष्ट्र, पाण्डु तथा पाण्डु पुत्र पाण्डवों (युधिष्ठिर, भीम, अर्जुन, नकुल, सहदेव) की उत्पत्ति देखा कि किस प्रकार वे माया के सहयोग से पैदा हुए थे। श्री कृष्ण की सोलह हजार पत्नियों से 10–10 बच्चे (कम या अधिक) पैदा करने वाले लोग (भील) भी उनके लिए माया थे, अर्थात उनके पति न थे। पति तो श्री कृष्ण थे। जैसे अपने खेत में किसी भी प्रकार (मालिक के बिना बीज बोये) फसल पैदा हो जाय तो वह फसल खेत के मालिक की होती है, ठीक इसी प्रकार अपनी पत्नियों या पत्नी से परपुरूषों द्वारा पैदा बच्चे भी पतियों (दसरथ, श्रीकृष्ण आदि) के ही माने जाते हैं। यही कारण था कि दूसरों से पैदा किए गये 10–10 बच्चों को माया के सहयोग से पैदा श्रीकृष्ण के बच्चे कहा गया। अधिक पत्नियों की स्थिति में पति उन्हें काम सन्तुष्टि नहीं दे पाते हैं। अतः परपुरूषों से सम्बन्ध स्थापित करना स्त्रियों की मजबूरी भी होती है। लोगों को इसे अवश्य ध्यान में रखकर ही अधिक स्त्रियों से विवाह को मान्यता देनी चाहिए।

11

गीता, महाभारत हिन्दुओं के दुश्मनों ने लिखा है

(विज्ञान विरोधी, व्यक्ति व समाज विरोधी, प्रगति विरोधी और क्रान्ति विरोधी हैं ये पुस्तकें)

अब तक के विश्लेषण से यह तो स्पष्ट हो गया होगा कि महाभारत और उसमें से निकली गीता जैसी पुस्तकें समाज के लिए कितनी घातक हैं। ये मानवता विरोधी के साथ ही समाज विरोधी, राष्ट्र विरोधी, विज्ञान विरोधी, प्रगति विरोधी तथा सामाजिक क्रान्ति की विरोधी पुस्तकें हैं। इस सन्दर्भ में यहां हम केवल संकेत करना ही उचित समझते हैं–

1. मानवता की हत्यारिन हैं ये पुस्तकें–

दलित, शूद्र कहे जाने वाले आदिवासी/वनवासी एकलव्य जैसे हिन्दुओं के साथ महाभारत के कृष्ण, द्रोणाचार्य तथा पाण्डवों का जो व्यवहार था, उसे सभ्य समाज का कोई भी व्यक्ति क्या सही कह

सकता है ? उसे तो मानवता की हत्या ही कहा जायेगा, ये तो एक दो नमूने भर हैं। ऐसी घटनायें तो सैंकड़ों हजारों हो सकती हैं। इससे इन्सानियत के शत्रु पाण्डवों का चरित्र उजागर हो ही जाता है। इससे यादव कृष्ण और ब्राह्मण द्रोणाचार्य की तुच्छ मानसिकता का भी पता चलता है।

2. ज्ञान विज्ञान की विनाशक हैं

गीता तो भगवान की वाणी के नाम पर ज्ञान विज्ञान की हत्या करती हुई दिखायी देती है। विज्ञान कहता है कि सम्पूर्ण सृष्टि कार्य–कारण पर आधारित है। यह बात आज से 2500–3000 वर्ष पूर्व गौतमबुद्ध ने कहा था। प्राकृतिक विज्ञानों के लिए गौतम बुद्ध की यह खोज वरदान बन गयी और प्राकृतिक विज्ञान आसमान की ऊँचाई छूने लगे। प्राकृतिक विज्ञानों की यह उन्नति बुद्ध की इसी खोज के बल पर हुई है।

इसके विपरीत गीता महाभारत जैसी पुस्तकें चिल्लाकर कहती हैं कि सब कुछ भगवान करता है। मनुष्य के वश में कुछ भी नहीं है। सारी सृष्टि भगवान द्वारा रची गयी है। बताइये ऐसी सोच क्या विज्ञान को जन्म देने का कार्य करेगी। ऐसी सोच तो मानव की सोचने विचारने की शक्ति को भी क्षीण कर देगी।

विज्ञान कहता है कि फल यानि परिणाम के लिए प्रयोग पर प्रयोग करते रहो, जब तक फल न मिल जाए। इसका अर्थ है विज्ञान फल या परिणाम के मिलने तक कर्म की बात करता है, परन्तु गीता कहती है– कर्म करने में तुम्हारा अधिकार, फल की चिन्ता मत करो। कोई बताये फल/परिणाम/पारिश्रमिक/वेतन नहीं मिलेगा तो कोई काम क्यों करेगा ? इसे हमने विस्तार से पीछे देखा है। पैदावार न मिले या पैदावार का उचित मूल्य न मिले तो कोई खेती क्यों करेगा ? फल

न मिलने पर उसकी चिन्ता तो मनुष्य को ही करनी होगी। अन्यथा विकास अवरूद्ध हो जायेगा। कोई बताये जो भारत–

–कभी विश्व गुरू था।

–जिसे विश्व की पहली पुस्तक वेदों को देने का श्रेय प्राप्त है।

–जो चिकित्सा विज्ञान में आगे था।

–पुष्पक विमान तक बनाता था।

–जिसने तीनों लोकों का एकीकरण कर उन्हें मनुष्य लोक का अंग बना दिया।

–जो विश्वकर्मा जैसा इन्जीनियर पैदा करता था।

–जो न जाने कितने क्षेत्रों में आगे था। सोने की चिड़िया कहा जाता था।

वही भारत पिछड़ता क्यों चला गया। अज्ञानियों, अन्धविश्वासियों, भिखारियों का देश कैसे बनता चला गया। इस पर विचार करना होगा। निश्चय ही देश के पिछड़ने तथा विज्ञान की हत्या में गीता के "कर्मण्येवाधिकारस्ते मा फलेषु कदाचन" जैसे चिन्तनों की भूमिका को नकारा नहीं जा सकता है।

3. समस्याओं की जननी हैं–

इसके भगवानवाद तथा पुनर्जन्म सिद्धान्त ने तो भाग्यवाद तथा पूर्व जन्म के कर्मों के फल के रूप में बीमारी, गरीबी, शूद्रता, ब्राह्मणत्व, छूत–अछूत का भेद पैदा किया और कुशिक्षा देकर इसने समस्याओं के निदान की दृष्टि से मानवीय प्रयत्नों पर रोक लगा दी। लोग मानने लगे कि ब्राह्मण, क्षत्रिय, वैश्य, शूद्र ,धनी, गरीब के घर जन्म लेना पूर्व जन्म के कर्मों का फल है। अतः शूद्रता, नीचता, गरीबी, बीमारी जैसी समस्याएं भी पूर्व जन्म के बुरे कर्मों का फल ईश्वर ने दिया है। फिर वही उसका समाधान भी करेगा। मनुष्य कुछ भी नहीं कर सकता है। यह तो अपना–अपना भाग्य–दुर्भाग्य है। यह कुशिक्षा गीता ने ही तो दी है। ऐसी स्थिति में मानव तथा समाज का विकास कैसे होगा। गीता

की यह कुशिक्षा आज भी पीछा नहीं छोड़ रही है। भाग्यवाद अपने आप में विकास विरोधी है।

4. शोषण, अन्याय, अत्याचार की जननी है–

पूर्व जन्म के कर्मों के फल के कारण ही लोग शूद्रता शोषण, अन्याय, अत्याचार को सहते रहे। ऐसे शोषितों का समूह ही बन गया, जिन्हें दलित, शूद्र, अनुसूचित जाति कहा जाने लगा। इसके साथ ही पिछड़ों का भी शोषण होता रहा। अन्त में उन्हें शूद्र वर्ण का घोषित कर दिया गया। उन्हें भी अछूत माना जाने लगा। भगवान ने पूर्व जन्म के अच्छे कर्मों के फल के रूप में ब्राह्मण और क्षत्रिय को पैदा किया है। इस प्रकार 10 प्रतिशत ब्राह्मण क्षत्रिय 90 प्रतिशत भारतीयों पर शासन करते रहे और भाग्य भगवान तथा पूर्व जन्म के कर्म फल के प्रतिफल के रूप में उनका शोषण करते रहे।

इसी का परिणाम था कि 90 प्रतिशत शोषित जातियों ने 10 प्रतिशत शोषकों के विरूद्ध बगावत नहीं किया, क्रान्ति नहीं किया। निश्चय ही ये पुस्तकें प्रगति तथा क्रान्ति विरोधी हैं।

5. मूर्खतापूर्ण अवतारवाद की संकल्पना की समर्थक हैं–

इसके अवतारवाद ने तो मानवों को निष्कृय कर दिया, लोग अपनी समस्याओं के निदान के लिए भगवान के अवतार की कामना करने लगे। लोग मानने लगे कि भगवान ने जन्म दिया है तो उनकी समस्याओं के हल के लिए वही अवतार लेकर धरा धाम पर आयेगा और उनकी समस्याओं का निदान करेगा। कृष्ण ने तो स्वयं कहा कि जब जब धर्म की हानि होगी, अन्याय, अत्याचार बढ़ेगा, तब मैं सज्जनों की रक्षा तथा दुष्टों के विनाश के लिए धराधाम पर अवतार लूंगा। यही कारण था कि युद्ध आक्रमण की स्थिति में भी लोग पूजा पाठ करते रहे, भगवान के अवतार का इन्तजार करते रहे और देश गुलाम होता रहा। निश्चय ही देश की गुलामी तथा पिछड़ने में गीता के ऐसे चिन्तनों की कुशिक्षा को नकारा नहीं जा सकता है।

6. अकारण युद्ध का उन्माद पैद करती हैं–

गीता के युद्ध के दर्शन ने तो घर–घर, परिवार–परिवार, जाति–जाति के बीच, मार–काट, लड़ाई झगड़ा, हिंसा, प्रति हिंसा, संघर्ष की आग लगा दी। रिस्ते की परम्परा को छिन्न–भिन्न कर दी। भाई भाई को, पिता पुत्र को या पुत्र पिता को, दादा, दादी, नाना, नानी को मारकर सत्ता सम्पत्ति प्राप्त करने की ओर आगे बढ़ने लगे। सीरियल के माध्यम से जब से महाभारत, गीता घर–घर में पहुँची है, समाज में मार–काट की यह कुशिक्षा प्रभाव दिखाने लगी है। इसने तो भारत के परिवारवाद तथा वसुधैव कुटुम्बकम की हत्या कर दी। ऐसी स्थिति में कोई भी समाज प्रगति कैसी करेगा। कोई भी सोच सकता है।

7. जीवनदायिनी पवित्र खेती को पापकर्म कहती हैं–

गीता ने तो जीवन दायिनी खेती को पापकर्म कहकर लोगों को खेती के प्रति उदासीन करने का ही कार्य किया। रही सही कसर कृषि उत्पादों के अलाभप्रद मूल्यों ने खेती को घाटे का व्यापार बना दिया। फिर तो देश खाद्यान्न में भी पिछड़ता गया। ऐसा देश अज्ञानियों, अशिक्षितों, भिखारियों का देश नहीं बनेगा तो और क्या बनेगा ? (महा.भा. विदुर नीति 3/48, गीता. 9132–33)

8. देश द्रोही, गद्दारों को महिमा मण्डित करती है–

लोग युधिष्ठिर को प्राप्त धर्मराज के सम्मान को देखकर देशद्रोही गद्दार होने लगे और सम्मान के पात्र भी बने रहे। जब युधिष्ठिर जैसा देशद्रोही गद्दार, धर्मराज का सम्मान पा सकता है तो डकैत, माफिया, तस्कर, महन्त, बाबा, भ्रष्टाचारी जैसे लोग भी घण्टा चढ़ाकार दान दक्षिणा देकर महन्त, बाबा, धर्माचार्य का ढोंग रचकर क्यों नहीं सम्मान प्राप्त कर सकते। यही देश में होने लगा कि दुराचारी, बलात्कारी बाबा धर्म के नाम पर भगवान बन गये। बड़े–बड़े

देश के लुटेरे दान देकर धर्मात्मा बन गये। क्या यह गीता की कुशिक्षा का फल नहीं है।

9. देश की गुलामी की जननी है–

इसकी वर्ण व्यवस्था ने तो शोसकों, शोषितों की फौज ही खड़ी कर दी। 10 लोग शासक बनकर 90 प्रतिशत का शोषण करते रहे। जब आक्रमण हुआ तो रबड़ी मलाई खाने वाले 10 प्रतिशत शोषक उनके आगे टिक नहीं सके और देश हजारों वर्षों तक गुलाम होता रहा। इसे क्या कोई अस्वीकार कर सकता है ?

10. मानवता के शत्रुओं को महान कहती है–

गीता, महाभारत ने अनेक अन्यायियों, अत्याचारियों को धर्मराज, भगवान, अवतार बना दिया। हमने देखा कि अपनी मां तक की हत्या करने वाले को गीता तथा महाभारत ने परशुराम को अवतार बनाकर खड़ा कर दिया। देशद्रोही, अन्यायी, मानवता के हत्यारे युधिष्ठिर धर्मराज बना दिए गये। ऐसे अनेक उदाहरण दिए जा सकते हैं। यह भी हमने देखा कि महाभारत जैसे अधर्म युद्ध को धर्मयुद्ध बना दिया गया। युद्ध तो अपने आप में विनाशक होते हैं।

महाभारत और गीता की ऐसी अनेक कुशिक्षाओं ने देश तथा समाज के विकास का मार्ग अवरूद्ध कर दिया और देश पतन की ओर आगे बढ़ता चला गया। जितना जल्दी हो सके, समाज द्वारा इनका बहिष्कार किया जाना आवश्यक है। यह तो देश का सौभाग्य है कि नयी पीढ़ी रामायण, महाभारत, गीता, मनुस्मृति जैसी समाजद्रोही, राजद्रोही, विकास विरोधी, विज्ञान विरोधी पुस्तकों को तिलांजलि देकर विज्ञान की ओर आगे बढ़ रही है। यह सच है कि पुरानी पीढ़ी के कुछ रूढ़िवादी लोग धर्म तथा संस्कृति के नाम पर इन्हें ढ़ो रहे हैं। वैज्ञानिक सोच अन्ततः प्रभावी होकर ही रहेगी, इसी में से नया वैज्ञानिक भारत बनकर रहेगा।

महाभारत और गीता हिन्दुओं के दुश्मनों ने लिखा है

यद्यपि पुस्तक को पढ़ने से ही स्पष्ट हो जाता है कि गीता, महाभारत जैसे ग्रन्थ वेद विरोधी होने से हिन्दुत्व विरोधी हैं। इनके द्वारा एक ही जाति (असुर जाति) के लोगों को आपस में लड़ाकर मरने–मारने के साथ ही भाइयों को भाइयों के विरूद्ध संघर्ष मार–काट यहां तक युद्ध के लए उकसाया गया है। उनका उद्देश्य एक जाति की एकता को तोड़ने के साथ ही भारत की प्रमुख संस्था परिवार की एकता को भी छिन्न भिन्न करना था। आज जब महाभारत सीरयल द्वारा इसे घर–घर पहुँचा दिया गया तो इसका प्रत्यक्ष कुफल दिखायी देने लगा है कि पुत्र, नाती, पोता अपने माता–पिता, दादा–दादी, नाना–नानी, मामा–मामी को मारकर अपना स्वार्थ सिद्ध करने के लिए आगे बढ़ते हुए दिखायी देते हैं। ऐसी घटनाएं अक्सर अखबारों में तथा दूरदर्शन पर दिखायी देती हैं। यह गीता और महाभारत का ही प्रभाव है।

इस पुस्तक में पहले ही बहुत कुछ लिखा जा चुका है जिससे स्पष्ट होता है कि गीता और महाभारत वेद विरूद्ध होने से हिन्दुत्व विरोधी हैं। फिर भी अति संक्षेप में हम यहाँ संकेत करना उचित समझते हैं, जिससे स्पष्ट हो जायेगा कि उक्त पुस्तकें हिन्दुओं के दुश्मनों ने लिखी हैं–

1. ये दोनों ग्रन्थ वेद विरोधी होने से हिन्दुत्व विरोधी हैं।

2. वेदों में न आत्मा है न ईश्वर न स्वर्ग–नरक और न ही मोक्ष की संकल्पना है जबकि गीता, महाभारत की ये ही आधार हैं। आत्मा और पुर्नजन्म का झूठा दर्शन गीता ने ही दिया है। वेद विरूद्ध होने से इन्हें हिन्दुओं का ग्रन्थ नहीं कहा जा सकता है।

3. वैदिक / हिन्दू धर्म में अवतार भी नहीं है, परन्तु गीता तो श्री कृष्ण को मानव से भिन्न चमत्कारी अवतार बनाकर प्रस्तुत करती है।

4. वैदिक/हिन्दू धर्म में देवता पूजा को सर्वोच्च स्थान है। देवता देने वालों को कहा गया है। गीता तो चमत्कार पैदा करने वाले काल्पनिक भगवान की अवधारणा को प्रस्तुत करती है।

5. वैदिक/हिन्दू धर्म में पुर्नजन्म का झूठा दर्शन कहीं भी देखने को नहीं मिलता है। वहां तो माता–पिता ही सन्तान के रूप में पुर्नजन्म लेते हुए दिखायी देते है। वहां आत्मा नहीं है तो आत्मा के पुर्नजन्म का सिद्धान्त कैसे हो सकता है। यहाँ तो आत्मा के पुर्नजन्म का सिद्धान्त ही गीता का प्राण तत्व है।

6. वैदिक/ हिन्दू धर्म में खेती पशुपालन को सर्वोच्च स्थान दिया गया है। कयोंकि खेती पशुपालन जीवनदायिनी कर्म है। इसी आधार पर भारत को कृषकों का देश या कृषि प्रधान देश कहा जाता रहा है। गीता के लेखक के लिए तो खेती, पशुपालन, व्यापार, पाप कर्म है और खेती करने वाले कुर्मी, काछी किसान और उनकी सहायक बढ़ई, लोहार, व्यापारी सभी जातियाँ पापी हैं। (गीता 9/32–33) खेती पशुपालन व्यापार को पापकर्म और उनके कर्त्ताओं को पापयोनि कहने वाला क्या कृषकों के देश में कोई हिन्दू हो सकता है। निश्चय ही वह कोई वेदों तथा हिन्दुओं का दुश्मन ही रहा होगा।

7. क्या पशुपालक यादव कृष्ण पशुपालकों यानि स्वयं अपनी जाति को पापयोनि कह सकता है ? गीता तो वैश्यों यानि कृषक, पशुपालक तथा व्यापारी जातियों को भी पाप योनि कहती हैं।

8. हिन्दू संस्कृति परिवार (कुटुम्ब) से आगे बढ़कर विश्व शान्ति सुव्यवस्था तथा वैश्विक एकता के लिए वसुधैव कुटुम्कम की बात करती है। यहाँ तो महाभारत और गीता इनकी उपेक्षा करते हुए परिवार के ही लोगों की हत्या करने को उकसाती हैं। इसका उद्देश्य तो सही गलत को देखे बिना अपना उद्देश्य पूरा करना रहा है।

9. हिन्दू संस्कृति मानववाद की जननी रही है। मानवों की कृषि ज्ञान की शिक्षा देने के लिए भारतीय संसार के कोने–कोने में पहुँचे थे। यहाँ तो गीता एकलव्य का अंगूठा काटने, कर्ण को जाति के नाम पर अपमानित करने का उदाहरण प्रस्तुत कर मानवता की हत्या करती हुई दिखायी देती हैं।

10. हिन्दू संस्कृति हिंसा के विरूद्ध अंहिसा को सर्वोत्तम स्थान देती है। यहाँ तो गीता अनावश्यक युद्ध, हिंसा के लिए उकसाने का कार्य करती हुई दिखायी देती है। देखा जाये तो गीता का प्रमुख दर्शन ही युद्ध का दर्शन है।

11. हिन्दू संस्कृति कर्मवादी संस्कृति है। यहाँ कर्म के द्वारा जीवन जीने की शिक्षा दी जाती रही है। इसी आधार पर भारत को कर्मभूमि कहा गया। इसके विपरीत बिना कर्म के जीवन जीने वालों के देशों को भोग भूमि कहा गया। जैसे भिखारियों, जंगली असभ्य लोगों के देश, जहां लोग बिना कृषि आदि कर्मों के कन्दमूल, फल तथा मांसाहार करते थे। गीता तो अकर्म की शिक्षा देती है। बिना फल के कोई क्यों कोई कार्य करेगा। यही तो अकर्म की शिक्षा है।

12. हिन्दू संस्कृति ज्ञान–विज्ञान को महत्व देती रही है। वेदों को ज्ञान विज्ञान का आधार माना जाता है। विज्ञान का जन्म फल के बिना सम्भव नहीं। विज्ञान कहता है कि जब तक फल (परिणाम) न आ जाय, प्रयोग पर प्रयोग करते रहो। यहाँ तो गीता फल विहीन कर्म की शिक्षा देती है।

13. हिन्दू संस्कृति धर्म को उच्च स्थान देती है। मानव पुरूषार्थों में धर्म, अर्थ, काम कहकर धर्म को प्रथम स्थान पर रखा गया है। गीता स्वार्थ पूर्ति को प्रथम स्थान देती है। इसके लिए चाहे अपनों की हत्या ही क्यों न करनी पड़े। महाभारत तो अधर्म को ही धर्म कहती है।

14. हिन्दू संस्कृति में माता–पिता गुरू को देवता का स्थान दिया गया है। यहाँ तो गीता अपने स्वार्थ की पूर्ति के लिए माता–पिता, दादा–दादी, नाना आदि अपनों के साथ ही गुरू तक की हत्या की शिक्षा देती है।

15. हिन्दू संस्कृति में वर्ण आरक्षण न था। यहाँ तो गीता कृष्ण के मुख से वर्ण व्यवस्था की वकालत करती हुई दिखायी देती है।

16. हिन्दू संस्कृति में अहंकार को घातक बताया गया है। यहाँ तो श्रीकृष्ण महा अहंकार के पुतले हैं, जो कहते हैं कि मैं ही सब कुछ हूँ। मैं ही सर्वश्रेष्ठ हूँ । अतः सभी धर्मों को छोड़कर मुझे ही भजो। इससे बड़ा अहंकारी क्या कोई और हो सकता है ?

17. गीता महाभारत के ऐसे अनेक दृष्टान्त प्रस्तुत किए जा सकते है, जिससे स्पष्ट होता है कि गीता महाभारत जैसे ग्रन्थ हिन्दुत्व विरोधी हैं वेद विरोधी हैं, महाभारत तथा गीता के ऐसे अनेक दृष्टान्तों को देखने से स्पष्ट होता है कि वेद विरोधी अथवा हिन्दुत्व विरोधी इन बातों को लिखने वाला कोई हिन्दू नहीं हो सकता है। लिखने वालों का उद्देश्य तो हिन्दू संस्कृति में आग लगा कर उसका नामो निशान मिटाना रहा है। निश्चय ही गीता, महाभारत के माध्यम से इन बातों को लिखकर, उनका प्रचार प्रसार कर हिन्दू संस्कृति को नष्ट करना या विकृत करना ही इनके लेखकों का उद्देश्य रहा है। ऐसी स्थिति में कोई भी निष्कर्ष निकाल सकता है कि गीता, महाभारत जैसे ग्रन्थों के लेखक भारत या हिन्दुत्व के दुश्मन ही रहे होंगे।

आश्चर्य होता है कि हिन्दुत्व विरोधी या वेद विरोधी गीता, महाभारत व रामायण, मनुस्मृति जैसी स्मृतियों इत्यादि के लेखक संस्कृत भाषा के ही लेखक रहे हैं। संस्कृत ग्रन्थों के लेखक कौन थे? उन्होने वेदों तथा हिन्दू संस्कृति के विरूद्ध ऐसी बातें क्यों लिखी,

इसकी खोज की जानी चाहिए। आखिर हिन्दुओं से उनकी दुश्मनी क्यों थी। कहीं उनके लेखक भारतीयों/हिन्दुओं के दुश्मन आर्य जाति वाले विदेशी तो नहीं थे। क्योंकि आर्यों को ही भारतीयों ने मार–मार कर भगाया था, उनकी बलि दी थी। उनकी बहू बेटियों (अप्सराओं) को छीनकर उन्हें कुआरें रहने के लिए बाध्य किया था। यही कारण था कि हिन्दुओं से बार–बार पराजित होने वाले आर्यों ने बदले की भावना से हिन्दुत्व को मिटा डालने का वीणा उठा लिया और जब उन्हें लिखने का मौका मिला तो उन्होंने अपनी पुस्तकों में हिन्दू संस्कृति, वैदिक संस्कृति को मिटा डालने के उद्देश्य से उक्त बातें लिख डाली। कुछ भी हो, हिन्दुत्व विरोधी उक्त बातों को लिखने वाले हिन्दू न होकर उनके दुश्मन ही रहे होंगे। शोध करने पर सत्य को खोजा जा सकता है।

● ● ●

12

श्री कृष्ण क्या अवतार कहलाने के योग्य हैं ?

(भगवान और उसके अवतार किसी काम के नहीं)

भारत के इतिहास में सर्वप्रथम जैन धर्मावलम्बियों ने अपने चौबीस तीर्थंकरों की घोषणा की। इनकी महत्वपर्ण भूमिका इतिहास में अंकित है। इनके समाज निमार्ण के अच्छे कार्यों को भारत जानता है। भारत का यह 'भारत' नाम उनके जड़ भरत तीर्थंकर के कार्यों के आधार पर पड़ा। यही तीर्थंकर बाद में अवतार के नाम से प्रस्तुत किए गये। दूसरे स्तर पर गौतम बुद्ध ने 28 अवतारों की घोषणा की और उन्हें बुद्धत्व प्राप्त मानव कहा। सर्वान्त में ब्राह्मण धर्म के लोगों ने इनका अनुकरण करते हए अपने चौबीस अवतारों की घोषणा की। इनमें से कुछ अवतारों पर कोई भी उंगली नहीं उठा सकता है। जैसे सूर्य अवतार। सूर्य की सर्वाधिक महत्वपूर्ण भूमिका को संसार जानता है। परन्तु ब्राह्मण धर्म के चौबीस अवतारों में से अनेक अवतार कहलाने के अधिकारी नहीं हैं। उन्हें तो जैसे जबरदस्ती अवतार बनाकर रखा गया है। हम यहां अवतार की मान्य कसौटी दे रहे हैं जिस पर कसकर

कोई भी किसी तथाकथित अवतार को अवतार कह सकता है अथवा सच के साक्षात्कार के साथ उसे अवतार की उपाधि से पदच्युत कर सकता है। इसी आधार पर हम महाभारत के श्री कृष्ण, परशुराम, जैसे अवतारों का भी परीक्षण कर सकते हैं कि वे अवतार हैं अथवा कहने मात्र से वे अवतार बने घूम रहे हैं। निम्न कसौटी विचारणीय है–

अवतार की परिभाषा और कसौटी

अवतार का शाब्दिक अर्थ है उतरना। प्रश्न उठता है कि किसी भी प्राणी, ग्रह, उपग्रह, पेड़,–पौधों, जीव–जन्तु में क्या और कितना उतरता है कि उसे अवतार कहा जा सकता है। कोई कहेगा कि खुदा/गॉड/लार्ड/भगवान जिसमें ज्यादा उतरे वही अवतार है। भगवान/खुदा/गाड/लार्ड को आज तक किसी ने देखा नहीं है। अतः उसका उतरना मापा नहीं जा सकता। सच तो यह है कि सारी सृष्टि उसके ग्रह, उपग्रह, मनुष्य, पशु–पक्षी, पेड़–पौधे, जीव–जन्तु सभी ब्रह्माण्ड अथवा प्रकृति के उत्पाद हैं। अतः अवतार की परिभाषा देते हुए कहा जा सकता है कि जिस भी ग्रह, उपग्रह, पशु–पक्षी, मनुष्य, जीव–जन्तु, पेड़–पौधे इत्यादि में ब्रह्माण्ड या प्रकृति का सर्वोत्तम सर्वाधिक अंश उतरा हो, वही अवतार कहलाने का अधिकारी है।

इस प्रकार अवतार को सृष्टि या प्रकृति का सर्वश्रेष्ठ कहा जा सकता है। इसी आधार पर प्राचीनों ने प्रकृति के कुछ सर्वश्रेठ को अवतार कहा। जैसे मत्स्य (नील व्हेल जैसी विशालकाय मछली), सुअर, आग, सूर्य इत्यादि। परन्तु कुछ लोगों, धार्मिकों ने मनमानें तरीके से जिस किसी को भी चाहा, अवतार घोषित कर दिया। इसलिए असली और नकली अवतारों की पहचान के लिए यहाँ कुछ कसौटी दी जा रही है, जिस पर कसकर कोई भी प्रबुद्ध असली अवतार की पहचान कर उसे सम्मान दे सकता है, उसका अनुकरण कर महान बन सकता है और नकली को उठाकर कूड़ेदान में फेंक सकता है–

1. जिसमें ब्रह्माण्ड/प्रकृति का सर्वोत्तम अंश सर्वाधिक मात्रा में उतरा हो।
2. उसका स्थान सर्वोच्च हो।
3. उसमें सृजनात्मक रचनात्मकता का गुण हो।
4. उसका योगदान बड़ा हो अर्थात वह देने वाला अर्थात देवता का गुण रखता हो।
5. वह कल्याणकारी तथा सर्वाधिक उपयोगी हो।
6. वह प्रकृति के कार्य–कारण नियमों से बंधा हो।
7. उसमें नायक, गणनायक का गुण हो।
8. सृष्टि को सुन्दर सुखमय बनाने में जिसकी भूमिका महत्पूर्ण हो।
9. जो सामाजिक, प्राकृतिक नियम, कानून, विधान, संविधान अर्थात धर्म के अनुरूप आचरण करने वाला हो।
10. जो काल्पनिक, मनगढन्त, लीला, नाटक चमत्कार पर आधारित न हो।
11. मानवों में जो बहुजन के हित में अन्याय, अत्याचार, भ्रष्टाचार, पापकर्मों जैसे समाज/मानव विरोधी अपराधों के निवारण का कार्य करता हो।
12. अन्य।

अवतार की कसौटी पर कुछ पारम्परिक अवतार–

प्राचीन ऋषियों ने जो अवतारों की घोषणा की है उनमें से कुछ अवतार कहलाने के योग्य हैं। जैसे–

1. ग्रह उपग्रहों में सूर्य अवतार पर कोई भी अंगुली नहीं उठा सकता।
2. ब्रह्मा (मूल नाम कश्यप) मानवों में सर्वश्रेष्ठ अवतार है, क्योंकि मानव सृष्टि उन्हीं की संतानों से आबाद हुई है। इसलिए मानवी सृष्टि को काश्यपी कहा गया।
3. ब्रह्मा की पत्नी मनु भी अवतार है, क्योंकि सारी मानवी सृष्टि ब्रह्मा और माता मनु की ही सन्तानों से भरी है। माता मनु के नाम पर ही हम लोग मनुष्य कहे गये।

4. गौतम बुद्ध सबसे बड़े समाज वैज्ञानिक, विश्व के निर्माता बनकर उभरे। अतः अवतार हैं।
5. पृथु पृथ्वी का उद्धार करने वाले पृथ्वी त्राता, सबसे बड़े अन्नोत्पादक बनकर सामने आये, जिनके नाम पर भूमण्डल को पृथ्वी कहा गया।
6. आग के महत्व को कौन नकार सकता है। जल, वायु भी अवतार हैं, जिनके बल पर जीवन सम्भव हुआ।
7. इत्यादि।

प्राचीन घोषित अवतारों में से नारद, बामन, नृसिंह, कछुआ, परशुराम, मोहिनी, राम कृष्ण, कल्कि जैसे लोग/जीव अवतार की उपरोक्त कसौटी पर खरे नहीं उतरते हैं। ये तो जबरदस्ती कहने मात्र से ही अवतार बने हुए हैं। परशुराम (मातृहन्ता) को हम देख चुके हैं। वामन (नाटे कद का ब्राह्मण बालक) तो विकसित आदमी भी न बन सका। वह अवतार कैसे हो सकता है। दूसरे वह तो महाठग था, जिसने दानवीर योग्यतम राजा बलि का राज्य अन्य ब्राह्मणों के साथ छल करके हड़प लिया था। नृसिंह तो सिंह मुखौटाधारी कोई दुश्मन था, जिसने हिरण्यकश्यप की हत्या की थी। राम, कृष्ण, कल्कि जैसे तथाकथित अवतार तो नाटक, नौटंकी (लीला) करने वाले मानों काल्पनिक अभिनेता थे। यथार्थ से इनका न के बराबर सम्बन्ध रहा। ये तो कवियों, धार्मिकों के कहने मात्र से बने अवतार हैं। इनमें अवतार के गुण कर्म नहीं हैं।

श्री कृष्ण अवतार कहलाने के योग्य नहीं :–

अवतार की कसौटी पर कोई भी कसकर देख सकता है कि महाभारत, गीता भागवत इत्यादि ग्रन्थों में वर्णित श्री कृष्ण में अवतार होने के कितनें गुण हैं। हैं भी अथवा नहीं, तभी निर्णय लिया जा सकता है कि कृष्ण अवतार कहलाने के अधिकारी हैं अथवा नहीं अवतार की कसौटी पर कसने पर तो कृष्ण अवतार कहलाने के योग्य नहीं जैसा कि अति संक्षेप में यहां हम नीचे देख सकते हैं–

1. हमने देखा कि कृष्ण खेती, व्यापार, स्त्रियाँ, शूद्रों को पापी, पापकर्म/पापयोनि नीच) कहते हैं। जीवनदायिनी खेती तथा मानवों की जननी नारी मां को पापकर्म, पापिनी कहने वाला भला अवतार कैसे हो सकता है ?
2. महाभारत, गीता के कृष्ण देशद्रोही, गद्दार, मानवता के शत्रु पाण्डवों का साथ दे रहे हैं और उन्हें धर्म का अवतार कह रहे हैं। ऐसा व्यक्ति भला कैसे अवतार हो सकता है ? यह हमने देखा।
3. कृष्ण अनावश्यक युद्ध हिंसा का उन्माद पैदा कर महाभारत युद्ध कराते हैं और अनावश्यक नरसंहार करते हैं, यह भी हमने देखा।
4. कृष्ण रिस्ते की दुनियां में आग लगाकर भाई–भाई को एक दूसरे को भड़काकर नर संहार का नग्न ताण्डव कराते हैं। भारतीय संस्कृति को आग में झोंकने का कार्य करते हैं।
5. श्री कृष्ण 'काम करो, वेतन मत मांगो', कहकर अकर्मण्यता तथा शोषण को बढ़ावा देने का कार्य करते हैं।
6. बिना फल का कर्म तो विज्ञान का हत्यारा, बेगार का जनक, अन्याय, अत्याचार, शोषण का जनक होता है। यह भी हमने देखा।
7. सोलह हजार रानियां रखना क्या मानवता है।
8. फिर 16 हजार रानियों और माया (जो उनके पति नहीं) से सहयोग कराकर 10–10 बच्चे पैदा करना या करवाना क्या दुराचार को बढ़ावा देना नहीं है।
9. उनके सामने नहीं तो उनके प्रिय पाण्डवों द्वारा एकलव्य का अंगूठा काटना, कर्ण को अपमानित करना क्या मानवता कही जायेगी। कृष्ण ऐसे पाण्डवों का साथ क्यों दे रहे थे।
10. श्री कृष्ण महाभारत में परशुराम की प्रसंशा करते है जिसने अपनी मां की हत्या की थी। भला अपनी मां का हत्यारा प्रसंशा का पात्र कैसे हो सकता है। इसी परशुराम ने अपने शिष्य कर्ण की अपनी जाति (ब्राह्मण) का न होने मात्र से विद्या छीन ली थी।

11. दूसरों की लड़कियों संग खुले आम रासलीला (रोमांस) करना क्या मानवता है। यहाँ तो पश्चिम की गर्लफ्रेन्ड की संस्कृति को भारत में परोसना है।
12. कृष्ण से बड़ा अहंकारी कोई नहीं हो सकता, जो कहता है सब कुछ फेंककर मेरा नाम भजो।

कुल मिलाकर देखा जाय तो कृष्ण अवतार के योग्य नहीं हैं। चमत्कारपूर्ण कार्यों को करते हुए दिखाकर तो वे और भी काल्पनिक पात्र बन जाते हैं। काल्पनिक पात्र कल्पना में अवतार हो सकते हैं परन्तु सच में उन्हें अवतार नहीं कहा जा सकता है। कृष्ण तो कहने से अवतार बने घूम रहे हैं जबकि उन्हें अवतार कहना अवतारों का अपमान है। शेष कोई भी, पुस्तक "नयी महाभारत" पढ़कर स्वयं समझ जायेगा कि कृष्ण कोई अवतार नहीं थे। उन्हें तो धार्मिक दुकानदारों, कथावाचकों, मन्दिर वालों ने कह–कह कर अवतार बना रखा है, जिससे उनकी रोजी रोटी चलती रहे। विज्ञान के युग में उनकी कलई खुल रही है और अन्ततः उन्हें काल्पनिक पात्र मान लिया जायेगा।

ईश्वर/अवतार मानवों के किसी काम के नहीं

हम सब जानते हैं कि महाभारत और श्रीमद भगवद्गीता किसी ईश्वर और उसके अवतार के इर्द–गिर्द घूमती हुई दिखायी देती है। ईश्वर के बारे में गीता कहती है–

1. ईश्वर (कोई) होता है।
2. वही संसार के निर्माता हैं।
3. वही संसार के समस्त प्राणियों का पालनकर्त्ता होता है।
4. वही संसार को नष्ट करने वाला भी होता है।
5. संसार में जो कुछ हो रहा है, उसे ईश्वर कर रहा है। मनुष्य तो उसके हाथ की कठपुतली है। वह तो निमित्त मात्र है।
6. हर प्राणी में आत्मा के रूप में उसी का वास होता है।

7. जब संसार में पाप (अधर्म) बढ़ जाता है तो ईश्वर अवतार होकर धराधाम पर आता है और वही पापियों का विनाश तथा सज्जनों की रक्षा करता है और धर्म की पुनः प्रतिष्ठा करता है।
8. आत्मा और परमात्मा (ईश्वर) में कोई अन्तर नहीं है, क्योंकि आत्मा परमात्मा का अंश है।
9. परमात्मा जब तक प्राणी के भीतर रहता है प्राणी जीवित रहता है।
10. श्रीकृष्ण (गीता के प्रमुख पात्र) स्वयं को ईश्वर और अवतार कहते हैं।
11. ईश्वर ही समस्त प्राणयों को उनके अच्छे–बुरे कर्मों के आधार पर मनुष्य के रूप में पैदा करता है अथवा उन्हें पशु–पक्षी, कीट–पतंग जैसी योनि में भेजता है।
12. ईश्वर और आत्मा दोनों अजर, अमर, अविनाशी, सर्वव्यापी, सर्वश–शक्तिमान, आदि, अनन्त, अजन्मा है।
13. ईश्वर निराकार होता है और वह अवतार के रूप में साकार होता है।

यहाँ ईश्वर और उसके अवतार दोनों झूठे हैं, क्योकि कोई कहता है कि ईश्वर अवतार लेता है तो वैष्णव कहते है कि सभी मनुष्य ब्रह्मा, शंकर या परशुराम या झूलेलाल, या इन्द्र इत्यादि के अवतार हैं। यह तो मनमानी हुई। इसका अर्थ है अवतार और ईश्वर की दोनों कल्पनायें झूठी हैं। ईश्वर और अवतार की विस्तृत खोजपूर्ण व्याख्या हमने अपने शोधकृति "भगवान की अवधारणा : उद्‌भव एवं विकास 2018 में विस्तार से की है।[1] 360 पृष्ठों की इस पुस्तक का उल्लेख यहाँ नहीं किया जा सकता। अतः सुधी पाठक भगवान को जानने समझने यहां तक प्रत्यक्ष अपनी आखों से देखने के लिए उक्त पुस्तक अवश्य पढ़ें। यह सच के भगवान का दर्शन करायेगी और यह भी बतायेगी कि

---

1. डॉ० एस.एल. निर्मोही भगवान की अवधारणा : उद्‌भव एवं विकास नमन पब्लिकेशन, अन्सारी रोड दरियागंज नयी दिल्ली 2018

2. वही पृष्ठ 133–147

धार्मिक जगत का ईश्वर और उसका अवतार झूठ पर आधारित है। वह तो सच का काल्पनीकीकरण है।

अवतार की सही व्याख्या की जाय तो कहना पड़ेगा कि ब्रह्माण्ड या प्रकृति जिस किसी भी प्राणी, पशु–पक्षी, मनुष्य, ग्रह, उपग्रह इत्यादि में सर्वाधिक और श्रेष्ठतम रूप में उतरे वह अवतार है।[2] इस प्रकार धार्मिक जगत की अवतार की संकल्पना भी झूठ के अलावा और कुछ भी नहीं है।[3]

ईश्वर और अवतार को खोजना मूर्खता है :–

जिस ईश्वर की लोग तलाश में लगे हुए हैं, जिसे पाने के लिए भारत में दस करोड़ से अधिक साधू सन्यासी अपना जीवन खपा देते हैं, जिसे सबका जनक पालनकर्त्ता तक कहा जाता है, वह तो मानव के किसी काम का नहीं है। शायद वह मनुष्यों से भी गया बीता है। वह मानवों या प्राणियों के हित का कोई भी काम नहीं करता है। पता नहीं क्यों लोग उसे सब कुछ करने वाला सर्वशक्तिवान बताते हैं। वह तो कुछ लोगों के बार–बार कहने मात्र से सबका रचनाकार, पालनकर्त्ता और संहारकर्त्ता बना हुआ है। आगे के कुछ तथ्यों के विश्लेषण से यह बात स्पष्ट हो जायेगी–

1. हम सब जानते और देखते हैं कि इस देश के दस करोड़ से अधिक साधू सन्यासी के अलावा लाखों करोड़ो लोग उसके भजन कीर्तन में अपना समय और धन बर्वाद करते हैं। साधू सन्यासी तो 24 घण्टे ईश्वर का कार्य करते हैं परन्तु वह उन्हें एक रोटी भी नहीं देता है। वे तो इन्सानों से रोटी मांगते हुए दिखायी देते हैं। जबकि सामान्य आदमी भी अपने कामगारों को 300–500 रूपये नित्य देता है। इस दृष्टि से ईश्वर आदमी से भी नीच और गरीब है। ऐसी स्थिति में उसे सर्वशक्तिमान, सबका जनक, पालनकर्त्ता कैसे माना जा सकता है ? वास्तव में तो माता पिता जन्म देते हैं और वही पालनकर्त्ता भी होते हैं। भगवान तो सबसे नकारा दिखायी देता है। उल्टे उसके मन्दिरों, मठों

आश्रमों के पुजारी मठाधीश ऐसे नकारा ईश्वर का डर दिखाकर मानवों को लूटते रहते हैं। ऐसा ईश्वर मिल भी जाय तो क्या देगा। वह तो लोगों को भिखारी ही बनायेगा। जो अपने कामगारों को एक रोटी नहीं दे सकता है वह लोगों को दुःखों से मुक्ति यानि मोक्ष क्या देगा। निश्चय ही ईश्वर पाने के पागलपन से संसार को मुक्त होना ही पड़ेगा।

2. ईश्वरवादी भाग्य भरोसे ईश्वर के भरोसे वैठे रहते हैं। वे कोई कार्य नहीं कर सकते हैं। उनका दिमाग कुंद हो जाता है, क्योंकि वहां ईश्वर सब कुछ करता है। उन्हें दिमाग चलाने की जरूरत नहीं होती है। इसीलिए कहा जाता है कि ईश्वरवादी मूर्ख होते हैं। ईश्वरवादियों ने आज तक दुनियां को कुछ भी नहीं दिया है। आज के विश्व की जो प्रगति हुई है, वह नास्तिकों की देन है। विज्ञान के विरोधी होने से ईश्वर तथा ईश्वरवादी देश व समाज की प्रगति में बाधक होते हैं। ज्ञान विज्ञान की सभी उपलब्धियां नास्तिकों की देन हैं। ईश्वरवादी तो एक सुई, एक साइकिल तक नहीं दे सके हैं। फिर भला आदमी ईश्वर की पूजा आराधना में अपना समय और धन क्यों बर्बाद करे ?

3. ईश्वर ने तो देश व समाज को गरीब तथा गुलाम बनाने का कार्य किया है, क्योंकि जब वही अच्छा–बुरा सब कुछ करता है तो मनुष्य को कुछ भी करने या अपना दिमाग चलाने की जरूरत ही नहीं होगी। फिर तो लोग भाग्य भरोसे (ईश्वर भरोसे) बैठे रहेंगे, कुछ भी नहीं करेंगे तो गरीब तो होते ही जायेंगे।

आतंकवादियों, दुश्मनों के आक्रमण की स्थिति में ईश्वरवादी चिल्लायेंगे, भगवान के आने के लिए पूजा प्रार्थना करेंगे कि हे भगवान आओ हम पर संकट आया है। जल्दी से अवतार लेकर आओ और हमे दुश्मनों से बचाओ। भगवान तो आने से रहा। भारत ने अपनी आंखों से देखा है कि लोग पूजा पाठ करते रहे और देश गुलाम होता रहा। एक हजार वर्ष से अधिक की गुलामी भारत ने ईश्वरवादियों के कारण

पायी थी। इसे क्या कोई अस्वीकार कर सकता है। निश्चय ही ईश्वर लोगों को गरीब, भिखारी, बीमार, गुलाम बनाने का कार्य करता है। वह मानवों के किसी काम का नहीं है।

4. कुछ लोग कहते हैं ब्रह्मा, शिव, विष्णु, इन्द्र, राम, कृष्ण जैसे ईश्वर/अवतार न होकर मानव थे। अच्छा काम करने से उन्हें अवतार कहा जाने लगा। यदि वे मानव थे तो उन्हें ईश्वर अवतार बनाने के पीछे धार्मिकों की साजिश नजर आती है, क्योंकि ईश्वर या अवतार होते ही वे आदमी से भिन्न कुछ और हो जाते हैं। वे ईश्वर ही हो जाते हैं, जो कुछ भी नहीं करता है, परन्तु उन्हें सब कुछ करने वाला बताया जाता है। आदमी के ईश्वर बन जाने पर तो मानवों के प्रेरणा स्त्रोत ही समाप्त हो जाते हैं। क्योंकि वे तो ईश्वर थे, वही सब कुछ कर सकते थे। तुम तो मनुष्य हो। तुम्हारे वश में वह सब करना सम्भव नहीं, जो शिवशंकर, राम, कृष्ण आदि ने कर दिखाए। इस प्रकार मानवों के महामानव से ईश्वर/अवतार बनते ही प्रेरणा स्त्रोत समाप्त हो जाता है और वह अवतार भी मानव के किसी काम का नहीं रह जाता। यदि हमें पता हो कि शिवशंकर, राम कृष्ण आदि कोई भगवान या अवतार न होकर हमारे पूर्वज थे तो हम उनके जैसा करने की, बनने की, कोशिश अवश्य करते। उनके ईश्वर/अवतार बनते ही मानवों की प्रगति का मार्ग अवरूद्ध हो जाता है। इस दृष्टि से भी ईश्वर, अवतार मानवों के किसी काम के नहीं हो सकते।

5. ईश्वर/अवतार मानवों के किसी काम के तो होते नहीं। यह अवश्य है कि उसके नाम पर लोगों को भयभीत कर, उन्हें मूर्ख बनाकर उनका तन–मन–धन अवश्य धार्मिकों, ईश्वर के ठेकेदारों द्वारा लूट लिया जाता है। मन्दिरों में लाखों–करोड़ो का चढ़ावा उनके धन की ही तो लूट है। लोग छल, चोरी, तस्करी, भ्रष्टाचार, मिलावटखोरी जैसे आपराधिक रास्तों से धन एकत्र करते हैं और उसका कुछ अंश ईश्वर को चढ़ावा चढ़ाकर धर्मात्मा बनने का ढोंग रचते हैं। इस प्रकार ईश्वर

लोगों को लूटने के साथ भ्रष्ट भी बनाने का कार्य करता है। यह सब मानवों के मन पर कब्जा करने के बाद ही सम्भव होता है। पहले ये धार्मिक ईश्वर का डर दिखाकर लोगों को भयभीत करते हैं और उनका मन अपने वश में करते हैं।

बाबाओं, साधुओं, महात्माओं द्वारा अपने गिरोह की युवतियों के साथ बलात्कार इसी की देन है। यह सब ईश्वर के नाम पर ही होता है। यह उनके धन मन के साथ ही उनके तन की लूट ही तो है। ऐसे बलात्कारी, दुराचारी बाबा, साधू, महात्मा, मठाधीश बाबा राम रहीम, कृपा राम, आशा राम बापू, जैसे थोड़े से पकड़े गये, जो जेलों में बन्द हैं। शेष लाखों करोड़ों दुराचारी, बलात्कारी बाबा तो पकड़े ही नहीं जाते हैं।

देखा जाय तो ईश्वर/अवतार तो पाप के जनक हैं। ईश्वर/अवतार के सभी अपराध, सभी पाप लीला के नाम पर चलते हैं। फिर भला मानव पीछे क्यों रहे ? चोरी छिपे वह भी उसी रास्ते पर चल पड़ते है।

ये थोड़े से उदाहरण हैं जिससे स्पष्ट होता है कि ईश्वर/अवतार मानव के किसी काम के नहीं होते हैं। अतः मानवों को ईश्वर और उसके मंदिरों से दूर ही रहना चाहिए।

●●●

13

महाभारत मातृहन्ता, मानवता के शत्रु को भगवान क्यों बनाती है ?

महाभारत एकलव्य का अंगूठा काटने वाले महागुरू द्रोणाचार्य की तरह एक और महागुरू का उल्लेख करती है, जिसने अपनी जन्मदात्री मां की हत्या की थी। ब्राह्मण धर्म में इसे भगवान के चौबीस अवतरों में स्थान दिया गया है। (ध्यान रहे जिस धर्म को आज कल हिन्दू धर्म कहकर प्रचारित किया गया है। वह वास्तव में हिन्दू धर्म न होकर ब्राह्मण धर्म है।) इसका अर्थ है कि उन्हें भगवान का दर्जा दिया गया है। उन्होंने ऐसा क्यों किया, इसे तो वही जाने। भगवान का अवतार बने उस मातृहन्ता को लोग परशुराम के नाम से जानते हैं, जिसे पर्सियों के इतिहास में पर्सिया का मुनि कहा गया है।

मां की हत्या की कहानी और परशुराम :– महाभारत में इस कथा का वर्णन मिलता है कि एक बार परशुराम की मां यानि पिता जमदाग्नि ब्राह्मण की पत्नी आश्रम से दूर प्रातः काल उठकर अपनी सहेलियों के साथ शौच क्रिया के लिए जंगल में गयी हुई थीं। वह पांच

जवान बच्चों की मां थीं। स्वाभाविक है कि उनकी सहेलियां भी बूढ़ी रही होंगी। वापस लौटते समय उन्होंने देखा कि पास के तालाब में कुछ नये जोड़े जल क्रीड़ा करते हुए नहा रहे हैं। वह थोड़ी देर के लिए अपनी जवानी के दिनों में खो गयी। सोंचने लगी कि हम लोग भी कभी ऐसे ही जल क्रीड़ा करते हुए स्नान करते थे। इस कारण घर वापस आने में अन्य दिनों की अपेक्षा कुछ देर हो गयी। जमदग्नि ने आज की देरी का कारण पूछा तो उन्होंने स्वाभाविक तरीके से सच–सच बता दिया।

इतना सुनते ही जमदग्नि चिल्ला पड़े–तुम्हारा दिमाग खराब हो गया है। पांच बच्चों की मां होकर भी तुम्हारे मन में ऐसे विचार आये कैसे ? तुम्हारे मन में कलुष पैदा हो गया है। तुम कुल्टा हो गयी हो। तुम्हे जिन्दा रहने का अधिकार नहीं है।

उन्होंने सबसे पहले अपने बड़े पुत्र से कहा कि तुम्हारी माँ भ्रष्ट हो चुकी है। वह कुल्टा है। उसे जंगल में ले जाकर मार डालो। बेटे ने कहा–

"माँ से बड़ा संसार में कोई नहीं होता। वह तो भगवान से भी बड़ी होती है। उसने हमें जन्म दिया है। वह हमारी जननी है, पृथ्वी माँ की तरह है। अतः मैं मां की हत्या नहीं कर सकता। चाहे आप भले ही मुझे मार डालें, पर मैं माँ की हत्या नहीं कर सकता। यह पाप है।"

फिर उन्होंने अपने दूसरे, तीसरे और चौथे पुत्र से भी माँ का प्राण लेने को कहा। पर सभी ने माँ की हत्या करने से मना कर दिया। अन्त में उन्होंने अपने सबसे छाटे पुत्र परशुराम से अपनी आज्ञा का पालन करने को कहा। वह क्रोधी और उदण्ड स्वभाव का था और पिता का आज्ञाकारी पुत्र था। माँ की महत्ता को शायद वह नहीं जानता था। इसलिए पिता की आज्ञा पाकर वह मां को खोजते हुए नदी के किनारे पहुंच गया। आंखे लाल लाल किए क्रोधित परशुराम फरसा लिए नदी में स्नान कर रही माँ की ओर दौड़ा। मां प्राण बचाने के लिए भागी। उसने दौड़ा लिया। वह भाग रही थी और परशुराम दौड़ाए जा रहा था। इसी भागम भाग में भीगी होने से उनकी साड़ी कब की खुल गयी,

उन्हें पता भी न चला। पर हाय रे बेशर्म पुत्र। उसने पीछा न छोड़ा। वह पहाड़ की गुफा में घुस गयी, जहाँ उसने उनका पैर पकड़ कर खींचा और फरसे से उनका सिर धड़ से अलग कर दिया। अब वह मृत पड़ी थी, पर पुत्र अटहास लगाते हुए पिता के पास आकर बोला– पिता जी मैंने आप की आज्ञा का पालन कर दिया। पिता ने प्रसन्न होकर उसे आशीर्वाद दिया। तुम्ही मेरे श्रेष्ठ पुत्र हो।

सच की कथा यही है कि पुत्र ने मां को मार डाला। परन्तु कहानीकार ने इस पाप को छिपाने के लिए आगे लिख दिया कि जब पिता ने आज्ञाकारी पुत्र से प्रसन्न होकर वरदान मांगने को कहा तो कहते हैं पुत्र ने मां को जिन्दा करने का वरदान मांग लिया और पिता ने कहा कि ऐसा ही होगा। मरी हुई मां कैसे जिन्दा हो सकती थी ? संसार में सभी देखते हैं कि आदमी किसी न किसी कारण से मरते हैं परन्तु मरे हुए लोगों को, वह भी वरदान से आज तक जिन्दा होते हुए किसी ने नहीं देखा है। यह तो अपने पाप को छिपाने के लिए जोड़ दिया गया कि हत्यारे ने अन्त में अपनी मां को जिन्दा करने का वरदान मांग लिया। पिता की आज्ञा का पालन भी हो गया और मां जिन्दा भी हो गयी। ऐसा करने की कोशिश कोई न करें, क्योंकि यह सबसे बड़ा झूठ है। भगवान भी अपने भक्तों (कामगारों) को कहता है– तथास्तु। परन्तु देता कुछ भी नहीं है। यही कारण है कि उसके कामगार साधू सन्यासी मानवों से भीख मांगते हुए दिखायी देते हैं। फिर आदमी के कहने मात्र से क्या कोई मरा हुआ व्यक्ति जिन्दा हो सकता है ? ऐसा होना तो असंभव होता है। दुःख होता है कि ऐसे मातृ हन्ता को कुछ लोगों ने अवतार घोषित कर रखा है। नयी महाभारत के इस सत्य पर विद्वानों को विचार करना ही होगा कि ऐसे व्यक्ति को कहां तक अवतार माना जाय ?

परशुराम की एक और अमानवीय कहानी

महाभारत के द्रोणाचार्य की तरह परशुराम भी अस्त्र–शस्त्र के गुरू थे। उन्होंने महर्षि कश्यप से शिक्षा पायी थी। परशुराम के एक

शिष्य दानवीर कर्ण थे। कर्ण एक आदर्श शिष्य थे। जब वे परशुराम जी से शिक्षा लेने पहुँचे तो उनके स्वभाव, बोलचाल तथा प्रश्नोत्तर से प्रभावित होकर परशुराम जी ने उन्हें अपना शिष्य बना लिया। कर्ण बड़े ही लगन से अस्त्र–शस्त्र की शिक्षा ग्रहण करने लगे। धीरे–धीरे वे गुरूकुल के आदर्श छात्र बन गये। गुरू परशुराम भी उनकी लगन तथा सेवा से अत्यन्त प्रभावित हो गये थे।

एक दिन परशुराम जी जमीन पर बैठकर कुछ विचार विमर्श कर रहे थे। कर्ण भी पाल्थी मारे बैठे थे। इतने में गुरू परशुराम जी को नींद आने लगी और वे कर्ण की जांघ को तकिया लगा सो गये। एक घण्टा से दो घण्टा हो गया। गुरू भक्त कर्ण हिलें तो कैसे ? गुरू की नींद में व्यवधान आ सकता था।

इतना सहिष्णु तो ब्राह्मण नहीं हो सकता है :– गुरू जी सो रहे थे और कर्ण बिना हिले–ढुले स्थिर पड़ा रहा। इतने में कर्ण ने देखा कि एक जहरीला कीड़ा उसकी तरफ आ रहा है, और आते ही उसने उसकी जांघ में काट लिया। भयंकर दर्द के साथ खून की धार बह निकली, परन्तु कर्ण ने उफ तक न किया। मानों कुछ हुआ ही न हो। शिष्य के परीक्षा की घड़ी थी। गुरू की नीद टूट सकती थी। परन्तु खून की धारा जब उनकी पीठ के नीचे पहुंची तो गरम–गरम खून ने उनकी नींद उड़ा दी। जागकर देखा कि ढेर सा खून बह रहा है और कर्ण की जांघ में बड़ा सा घाव हो गया है।

परशुराम घाव और खून देखते ही चिल्ला पड़े–"इतना सहिष्णु तो ब्राह्मण नहीं हो सकता। बताओ तुम कौन हो ? कर्ण शान्त रहते हुए बोला– गुरूदेव ! आपने तो कभी पूछा नही। फिर मैं क्या बताता? मैं सूतपुत्र कर्ण हूँ।"

परशुराम के इस प्रश्न ने संकेत दे दिया कि वे केवल ब्राह्मणों और क्षत्रियों को ही शिक्षा देते थे। शेष 90 प्रतिशत समाज से उन्हें कोई लेना देना न था। शुरू में उन्होंने कर्ण के व्यवहार, वेशभूषा से उसे

ब्राह्मण समझ लिया था। परन्तु सच का पता चलते ही वे झल्ला पड़े। फिर क्या था उनके क्रोध की सीमा न रही।

कर्ण की गुरूभक्ति जब काल बन गयी :– भयंकर पीड़ा के बाद भी कर्ण ने सी तक न की और घण्टों शिलावत पड़े रहे। परन्तु उनकी यह गुरूभक्ति और सहिष्णुता/सहनशीलता गुरू के लिए अपराध और कर्ण के लिए मानो काल बन गयी। गुरू ने कहा कर्ण तुमने झूठ बोलकर शिक्षा प्राप्त की है। इसलिए तुमने अपराध किया है। तुम शूद्र हो। तुम्हें शिक्षा प्राप्त करने का अधिकार नहीं है। इस लिए मैं तुम्हें गुरूकुल से निष्कासित करता हूँ। उन्होंने उसके सभी प्रमाणपत्र (डिग्रियां) लेकर फाड़कर फेंके दिया और घोषित करवा दिया कि कोई भी विद्यालय/विश्वविद्यालय/गुरूकुल ऐसे अपराधी को अपने यहां प्रवेश न दे। इसे किसी भी प्रकार की शिक्षा का अधिकार नहीं है। उसकी हत्या या अंगूठा काटने की हिम्मत उनमें नहीं हुई। शरीरिक सौष्ठव की दृष्टि से भी वह बलिष्ठ था। (महाभारत के युद्ध में लोगों ने उसकी वीरता को देखा।) अतः परशुराम डर गये।

ऐसे परशुराम अवतार कैसे बन गये ? :– हम जानते हैं कि ब्राह्मण धर्म के 24 अवतारों में ऐसे मातृहन्ता तथा अपने प्रिय शिष्य कर्ण की विद्या छीन लेने वाले परशुराम को उच्चासन दिया गया है। उन्हें दस प्रमुख अवतारों में भी गिना जाता है। आश्चर्य होता है कि ऐसे व्यक्ति को अवतार कैसे घोषित किया गया। अवतार तो सृष्टि के सर्वश्रेष्ठ को कहा जाता है। मछली (नील ह्वेल) प्रकृति का सबसे विशालकाय जीवधारी है। इसलिए पूर्वजों ने उसे मत्स्यावतार घोषित किया। सुअर प्रकृति में सफाई का देवता और अधिक मात्रा में मांस और चर्वी प्रदान करने वाला प्राणी है। ग्रहों में सुर्य के योगदान को हम सभी जानते हैं। इसलिए ये दोनों भी अवतार की कसौटी पर खरा उतरने के कारण अवतार कहे गये। नाटे कद (वावन अंगुल के) के वामन तथा मां के हत्यारे परशुराम में ऐसे कौन से गुण थे कि उन्हें

अवतार कहा जाने लगा। वामन तो विकसित आदमी भी न बन सका था। वह तो ठग था। उसने राजा बलि का तीनों लोक का साम्राज्य कागज पर तीनों लोकों का नक्शा बनाकर, उसी को तीन पग में नापकर अपनी ठगी का परिचय देते हुये बलि के तीनों लोकों पर कब्जा कर लिया था। उसकी जाति के अन्य ब्राह्मणों ने राजा बलि को समझा दिया कि आपने तो अपने तीनों लोक दे दिये। क्या ब्राह्मण धर्म में अवतार ऐसे ही लोग बनाये जाते रहे हैं ? परशुराम भी शायद इसी आधार पर अवतार बनाये गये। इसमें जातिवाद का भाव दिखायी देता है।

हमने देखा कि परशुराम में धनुर्विद्या के तथा फरसा चलाने की विद्या के अलावा मानवीय गुण नहीं है। वह मां का हत्यारा है। गुरू की गरिमा उनमें नहीं है। वे स्वजातिवादी हैं। वे केवल ब्राह्मणों और क्षत्रियों को ही शिक्षा देने वाले गुरू थे। ऐसे संकुचित मानसिकता वाले व्यक्ति को अवतार बना दिया गया, जो मनुष्य कहलाने का भी अधिकारी नहीं है। द्रोणाचार्य की तरह परशुराम जैसे लोग मानवों के लिए त्याज्य है। जातिवादी लोग यदि उसका गुणगान करें और अपना नेता मानें तो माने, परन्तु प्रबुद्ध लोगों, भारतीयों, हिन्दुओं के ऐसे लोग आदर्श नहीं हो सकते। ऐसे लोग समाज के लिए घातक होते हैं।

14

श्री कृष्ण की रासलीला या गर्लफ्रेन्ड की संस्कृति ?

महाभारत में एक दृष्टान्त आता है कि एक दिन ऋषि श्वेतकेतु के सामने एक मर्द आया और उसकी माँ से रोमांस करते हुए गले में बाहें, डाले उसे लेकर जाने लगा। उसके पिता भी सामने देख रहे थे। श्वेतकेतु को यह देख बड़ा क्रोध आया। उन्होंने उस मर्द को डांटते हुए कहा– बद्‌तमीज कहीं का ? तुम कौन होते हो, मेरी मां को छेड़ने वाले। मेरी मां को छोड़ो नहीं तो मैं तुम्हारे प्राण ले लूंगा। इस पर पिता ने कहा–बेटा यह (ले जाने वाला) पुराना नियम है। अभी लोग तुम्हारे (एक पत्नी व्रत) नियम को स्वीकार नहीं कर सके हैं।

इसका अर्थ है महाभारत काल में कोई भी किसी भी स्त्री या किसी की भी पत्नी के साथ रोमांस कर सकता था, रंगरेलियां मना सकता या हम विस्तर हो सकता था। ऐसा करना अपराध न था। श्री कृष्ण के गोपियों या दूसरों की पत्नियों के साथ रोमांस या रंगरेलिया

मनाने को ही वैष्णव धर्मावलम्बियों ने रासलीला कहकर प्रस्तुत किया है। यह पश्चिम की गर्लफ्रेन्ड की संस्कृति का बीजारोपण था। पश्चिम में यह आज भी प्रचलित है। धार्मिकों ने अपने नायक के रोमांस को रासलीला कहकर उस पर पर्दा डालने का कार्य किया है।

भारत का एक पत्नी व्रत और कृष्ण की रासलीला :–

प्राचीनकाल से भारत एक पत्नी व्रत को क्रियान्वित करने की कोशिश करता रहा है। इसे यहाँ का आदर्श कहकर प्रस्तुत किया जाता रहा है। मनु–ब्रह्मा, राम–सीता, शंकर–पार्वती, लक्ष्मी–विष्णु को एक आदर्श पति–पत्नी के रूप में प्रस्तुत किया जाता रहा है। आज तो 99 प्रतिशत भारतियों ने एक पत्नी व्रत को अपना लिया है। संसार भी धीरे–धीरे इसे अपनाता जा रहा है।

दूसरी तरफ कृष्ण के अनुयायी भगवान कृष्ण के नाम पर रोमांस या गर्लफ्रेन्ड की संस्कृति को रासलीला कहकर उसे प्रस्थापित करने में लगे हुए हैं। जब श्री कृष्ण दूसरों की कुआंरी लड़कियों या पत्नियों (गोपियों) के साथ रोमांस कर सकते हैं। उनके साथ रंगरेलियां मना सकते हैं। तो कोई किसी को कैसे रोमांस करने से रोक सकता है। यहाँ तो हिन्दुत्व के विरूद्ध उल्टी धारा बहायी जा रही है।

रासलीला हिन्दुत्व का अंग नहीं :–

इसमें कोई सन्देह नहीं कि रोमांस या गर्लफ्रेन्ड की संस्कृति या रासलीला को हिन्दू संस्कृति का अंग नही माना जा सकता है। इस रासलीला को प्रस्तुत करने वाले विदेशी भूसुर ब्राह्मण ही होते हैं, जिनकी मातृभूमि पश्चिम के देशों में आज भी गर्लफ्रेन्ड की संस्कृति पायी जाती है। वही लोग भारत जैसे देश में अपने देशों की गर्लफ्रेन्ड की संस्कृति को रासलीला के नाम से परोसने में लगे हुये हैं। निश्चय ही इसका उद्देश्य भारतीय युवाओं को पथ भ्रष्ट करना है।

पश्चिम के लोग इसीलिए कृष्ण भक्ति की ओर आकर्षित हुए, क्योंकि कृष्ण की रासलीला उनकी गर्लफ्रेन्ड की संस्कृति से मेल खाती है। उन्हें लगता है कि कृष्ण भक्ति में उन्हें गर्लफ्रेन्ड रखने को अधार्मिक नहीं माना जाता है। वहां तो यह धर्म का अंग है।

देवदासियों संग दबंगों की रासलीला :–

गोपियों संग कृष्ण रासलीला रचाते थे तो जनता ऐसा क्यों नहीं कर सकती। यही कारण था कि दबंग पुजारियों, क्षत्रियों आदि ने भी अपनी रासलीला के लिए मन्दिरों में देवदासी प्रथा को जन्म दिया। जहाँ नगर सुन्दरी खोज कर उसका विवाह मन्दिर के भगवान से कर दिया जाता था। यहाँ भगवान की आड़ में मन्दिर के महन्त, पुजारी, दबंग लोग, जमीदार, क्षत्रिय, सम्राट, माफिया इत्यादि देवदासियों के साथ रासलीला रचाते थे। फिर वे वेश्याओं के कोठे पर बेच दी जाती थी अथवा उन्हीं मन्दिरों की सीढ़ीयों पर भीख मांगते हुए दम तोड़ देती थी। वे देवदासियाँ तो भगवान की पत्नियां कही जाती थी, परन्तु रखते दूसरे लोग थे। जब उनसे बच्चे हुए तो पुजारियों ने कहा भगवान की पत्नी से बच्चे पैदा हुए है तो उन्हीं के ही तो बच्चे कहे जायेंगे। भगवान को हरि भी कहा जाता है सो देवदासियों के बच्चों को हरिजन कहा जाने लगा।

साधुओं, सन्यासियों की शिष्याओं संग रासलीला :–

सभी को ज्ञात है कि यह रासलीला भगवान और धर्म के नाम पर जारी है। धर्म के ठेंकेदार साधू, सन्यासी, पण्डा, पुजारी, महन्त मठाधीश, मुल्ला, मौलवी, फादर, पादरी, विशप जैसे लोग भोलीभाली धर्मभीरू जनता को अपने मायाजाल में फंसाकर पहले अपना चेला चेली बनाते हैं। उनकी सोच बदलते हैं। फिर वे अपनी शिष्याओं ही नहीं तो शिष्यों संग तक रासलीला रचाते हैं। उनके साथ डरा धमकाकर, स्वर्ग दिखाने या मोक्ष दिलाने का लालच देकर बलात्कार, दुराचार करते हैं। क्योंकि वे रासलीला के सच को जानते हैं कि

रासलीला भगवान की प्रेमलीला या दूसरों के साथ रोमांस तथा काम क्रीडा ही है। वे आम जनता में भगवान, धर्म का डर पैदा करते हैं, उनकी सोचने की क्षमता को धो डालते हैं और फिर उनके साथ रासलीला रचाते हैं। विरोध करने पर हमेशा के लिए उनका मुंह बन्द कर देते हैं। उन्हें मार डालते हैं अथवा उन्हें भी अपनी जूठन चाटने के लिए उच्छिष्ट के साथ रासलीला की छूट दे देते हैं तो कुछ को घर/मकान, जमीन जायदाद देकर उन्हें अपने अनुकूल बना लेते हैं। उनकी रासलीला देखकर अनेक युवक भी उनके धार्मिक गिरोह में सम्मिलित हो जाते हैं। ऐसे युवक भी कहीं आप्रम में रासलीला न रचाने लगे। अतः वे अपने लोगों द्वारा कोई रसायन आदि धोखे से खिला/पिलाकर उन्हें बदिया भी बना दिया जाता है।

अनेक आश्रमों, मठों, मन्दिरों इत्यादि के साधू सन्यासी पण्डा, पुजारी, धर्माचार्य, शंकराचार्य, मठाधीश जैसे धार्मिक स्थलों के ठेकेदार अपनी चेलियों के साथ ऐसी रासलीला रचाते हुए पकड़े जाते रहे हैं। मन्दिरों के तहखानों में भी ऐसे कृत्यों की घटनाएं देखी गयी। आशाराम बापू, राम पाल, बाबा राम रहीम जैसे सैकड़ों बाबा रासलीला यानि अपनी शिष्याओं के साथ रोमांस तथा बलात्कार करते पकड़े गये। अनेक तो आज भी जेलों में बन्द हैं। पकड़े गये साधू, सन्यासी, बाबा तो नामी गिरामी है, जो चर्चा में आ गये। भारत में पाये जाने वाले दस करोड़ से भी अधिक साधू/सन्यासियों/बाबाओं, मठाधीशों में ऐसे रासलीला रचाने वालों की संख्या करोड़ों में होगी, जो पकड़े नहीं जाते हैं। इस पर रोक कैसे लगे। प्रबुद्ध समाज को इस पर विचार करना चाहिए।

भगवान के नाम पर सब कुछ नहीं चल सकता :–

संसार के तथाकथित धर्म के ठेकेदार साधू, सन्यासी, पण्डा, पुजारी, बाबा, मठाधीश, मुल्ला, फादर, पादरी, विशप इत्यादि सच को जानते हैं। भगवान की पत्नियों (देवदासियों) तक के साथ बलात्कार करने वाले भला किसको छोड़ सकते हैं।

जब तथाकथित सबका रचनाकार, पालनकर्त्ता कहा जाने वाला भगवान ही परायी लड़कियों, पत्नियों, गोपियों संग रासलीला के नाम पर रोमांस कर सकता है। उनके साथ रंगरलियां मना सकता है। ऐसा वह खुल्लम खुल्ला करता है फिर चोरी छिपे वह क्या–क्या करता होगा। इसे कौन जान सकता है। फिर ऐसे भगवानों के ठेंकेदार क्यों पीछे रहेंगे। यही कारण है कि ऐसे कुछ ही ठेकेदार पकड़े जाते हैं। देश, समाज और धर्म के बदनामी की दृष्टि से लाखों, करोड़ों बाबाओं को पकड़ा ही नहीं जाता है। साधू, सन्यासी भी अपनी बदनामी को बचाने के लिए धर्म के नाम पर पकड़े जाने का विरोध करते हैं। धर्म और भगवान के नाम पर उनकी रासलीला चलती रही तो समाज को पतन की गर्त में ढकेलने से कोई भी रोक नहीं सकता। भगवान (कृष्ण) रासलीला रचायें, उनके मन्दिरों के पुजारी, साधू, सन्यासी, पण्डा, पुजारी, मठाधीश, फादर, पादरी, विशप, मुल्ला रासलीला रचाये तो ठीक। फिर आम जनता को ऐसे कृत्यों से कैसे रोका जा सकता है ? भगवान के नाम पर सब कुछ नहीं चल सकता। इस पर रोक लगनी ही चाहिए।

यह रासलीला भारतीय संस्कृति की हत्या कर देगी :–

श्री कृष्ण के नाम से रासलीला के रूप में पश्चिमी जगत में व्याप्त गर्लफ्रेन्ड की यह संस्कृति भारत में भी फैलाई जा रही है। लोग सोचने लगे हैं कि भगवान रासलीला के रूप में जो कुछ कर सकते हैं, वहां उसे बुरा या अश्लील नहीं माना जाता है। साधू सन्यासी, बाबा, मठाधीश, पण्डा, पुजारी, फादर, पादरी, विशप जैसे लोग चोरी छिपे रासलीला रचा सकते हैं तो हमे क्यों रोंका जाता है। हिन्दू संस्कृति में भगवान की लीला के नाम पर सब कुछ नहीं चल सकता। इस पर प्रतिबद्ध लगना चाहिए अन्यथा इसकी सबको छूट मिलनी चाहिए।

भारत के साथ ही अनेक देशों ने एक पत्नी व्रत तथा एक पतिव्रता को अपना आदर्श मान लिया है। यहां आदर्श परिवार के रूप में सीता–राम, उमा–शंकर, लक्ष्मी–नारायण (विष्णु) के परिवारों का

उल्लेख किया जाता है। कुछ लोग इस आदर्श से अलग हटकर राधा–कृष्ण की बात करते हैं। यह भारतीय संस्कृति को पथ भ्रष्ट करना है क्योंकि कृष्ण की तो अनेक पत्नियां थी। ऊपर से उन्होंने नरकासुर को मारकर उसकी सोलह हजार पत्नियों को भी अपनी पत्नियां बना लिया था। दूसरे राधा उनकी पत्नी न होकर गर्लफ्रेन्ड थीं जिसके साथ वे रासलीला रचाया करते थे। उसकी शादी तो हो चुकी थी, रिश्ते में राधा कृष्ण की मामी लगती थी, परन्तु बचपन की आदत ने उनका पीछा नहीं छोड़ा और वे उसके साथ रोमांस/रासलीला रचाते रहे।

यदि मन्दिर या रासलीला के नाम पर परोसी जा रही इस दुष्प्रवृत्ति पर रोंक नहीं लगायी गयी तो यह प्रवृत्ति जोर मारेगी और हिन्दू संस्कृति को बर्बाद करके रख देगी। समय रहते सरकार तथा समाज के जागरूक लोगों को इस दृष्टि से पहल करने की आवश्यकता है। इसे कोई अपनी आस्था पर प्रहार मानता है तो मानता रहे। उसे हिन्दू संस्कृति पर कुठाराघात करने का अधिकार नहीं है।

15

गीता, महाभारत के लिए पाप ही पुण्य और अधर्म ही धर्म है।

भारत में सामान्यतया महाभारत युद्ध को धर्म–अधर्म, सत्य–असत्य, न्याय–अन्याय, नीति–अनीति के बीच युद्ध के रूप में प्रस्तुत किया गया है। युधिष्ठिर अर्थात पाण्डवों के पक्ष को सत्य, धर्म, न्याय, नीति का पक्ष और सुयोधन अर्थात् कौरवों के पक्ष को असत्य, अधर्म, अन्याय, अनीति का पक्ष कहा गया है। आज का बहुसंख्यक समाज महाभारत के इसी स्वरूप को जानता है। इसी आधार पर युधिष्ठिर को धर्मराज कहा गया और सुयोधन के नाम को बिगाड़कर दुर्योधन कर दिया गया।[1] महाभारत के धर्म अधर्म, सत्य–असत्य, न्याय–अन्याय के बीच बुद्ध को प्रमाणित करते हुए कृष्ण के मुख से कवि ने कहलवाया कि जब–जब धर्म की हानि होती है और अधर्म बढ़ता है तब–तब मैं दुष्टों के विनाश और सज्जनों की रक्षा के लिए भगवान के अवतार के रूप में प्रगट होता हूँ।[2] आज सभी चिन्तक कथावाचक इसी रूप में महाभारत युद्ध को प्रस्तुत करते हैं।

ऐसा लगता है कि किसी कवि अथवा कवियों[3] ने महाभारत युद्ध की कथा के रूप में जो कुछ भी लिख दिया, उसे पूर्ण सत्य मान लिया गया। किसी ने उसकी सच्चाई की गहराई में झाकने और चिन्तन मनन कर वास्तविक निष्कर्ष निकालने की कोशिश नहीं की। आज कोई भी कवि यदि किसी सामाजिक–राजनीतिक अथवा ऐतिहासिक घटना का चित्रण करता है तो उसे बहुत कुछ काल्पनिक और अतिरंजित मान लिया जाता है। सामान्यतया कवि काल्पनिक अधिक होता है? क्या प्राचीन काल के कवि इससे कुछ भिन्न थे, जिनकी कविताओं को ऐतिहासिक प्रमाण मान लिया जाय? कोई यह भी तर्क दे सकता है और देते भी हैं कि महाभारत काव्य उसी समय लिखा गया था, जबकि युद्ध हो रहा था। यदि इसे सत्य भी मान लिया जाय तो क्या कवि तत्कालीन समस्त घटनाओं को वास्तविक रूप में देख रहा था? आज जबकि विज्ञान ने अनेक आधुनिक उपकरण प्रदान कर दिये हैं तो भी हम किसी घटना के वास्तविक कारण को जान नहीं पाते हैं। ऐसी स्थिति में संस्कृत ग्रन्थ महाभारत, जो कवियों की वाणी में प्राप्त हुआ है, को ऐतिहासिक सत्य मानकर चलने की प्रवृत्ति को परित्याग कर नये सिरे से वैज्ञानिक आधार पर कवि की कृतियों से समाज वैज्ञानिक सत्य निष्कर्ष निकालने होंगे। इतना ही नहीं सम्पूर्ण संस्कृत वाङ्गमय ऐसे समाज के कवियों द्वारा प्राप्त हुआ है जो धर्म, जाति, छूत–अछूत, ऊंच–नीच के आधार पर बंटा हुआ था, जहां शूद्र के नाम पर आदमी ने आदमी के लिए अमानवीय व्यवस्थाओं को प्रस्थापित किया था। जहां आदमी (शूद्र) से घृणा को धर्म कहा जाता रहा है। ऐसे समाज के कवि क्या तटस्थ रहकर काव्य सृजन कर सकते हैं। सभी जानते है कि उनकी रचनाओं में जाति, वर्ण भेद को कानूनी एवं धार्मिक रूप देने की पूरी कोशिश हुई है। महाभारत में भी ब्राह्मण और क्षत्रिय वर्ण की श्रेष्ठता प्रस्थापित की गयी है। निश्चय ही उसके लेखक अधिकतर ब्राह्मण, क्षत्रिय कवि रहे होंगे। इस बात का प्रमाण मिलता है कि मछेरे के बेटे व्यास ने महाभारत के मात्र 8800 श्लोक लिखे थे जो बढ़कर आज एक लाख से ऊपर हो गये हैं।[4] इन

लाखों की संख्या में श्लोकों की मिलावट आखिर क्यों की गयी ? कहीं जाति, सम्प्रदाय की सीमाओं में बंधे लेखन करने वाले कवियों की बिरादरी ने सामूहिकता का परिचय देते हुए अपनी बिरादरी के सामूहिक हित के लिए प्रस्थापित कवि व्यास के नाम के साथ अपनी रचनाओं को जोड़कर अपने खोटे सिक्के चलाने की कोशिश तो नहीं की।[5] आज लोग अनेक संस्कृत पुस्तकों पर लेखकों का नाम न होने से उन तत्कालीन कवियों को निरहंकारी श्रेष्ठ मानव के रूप में प्रस्तुत करते हैं। उनका कहना है कि ऐसे कवि जो अपना नाम नहीं चाहते थे, झूठ नहीं बोल सकते। परन्तु नाम न देने का कारण यह भी हो सकता है कि कोई भी साहित्यिक कृति एक कवि की न होकर अनेकों कवियों की रही हो और उसमे उस सम्पूर्ण कवि समुदाय, जो एक जाति के नाम से प्रस्थापित हो गया था, का हित सुरक्षित हो, जिसके लिए एक कवि का नाम न देकर उसे मात्र ज्ञान की पुस्तक के रूप में याद किया जाने लगा, जो बाद में छपा तो नाम किसका दिया जा सकता था ? कहानियों की पुस्तकें अवश्य कवि के नाम से जुड़ी रही हैं।

महाभारत क्या किसी भी प्राचीन संस्कृत वाङ्गमय में से वास्तविक सत्य की खोज करते समय इन तथ्यों को भी ध्यान में रखना होगा। यहाँ हमारा उद्देश्य युधिष्ठिर और सुयोधन अर्थात पाण्डव और कौरव पक्ष की क्रिया व्यवहार की परिधि के बीच वैज्ञानिक तर्क विधि के माध्यम से उपरोक्त सीमाओं के बीच महाभारत कालीन धार्मिक सामाजिक अथवा असामाजिक धार्मिकता का परीक्षण करना है। कुछ प्रमुख घटनाओं के समाज वैज्ञानिक विश्लेषण के माध्यम से तत्कालीन धार्मिकता अथवा सामाजिकता को देखा जा सकता है–

1. एकलव्य का अंगूठा और अमानवीय अधार्मिकता

सबसे पहले हम एकलव्य के सन्दर्भ में पाण्डवों के क्रिया व्यवहार का परीक्षण करना चाहेंगे। महाभारत में एकलव्य द्वारा

गुरुदक्षिणा के रूप में गुरु के मांगने पर अपने दाहिने हाथ का अंगूठा काटकर दिये जाने का उल्लेख है, जिसे गुरुभक्ति के प्रतीक के रूप में आज भी प्रस्तुत किया जाता है। इसके बारे में सोचने की किसी ने कोशिश नहीं की कि क्या वास्तव में दाहिने हाथ का अंगूठा कटवाना गुरू की स्वस्थ मानसिकता का परिचायक है ? क्या इसे गुरुदक्षिणा कहा जायेगा ? क्या यह सच नहीं है कि जब पाण्डवों के सामने सिद्ध हो गया था कि यह भील बालक क्षत्रियों से आगे निकल गया है, तो वे जल–भुन गये थे। उनके क्षत्रियत्व के जातीय अहंकार को ठेस लगी थी। क्योंकि वे तो खुद सर्वश्रेष्ठ धनुर्धर का सम्मान पाना चाहते थे। कौरव और पाण्डव दोनों में पाण्डव पक्ष का अर्जुन ही सबसे आगे था। एकलव्य के आगे निकल जाने पर पाण्डवों को ही अधिक कष्ट हुआ था। उनके दबाव के नीचे द्रोणाचार्य झुक गये और उन्होंने एकलव्य का अंगूठा ही काट लिया या कटवा लिया। यह अधिक सच है। शायद द्रोण उनके नमक के नीचे दब गये थे, क्योंकि द्रोण उनके गृह शिक्षक (ट्यूटर) थे, जबकि एकलव्य ने मात्र द्रोण की प्रतिमा से सब कुछ सीखा था। अंगूठा गुरुदक्षिणा में लेने के पीछे शिष्य को फेल कर देने की, उसे जीवन में पीछे ढकेल देने की विकृत मानसिकता कार्य कर रही थी। इसके पीछे उच्च जातीय अहंकार की भावना भी कार्य कर रही थी, तभी तो अपने जातीय स्वार्थ की पूर्ति के लिए मानवता की हत्या जैसे अमानवीय कृत्य को करना पड़ा। इस कार्य में द्रोण का कम पाण्डवों का स्वार्थ अधिक पूरा हो रहा था। राजपुत्र होने के कारण सम्भव है उन्होंने ही दबाव डाला हो कि रोटी तो आप हमारे यहां खाते हो और चोरी–चोरी एकलव्य को पढ़ाकर उसे हमसे आगे कर दिया। युधिष्ठिर के सामने यह सब हुआ। क्या इसे उनकी स्वीकृति नहीं मिली थी। यहां पर युधिष्ठिर का धर्म, सत्य, न्याय कहां चला गया था ? क्या अपने को आगे ले जाने के लिए दूसरों की प्रगति में बाधा डालना सत्य व धर्म का पक्ष है? निश्चय ही यहां पर युधिष्ठिर का यह कृत्य अमानवीयता, अधर्म, अन्याय था। इसे चाहे जितने ही तर्कों से ढकने की कोशिश की जायेगी, सत्य नंगा ही होता जायेगा। यदि इसे मात्र

द्रोण का अपराध मान लिया जाय तो भी राजपुत्र होने के नाते युधिष्ठिर को तो सत्य धर्म व न्याय की रक्षा के लिए इसे रोकना चाहिए था, जो नहीं हुआ। निश्चय ही वहां पर युधिष्ठिर अधर्म से जा जुड़ते हैं।

कोई कह सकता है कि एकलव्य सुपात्र नहीं था। अतः उसे धनुर्विद्या का अधिकार नहीं था परन्तु यह आरोप क्या पाण्डवों पर नहीं लगाया जा सकता, जिन्होंने अपने स्वार्थ के लिए सम्पूर्ण राष्ट्र को महायुद्ध की अग्नि में झोंक दिया? यदि वह सुपात्र नहीं था तो ज्ञान सम्पूर्ण सीमाओं को लांघकर उसके पास क्यों जा पहुंचा? क्या घुट्टी पिलाने के बावजूद भी मात्र प्रथम श्रेणी में उत्तीर्ण होने वाले पाण्डव ही सुपात्र थे और बिना पढ़ाये टाप करने वाला एकलव्य सुपात्र नहीं था? कुछ लोग तर्क दे सकते हैं कि एकलव्य ने ज्ञान की चोरी की थी।[6] अतः कटवा या काट लेना गलत न था। क्या ज्ञान को न देना, ज्ञान को छिपाकर रखना चोरी नहीं है, जैसा कि द्रोण ने किया था। कुछ भी हो यहाँ पर द्रोण और पाण्डव मानवता तथा धर्म व सत्य के आचरण से हजारों मील पीछे चले जाते हैं। एकलव्य का कटा हुआ अंगूठा सदियों तक चिल्लाकर कहता रहेगा कि पाण्डव एवं द्रोणाचार्य अन्यायी थे, अधर्मी थे, अत्याचारी थे।

2. कर्ण और असामाजिक धार्मिकता

सर्वश्रेष्ठ धनुर्धर के चयन की प्रक्रिया में जब अर्जुन ने अद्वितीय कला का परिचय दिया तो सभी उसकी कला देखकर मंत्रमुग्ध थे। सभी एक स्वर से उसे सर्वश्रेष्ठ धनुर्धर घोषित कर रहे थे, परन्तु तभी दर्शक दीर्घा में से निकलकर एक युवक ने अर्जुन से भी बेहतर कला का प्रदर्शन कर सभी को आश्चर्य में डाल दिया। उस समय और भी आश्चर्य हुआ जब उस युवक ने स्पर्धा के लिए अर्जुन को ललकारा। सीधे सादे से दिखने वाले उस युवक की ललकार से पाण्डवों में हडकम्प मच गया कि यह कौन राजघराने को चुनौती देने आ गया? इससे बचने का कोई रास्ता न देख पाण्डव झूठे तर्क देने लगे।

एकलव्य का अंगूठा काटकर या कटवाकर अर्जुन आगे निकल तो गया था। परन्तु यहां तो भरी सभा में सबके सामने यह युवक चुनोती दे रहा था। कोई रास्ता न देख पाण्डवों ने उसका परिचय पूछा तो उसने सच सच बता दिया कि मैं सूतपुत्र कर्ण हूँ। इस पर एक स्वर से अर्जुन सहित पाण्डव चिल्ला पड़े कि यह युवक राजघराने का न होकर सूतपुत्र अर्थात् नीची जाति का शूद्र है। अतः राजपुत्रों से मुकाबला नहीं कर सकता। परन्तु जब सुयोधन ने योग्यता को महत्व देते हुए और अपने राष्ट्र की आवश्यकता की दृष्टि से कर्ण को राजा बना दिया तो भी पाण्डव जातीय मानसिकता को लेकर मुकाबले में नहीं आये।

यहां योग्यता व इन्सानियत अपमानित हो रही थी और जातिवादी मानसिकता प्रस्थापित हो रही थी। पाण्डव क्या महाभारत कालीन किसी भी मानव महामानव यहां तक कि भगवान कृष्ण ने भी नहीं कहा कि यह अन्याय है, अधर्म है। सर्वश्रेष्ठ योद्धा की उपाधि पाने के लिए अर्जुन को स्पर्द्धा में आना ही पड़ेगा। निश्चय ही पांडवों का धर्म, सत्य, जाति से ऊपर न था। यदि अर्जुन को एकलब्य और कर्ण को स्वस्थ स्पर्द्धा में दौड़ा दिया गया होता तो ज्ञान बहुत आगे निकल गया होता। परन्तु ऐसा नहीं हुआ।

एक तरफ पाण्डव हैं, जिनमें मानवता नाम की कोई चीज नहीं दिखायी देती है, जो सत्य, धर्म व न्याय को जाति व स्व की सीमाओं में बांधकर रखना चाहते हैं तो दूसरी तरफ सुयोधन है, जो कर्ण की जाति न देखकर उसकी योग्यता को सम्मान देता है, इन्सानियत को सम्मान देता है। इससे लगता है कि सुयोधन का पक्ष धर्म का पक्ष है, न्याय का पक्ष है, परन्तु भाष्यकारों ने सत्य को नकार कर घोर जातिवादी, मानवता के दुश्मन पाण्डवों को धार्मिक और सत्यवादी घोषित कर दिया और सुयोधन को अधार्मिक और अन्यायवादी कह दिया। इतना ही नहीं उन्होंने उसके नाम को भी बिगाड़कर दुष्ट अर्थ में दुर्योधन कर दिया। वास्तव में कर्ण का अपमान व्यक्ति का अपमान

न था और न ही उसकी जाति का अपमान था। यह तो सम्पूर्ण जनता का, संपूर्ण मानवता का अपमान था। यह तो सत्य धर्म व न्याय की सम्पूर्ण प्रक्रिया का अपमान था। निश्चय ही यह धर्म का पक्ष न था।

3. द्रोपदी स्वयंवर और अधार्मिक धार्मिकता

स्वयंवर के समय भी पाण्डवों की भूमिका धर्म विरुद्ध थी। अर्जुन से पहले जब कि अनेक राजे–महाराजे लक्ष्य भेद करने में असफल रहे तो कर्ण ही पहला व्यक्ति था, जिसने लक्ष्यभेद के लिए धनुष उठा लिया था, तब द्रोपदी चिल्ला पड़ी कि यह सूत पुत्र है मैं इससे विवाह नहीं करूंगी, चाहें यह लक्ष्य भेद ही क्यों न कर दे? द्रोपदी का यह कहना क्या स्वयंवर के नियमों के विरुद्ध नहीं था? क्योंकि स्वयंवर में तो घोषणा की गयी थी कि जो कोई भी तेल से भरे कड़ाह में नीचे देखते हुए ऊपर टंगी मछली की दाहिनी आंख में लक्ष्यवेध करेगा, द्रोपदी उसे व्याह दी जायेगी। 'जो कोई' में तो चमार, नाई, लोहार, कुर्मी, अहीर, धोबी, ब्राह्मण, ठाकुर इत्यादि कोई भी हो सकता था। परन्तु किसी ने भी द्रोपदी को यह कहने से नहीं रोका। धर्मावतार कहे जाने वाले भगवान कृष्ण और धर्मराज कहे जाने वाले युधिष्ठिर आदि ने भी इसे अनुचित नहीं कहा। कृष्ण ने तो उकसाया भी द्रोपदी को कि वह कह दे कि वह तुमसे शादी ही नहीं करेगी। यदि द्रोपदी अपनी इच्छा से ही पति चुनना चाहती थी तो सर्वश्रेष्ठ के चयन के लिए स्वयंवर का नाटक क्यों किया गया ? स्वयंवर तो सम्पूर्ण समाज में से सर्वश्रेष्ठ को अपना दामाद बनाने के लिए किया जाता था। द्रोपदी को यदि आपत्ति थी तो उसे अपने पिता को स्वयंवर के लिए मना करना चाहिए था।

कोई कह सकता है कि स्वयंवर में राजा ही बुलाये जाते थे, परन्तु यह गलत है। सर्वश्रेष्ठ को अपना दामाद बनाने की इच्छा तो जनक और द्रुपद जैसे राजाओं में ही थी। दूसरे कर्ण को तो राजा बनाया ही जा चुका था। फिर यदि राजा ही भाग ले सकते थे तो

भिखारी ब्राह्मण के वेश में पाण्डव वहां कैसे पहुंच गये और उन्हें कैसे लक्ष्यवेध करने दिया गया? इससे निष्कर्ष निकलता है कि स्वयंवर में सम्पूर्ण जनता भाग लेती थी।

यहां भी भरी सभा में कर्ण नहीं, सम्पूर्ण मानवता, योग्यता अपमानित हो रही थी, परन्तु किसी ने विरोध नहीं किया। सच तो यह है कि पांचों पाण्डव स्वयं द्रोपदी को चाहते थे। शायद इसीलिए अन्याय को देखते रहे। जब अर्जुन ने लक्ष्यवेध कर दिया तो द्रोपदी भिखारी वेश में खड़े अर्जुन के साथ चली गयी। (तब तक द्रुपद को उनकी जाति आदि का पता नहीं था। तभी तो उन्होंने अपने आदमी जासूस उनके पीछे भेजा था यह ज्ञात करने के लिए कि वे कौन हैं?) आश्चर्य तो तब हुआ जब मां के कहने पर पांचों ने एक स्त्री को बांट लिया, जैसे वह कोई वस्तु हो और द्रोपदी ने भी पांचों की पत्नी बनना स्वीकार कर लिया। यह क्या उचित था? मानवता व आदर्श की प्रस्थापना के लिए पाण्डवों को ऐसा नहीं करना चाहिए था। निश्चय ही इस तथ्य ने द्रोपदी के चरित्र पर भी प्रश्न चिन्ह लगा दिया। पांचों भाई द्रोपदी के लिए आपस में लड़ने न लगे, इसलिए मां ने बांटने की बात कही थी, परन्तु पांचों तो द्रोपदी का प्रथम भोक्ता बनना चाहते थे। इस विकट स्थिति का हल विद्वानों ने यह कह कर दिया कि प्रत्येक सम्भोग के बाद द्रोपदी कुंआरी हो जाती है। निश्चय ही ये घटनाएं वैयक्तिक महत्वाकांक्षा की पराकाष्ठा को दर्शाती हैं न कि धर्म व सत्य के पक्ष की।

4. उत्तराधिकार और धार्मिकता की असामाजिकता

महाभारत युद्ध युधिष्ठिर और सुयोधन के बीच उत्तराधिकार के लिए संघर्ष की नींव पर खड़ा होता हुआ दिखायी देता है। कहते हैं कि सुयोधन ने यदि पांच गांव ही दे दिए होते तो महाभारत न होता। उत्तराधिकार और संघर्ष को गहराई से देखने पर ऐसा लगता है कि तत्कालीन समाज में धार्मिक नैतिकता, सत्य–असत्य का पैमाना कुछ

उल्टा ही था। महाभारत का सम्पूर्ण कथानक युधिष्ठिर को श्रेष्ठ और सुर्योधन को निकृष्ट अर्थ में प्रस्तुत करता हुआ दिखायी देता है, जबकि सच्चाई कुछ और ही है।

वास्तव में देखा जाये तो सुयोधन ही राज्य के असली उत्तराधिकारी थे, न कि युधिष्ठिर। इसका कारण यह था कि जिस समय सुयोधन पैदा हुये थे, उस समय उनके पिता राजा थे, क्योंकि उस समय पाण्डु राज्य का दायित्व धृतराष्ट्र को सौंपकर वन को चले गये थे। युधिष्ठिर सुयोधन से बड़े थे, फिर भी वे भूतपूर्व राजा के ही बेटे कहे जायेंगे, जबकि सुयोधन वर्तमान राजा के बेटे थे। ऐसी स्थिति में राज्य का असली उत्तराधिकारी धृतराष्ट्र के बड़ा पुत्र सुयोधन ही हो सकते थे। अतः उनका अपने हक के लिए अड़े रहना गलत नहीं था।

यह तो सच ही है कि धृतराष्ट्र के अन्धा होने के कारण उन्हें राजा नहीं बनाया गया था, जबकि वही असली उत्तराधिकारी थे। जिस पाण्डु को राजा बनाया गया था, वह भी तो आजन्म पाण्डु रोग से पीड़ित था। जब उसने देखा कि वह सन्तान पैदा करने में सक्षम नहीं है तो राज्य धृतराष्ट्र को सौंपकर खुद वन को चला गया। इस प्रकार भाग्य ने साथ दिया और धृतराष्ट्र पुनः राजा बन गये। इस दृष्टि से अपने पिता के राज्य का उत्तराधिकारी सुयोधन ही हुए, युधिष्ठिर का उसके लिए पहल करना उचित नहीं था। दूसरे युधिष्ठिरः पाण्डु की सन्तान भी न थे, क्योंकि वे तो नपुंसक सिद्ध हो चुके थे। पाण्डव तो आहवान के बच्चे थे। एक प्रकार से विभिन्न युवकों का आहवान कर सन्तान पैदा किए गये थे। (यह तत्कालीन समाज में मान्य था)। ऐसी स्थिति में पाण्डवों का राज्य के लिए संघर्ष करना अधर्म, अन्याय का ही एक रूप था।

5. पाण्डवों का राष्ट्रद्रोह और असामाजिक धार्मिकता

इतना ही नहीं युधिष्ठिर के जिद करने पर विराट हृदय धृत

राष्ट्र ने सुयोधन के राज्य का आधा हिस्सा युधिष्ठिर को देकर उसे भी राजा बना दिया। परन्तु युधिष्ठिर तो जुआड़ी निकले। राज्य को जुए में हार गये। फिर भी राज्य की मांग करने लगे। यद्यपि अबकी बार सुयोधन जीता हुआ राज्य नहीं लौटाना चाहता था फिर भी धृतराष्ट्र ने राज्य वापस कर दिया। परन्तु जुआड़ी तो जुआड़ी होता है। जुए की चुनौती स्वीकार कर पाण्डव पुनः राज्य को हार गये। राज्य ही नहीं तो भाइयों सहित द्रौपदी को भी हार गये। एक नहीं दो–दो बार राजा बनाये जाने के बाद भी जो अपना राज्य सुरक्षित न रख सका, जिसकी नजर में देश, जनता, भाई यहां तक की पत्नी की कोई इज्जत नहीं, उसे भला कौन राजा बनाना चाहेगा? पाण्डव भले ही योद्धा रहे हों, उनका आचरण किसी भी देशद्रोही से कम न था। आश्चर्य तो तब होता है कि जब ऐसे युधिष्ठिर को धर्मराज कह दिया गया। क्या तत्कालीन समाज में अधर्म, अन्याय, असत्य को ही धर्म, न्याय व सत्य कहने की परम्परा थी? ऐसा लगता है कि तत्कालीन भारतीय समाज की धार्मिक सामाजिकता यही थी। तभी तो आदमी से घृणा करने को यहां धर्म कहा जाता था। (शूद्रों से घृणा करने के लिए यहां धार्मिक विधान बनाये गये थे। वर्ण व्यवस्था इसी का तो नाम था)। महाभारत में कहा गया है कि यदि सुयोधन पांच गांव ही दे दिया होता तो संघर्ष न होता, परन्तु पांच गांव भी देना क्या उचित था। पांच गांव के लोग क्या अभागे थे, जिन्हें युधिष्ठिर को दे दिया जाय कि वे उन्हें बेच खाये? युधिष्ठिर तो किसी भी देश के साथ जुआ खेलकर अपना देश गंवा सकते थे। लोग तर्क देते हैं कि युधिष्ठिर को धोखे से हराया गया। परन्तु यह क्या सच नहीं है कि हर हारने वाला आत्मतुष्टि के लिए यही कहता है कि उसे धोखे से हराया गया? युधिष्ठिर यदि समझदार होते तो शकुनि के टक्कर का ही कोई व्यक्ति जुआ खेलने के लिए नियत करते।

दूसरी तरफ सुयोधन है, जिसका आधा राज्य युधिष्ठिर को दे दिया जाता है, फिर भी वह पिता का सम्मान करते हुए विरोध नहीं करता है, वरन् भारतीय समाज में मान्य सीमोलंघन की परम्परा के

अनुरूप उसे जुए में जीत लेता है। सीमोलंघन की यहां पुरानी परम्परा रही है।[7] तभी तो राजे–महाराजे, अश्वमेध यज्ञ, युद्ध, जुआ आदि द्वारा चक्रवर्ती सम्राट बनते रहते थे। युद्ध द्वारा सीमोलंघन उचित न था, क्योंकि उसमें धन जन की हानि होती थी। खून–खराबा होता था और समाज में अव्यवस्था फैलती थी। इसीलिए अश्वमेध के घोड़े के सामने समर्पण अथवा जुए में जीतना श्रेष्ठ सीमोलंघन माना जाता था। सुयोधन ने इसी परम्परा को अपनाया था। उसने न केवल अपने राज्य की रक्षा ही की, वरन् बिना खून–खराबा किए जुए द्वारा अपने राज्य का विस्तार भी किया। इतना ही नहीं उसके राज्य की प्रजा ने कभी भी उसे बुरा नहीं कहा। इस प्रकार सुयोधन युधिष्ठिर की अपेक्षा एक देशभक्त समझदार, मानवता का प्रेमी सिद्ध होता है। एक प्रकार से धर्म का पक्ष सुयोधन का ही था। सुयोधन द्वारा पाण्डवों को लाक्षागृह में मारने के षडयंत्र आदि को भी गलत नहीं कहा जा सकता। क्योंकि मानवता व देश, समाज के शत्रु पाण्डवों को मारने का उपक्रम राष्ट्रीय कूटनीति ही कही जायेगी ।

इतना ही नहीं पाण्डव तो अलगाववाद के पक्षधर थे। तभी तो उन्होंने परम्परागत से चली आ रहीं अपनी 'कौरव' उपाधि को छोड़कर पाण्डव नाम से अपना नया नामकरण किया। आखिर कौरव व पाण्डव दोनों के ही तो कुरु प्रपितामह थे, जिनके नाम पर उन्हें कौरव कहा जाता था। उन्हीं का ही राज्य तो चला आ रहा था। अतः कुरु के राज्य के अधिकारी कौरव ही तो हो सकते थे, न कि अलगाववाद को प्रश्रय देने वाले पाण्डव।

वास्तव में योग्य व अधिकारी न होते हुए भी पाण्डवों की राज्य पाने की हठधर्मिकता ने ही महाभारत को जन्म दिया। पाण्डवों द्वारा एकलव्य का अंगूठा काटने या कटवाने, कर्ण एवं सुयोधन की देशभक्ति तथा मानवता को पग–पग पर अपमानित करने की घटनाओं ने निश्चय ही दूसरे पक्ष के बल प्रदान किया। महाभारत का सारा दोष

पाण्डवों का है न कि कौरवों का।

6. युद्ध का उन्माद और गीता की अधार्मिक धार्मिकता

"ऊँ शान्तिः! शान्तिः !! शान्तिः !!!" का उदघोष करती वैदिक आध्यात्किता, अहिंसा परमो धर्मः का सन्देश देती जैन व बौद्धों की आध्यात्मिकता जैसे उच्चतम आदर्शों वाली हिन्दू संस्कृति की सामाजिक आध्यात्मिकता के बीच महाभारत के एक अंश भागवद्गीता की युद्ध का उन्माद पैदा करती श्रीकृष्ण की आध्यात्मिकता का क्या स्थान हो सकता है। यह एक विचारणीय प्रश्न है, क्योंकि अभी तक तथाकथित धार्मिकों द्वारा गीता के युद्ध दर्शन अथवा महाभारत युद्ध को धर्म युद्ध कहकर प्रस्तुत किया गया है।

अभी तक हमने देखा कि पाण्डव तत्कालीन सामाजिक नियमों के अनुसार राज्य के न तो उत्तराधिकारी थे और न ही वे देशभक्त तथा समाज भक्त ही थे। उनके द्वारा देश को जुए में हार जाने की घटना उन्हें देशद्रोही ही सिद्ध करती है। एकलव्य का अंगूठा काटने, कटवा लेने के पीछे उनकी जातिवादी, अमानवीय घृणित मानसिकता ही कार्य करती हुई दिखायी देती है। आचार्य द्रोण द्वारा एकलव्य का अंगूठा दक्षिणा में लेने अथवा बलात काट लेने के पीछे पाण्डवों के दबाव को कोई भी अस्वीकार नहीं कर सकता। निश्चय ही शासक के दबाव के कारण ही यह घृणित कृत्य सम्पन्न हुआ था। धनुर्विद्या मुकाबले में भी कर्ण के साथ पाण्डवों की ही घृणित अमानवीय जातिवादी मानसिकता प्रगट हुई थी। जबकि कौरवों ने योग्यता को महत्त्व देते हुए उच्च मानवीय आदर्शों का परिचय देकर कर्ण को राजा बनाया ही था, एकलव्य की योग्यता को सम्मान देकर उसे अपनी सेना में उच्च पद दिया था।[8] ऐसी अनेक परिस्थितियां तथा घटनाएं, पाण्डवों को देशद्रोही, समाज व योग्यता का शत्रु, मानवता का विरोधी ही सिद्ध करती हैं। ऐसे पाण्डयों के लिए श्री कृष्ण की भूमिका उन्हें भी संदिग्ध बना देती है और फिर से विचार करने के लिए यक्ष प्रश्न खड़ा करती है।

श्रीकृष्ण ऐसे पाण्डवों के पक्ष में खड़े होकर उन्हें युद्ध के द्वारा कौरवों की सत्ता छीन लेने के लिए बार–बार उकसाते हुए दिखायी देते हैं। इतना ही नहीं अपने सामने अपने बन्धु बान्धवों, ताऊ, चाचा, भाई, भतीजा, मामा, नाना, गुरु इत्यादि को देखकर जब अर्जुन युद्ध करने से मना कर देता है तो कृष्ण उसे छदम धर्माभाषी तर्क देकर युद्ध के लिए प्रेरित करते हैं। कहते हैं कि ये तो पहले से ही मरे हुए हैं, तू मार कर श्रेय ले। तू तो शरीर को मारेगा, आत्मा कहां मरती है। यह तो अजर–अमर है। युद्ध से भागना तो क्षत्रिय के लिए अधर्म है। तू तो क्षत्रिय है, युद्ध कर और विधर्मियों का नाश कर सत्ता छीन ले। इससे तुम्हें यश मिलेगा, जैसे धर्माभाषी छदम तर्क ही तो श्रीकृष्ण ने दिए हैं। अन्ततः श्रीकृष्ण अपने धर्माभाषी अधर्म अथवा अधार्मिक धार्मिकता द्वारा अर्जुन को युद्ध के लिए उद्वेलित कर देते हैं। फिर होता है भाइयों भाइयों के साथ ही सजात भारतीय योद्धाओं का समूलोच्छेदन। यहीं से शुरू होता है परस्पर महाविनाश का नग्न ताण्डव।

हम जानते हैं कि भारतीयों ने ही सर्वप्रथम 'सर्वे भवन्तु सुखिनः','वसुधैव कुटुम्बकम', सारी दुनिया को अर्य बनाओ, एक ही कृत्य सर्वत्र फैला है (एकोहं बहुस्यामि) जैसे मानवीय आदर्श दिए थे। रिश्ते की दुनिया का निर्माण हमारे यहां पति पत्नी, बच्चों से आगे बढ़कर संयुक्त परिवार और अन्ततः वसुधैव कुटुम्बकम् अर्थात् सम्पूर्ण वसुधा को परिवार बनाने की संकल्पना तक पहुंचा था। परन्तु यहां गीता तो भाई–भाई को मारने के लिए प्रेरित करती है। माता–पिता, गुरु, ताऊ, चाचा इत्यादि का उनके लिए कोई स्थान नहीं है। वह उन्हें भी मारने के लिए उकसाती है। गीता, सत्य को असत्य और असत्य को सत्य अथवा धर्म को अधर्म और अधर्म को धर्म के रूप में प्रस्तुत कर बिना किसी वास्तविक प्रयोजन के युद्ध का उन्माद पैदा करती है। यही कारण था कि हिन्दू महाभारत जैसे रिश्ते की दुनिया में आग लगाने वाले युद्ध का उन्माद पैदा करने वाले ग्रन्थ को अपने घरों में रखने तथा

पढ़ने से परहेज करते रहे हैं। परन्तु जब से टेलीविजन ने सीरियल के माध्यम से उसे पर्दे पर दिखाया है तब से भारतीय समाज में महाभारत का यह कृत्य यथार्थ रूप में घटित होने लगा है। नित्य समाचार पत्रों में ऐसी खबरें देखने को मिलती है, जहां लोग अपने पिता माता, ताऊ ताई, चाचा–चाची, मामा, नाना इत्यादि की हत्या कर सम्पत्ति प्राप्त करने की कोशिश करते हुए दिखायी देते हैं। सच कहें तो यह अधार्मिक आध्यात्मिकता की ही देन है। अतः ऐसे मिथ्याभाषी अधार्मिक आध्यात्मिकता से मुक्ति पाने के लिए नये सिरे से विद्वानों को विचार करना होगा अन्यथा भारत के विनाश को रोका नहीं जा सकेगा।

7. छल–धर्म की अधार्मिक धार्मिकताः–

इतना ही नहीं युद्ध के प्रारम्भ से अन्त तक पाण्डवों का कृत्य अधर्म से ओत–प्रोत दिखायी देता है। कौरव पक्ष के सारे महारथी धोखे से मारे जाते हुए दिखायी देते हैं। भीष्म, कर्ण, द्रोण, सुयोधन जैसे सभी महारथी पाण्डवों द्वारा धोखे से ही तो मारे गये। फिर भी उसे धर्मयुद्ध कहा गया। सम्पूर्ण महाभारत में कहीं भी तो नहीं लगता कि वह धर्मयुद्ध था। ऐसा लगता है कि तत्कालीन धार्मिकों, शासकों ने धर्म की आड़ में अधर्म की रक्षा में ही अपना हित समझा था। तभी तो अधर्म, अन्याय, अत्याचार, असत्य को धर्म कहकर प्रस्तुत किया गया। भारत के पतन के लिए यह अधार्मिक धार्त्मिकता कम जिम्मेदार नहीं रही।

8. पाप कर्म की अधार्मिक धार्मिकता

मनुस्मृति[9], रामायण[10], पारशर स्मृति[11] की तरह महाभारत तथा गीता भी जीवनदायिनी खेती को पाप कर्म, अधर्म, निन्दित कर्म कहती है।[12] श्रीमद्भगवद्गीता में भी श्रीकृष्ण के मुख से कहलवाया गया है कि मेरी शरण में आकर स्त्री, शूद्र और वैश्य जैसी पापयोनि वाले भी परम गति को प्राप्त हो जाते हैं तो फिर पुण्यात्मा ब्राह्मणों और भक्त क्षत्रियों के क्या कहने ?[13] यहां मानव जाति की जननी को पाप योनि कहा गया है। लेखक की दृष्टि में समस्त जातियों, वर्णों की स्त्रियां,

पापिन है, पर आश्चर्य होता है कि ऐसी पाप योनि स्त्रियों के गर्भ से पुण्यात्मा ब्राह्मण व भक्त क्षत्रिय कैसे पैदा हो गये ? शूद्र तो ऐसे लेखकों के लिए पाप हैं, क्योंकि उन्हें सम्भवतः मनुष्य से भिन्न माना जाता था। तभी तो उन्हें शिक्षा, संस्कार तथा सामाजिक, आर्थिक, राजनीतिक, धार्मिक अधिकारों से वंचित रखने का विधान दिया गया था। समस्त वैदिकोत्तर संस्कृत साहित्य ऐसे विधानों से भरे पड़े हैं। ऐसी भगवद्गीता के लिए वैश्य अर्थात् कृषि, पशुपालन और व्यापार करने वाली समस्त जातियां भी पापयोनि हैं। यह समझ से परे है कि सभ्यता व संस्कृति को जन्म देकर विकास को ऊंचाई प्रदान करने वाले, मानव के पालनकर्ता, कृषक, पशुपालक और व्यापारी पापयोनि कैसे बन गये ? ऐसे लोगों का तर्क है कि खेती में जुताई के कारण कीट आदि जीव मर जाते हैं,[14] पर इसी से क्या वे पापी हो गये? फिर उन्हीं द्वारा उत्पादित अन्न खाकर जीवित रहने वाले ब्राह्मण व क्षत्रिय पुण्यात्मा कैसे हो सकते हैं परन्तु महाभारत की भगवद्गीता यही सत्य प्रस्थापित करती हुई दिखायी देती है। समझ में नहीं आता कि इसे धार्मिक आध्यात्मिकता कहें या अधार्मिक धार्मिकता? ऐसा लगता है कि "जिसकी लाठी उसकी भैंस" की तरह शक्तिशाली लोगों ने अधर्म, असत्य, पाप कर्म को धर्म, सत्य, पुण्य कर्म कह दिया तो वही चलने लगा और अन्ततः सत्य के रूप में बदल गया। फिर तो नये नये तर्क, सत्याभासों के द्वारा उसे और भी बल प्रदान किया जाने लगा और समाज ने धर्म को अधर्म और अधर्म को धर्म मान लिया। लेकिन समय के साथ सत्ता चक्र के घूमने तथा विज्ञान की आंखों ने लोगों को अपनी आँख से देखने के लिए बाध्य कर दिया, जिससे वास्तविक सच सामने आने लगे।

कुछ भी हो महाभारत कालीन धार्मिक–सामाजिक–आध्यात्मिकता के विश्लेषण से कुछ नये तथ्य प्रगट होते हुए दिखायी देते हैं। ऐसा लगता है कि तत्कालीन समाज के शासकों, पुरोहितों की दृष्टि में धर्म, अधर्म का पैमाना ही कुछ और था। आज जिसे हम धर्म, न्याय, सत्य, उचित कहते हैं, तत्कालीन शासक, लेखक पुरोहितों के

लिए वही अधर्म, अन्याय, असत्य थे। तभी तो देशभक्त, मानवता के पुजारी सुयोधन को अधर्मी, अन्यायी, कहा गया और देश को जुए में हार जाने वाले, योग्यता को नकारने वाले तथा अमानवीय गुणों वाले पाण्डवों को धर्मराज कहा गया। सम्भवतः उनका हित इसी में था। इसलिए उन्होंने ऐसा किया। परन्तु महाभारत, भगवद्गीता का वैज्ञानिक विश्लेषण करने वाला कोई भी अध्येता पाण्डवों को ही देशद्रोही और मानवता का शत्रु घोषित करेगा। इसमें श्रीकृष्ण भी पाण्डवों का साथ देने, युद्ध का उन्माद पैदा करने के कारण बराबर के दोषी माने जायेंगे।

निश्चय ही महाभारत कालीन पाण्डवों और श्रीकृष्ण की धार्मिक आध्यात्मिक सामाजिकता समाज, राष्ट्र व मानवता के विपरीत रही है। समाज में फूट डालकर देश को गुलामी की ओर ढकेलने वाली वर्णारक्षण व्यवस्था की वकालत करके तो श्रीकृष्ण और भी दोषी बन जाते हैं क्योंकि यह वही वर्णारक्षण व्यवस्था रही है, जिसने समाज में जाति–भेद, वर्ण–भेद, ऊंच–नीच, छूत–अछूत को जन्म देकर हिन्दू समाज की एकता को तोड़कर देश को गुलाम बनाने का कार्य किया है। यह वही वर्ण व्यवस्था है, जिसमें तीन वर्णों की सेवा करने के लिए शूद्रों को बाध्य किया जाता था, उन्हें कोई भी हिन्दू मानव मानने के लिए तैयार न था। उनकी परछायी तक हिन्दुओं को काटती थी। आज ऐसी वर्ण व्यवस्था को अमानवीय व्यवस्था समझकर उसे फेंक दिया गया है। ऐसी वर्ण व्यवस्था की वकालत करने वाले श्रीकृष्ण मानव कहलाने के भी अधिकारी नहीं रह जाते हैं।

इस समस्त विश्लेषणों के आधार पर कहना पड़ेगा कि अतीत के कथनों, पुस्तकों के विचारों, व्यवस्थाओं इत्यादि को आंख बन्द कर यथावत स्वीकार करने की अपेक्षा आज उन्हें वैज्ञानिक दृष्टि से देखने की आवश्यकता है। तभी हम असली सत्य तक पहुंच सकते हैं और उसमें से वर्तमान के लिए उपयोगी सत्य की खोज कर सकते हैं। आखिर पुरानी पुस्तकों, धर्मग्रन्थों के लेखक, कवि, विचारक भी तो

जाति, वर्ण, स्वार्थ व सत्ता मोह की सीमाओं से ऊपर न थे। उनका सत्य–असत्य, धर्म–अधर्म, न्याय–अन्याय, पाप–पुण्य भी अपनी सीमाओं से बंधकर हो सकता है। अतः वास्तविकता तक पहुंचने के लिए अतीत के प्रस्थापित सत्यासत्यों के प्रति अन्धभक्ति व मोह को छोड़कर वैज्ञानिक वृत्ति को अपनाना होगा। तभी हमारा अतीत हमारा मार्गदर्शक बन सकता है।

सन्दर्भ

1. मां ने अपने बड़े बेटे का नाम सुयोधन रखा था, पर दुष्टों ने उसे बिगाड़कर दुर्योधन कर दिया।
2. यदा यदा हि धर्मस्य, ग्लानिर्भवति भारत, अभ्युत्थानमधर्मस्य तदात्मानम् सृजाम्यहम्....... गीता के इस कथन और आचरण का धर्म समझना होगा।
3. महाभारत ग्रन्थ को किसी एक कवि ने नहीं, वरन लम्बे काल के बीच अनेक कवियों ने लिखा है अथवा उसमें मिलावट की गयी है।
4. जय संहिता नाम से व्यास ने 8800 श्लोक लिखे थे। फिर वैशम्पायन ने उसे 24000 किया और अन्ततः भरत, लोमहर्ष, उग्रसर्वा इत्यादि ने इसे बढ़ाकर एक लाख 'शतसहस्त्रम संहिता' कर डाला।
5. मेधातिथि ने इस बात को स्वीकार किया है कि प्राचीन आचार्य बहुधा अपना नाम न देकर अपने मत के प्रकाशानार्थ अन्य पुरुषों को दे देते थे– प्रार्येण ग्रन्थकाराः स्व मंत परापदेशेन ब्रुबते। मेघातिथि उद्धृत बी. काणे, धर्मशास्त्र का इतिहास, भाग–1. 1992. पृ. 30
6. सच में देखा जाय तो चोरी एकलव्य ने नहीं की थी, वरन ज्ञान चाहने वाले तक स्वतः पहुंचा था। ज्ञान देने के लिए प्राप्त किया जाता है उसे छिपाकर रखना ही चोरी है।
7. विजय दशमी पर्व एक प्रकार से सीमोलंघन का पर्व रहा है। यह

परम्परा राम के बहुत पहले से यहां रही है, जिसमें शासक वर्षात के चार माह पश्चात सीमोलंघन कर अपने राज्य का विस्तार करते थे। जुआ, अश्वमेध, युद्ध जैसे रास्ते सीमोलंघन में मान्य थे।

8. एकलव्य तथा कर्ण दोनों की योग्यता का सम्मान करते हुए सुयोधन ने उन्हें सेना में योग्य स्थान दिया था।
9. मनुस्मृति, 10/83–84।
10. वाल्मीकि रामायण, उत्तर काण्ड, 74/17 ।
11. पाराशर स्मृति, 1/73–74 ।
12. सुवप्रगणो ब्रात्यः, कीनाशश्चात्मवानपि।
    रक्षोत्युक्तश्च यो हि स्यात सर्वे ब्रहमहभिः ।।48।।
    – महाभारत, विदुर नीति, 3/48
13. माम् हि पार्थ! व्यपाश्रित्य येऽपि स्युः पापयोनयः
    स्त्रियो वैश्यस्तथा शूद्रास्तेऽपि यान्ति परां गतिम् ।।32।।
    कि पुर्नब्राह्मणाः पुण्या भक्ता राजर्सयस्तथा अनित्यमसुखं लोकमिमं प्राप्य भजस्व माम् ।।33।।
    – श्रीमद्भगवद्गीता, 9/32–33
14. संवत्सरेण यत्पापं मत्स्यघाती समाप्नुयात्।
    अयोमुखेन् काष्ठेन् तदेकाहेन लाड़ली।।
    –पाराशर स्मृति 1/73
    वृक्षान् क्षित्वा महीं हत्वा हत्वा तु मृगकीटकान्।
    कृषकः खलु यज्ञेन सर्वपापात् प्रमुच्यते।। – पाराशर 1/76
    मिलायें मनुस्मृति, 10/84

16

गीता आदि का सन्यास, मोक्ष और स्वर्ग का दर्शन : एक छलावा है

(ये तो भारत में शरण प्राप्त विदेशी ब्राह्मणों से जुड़े लक्ष्य हैं।)

हमने देखा कि किस प्रकार ईश्वर और उसके अवतार धोखा हैं और वे मानवों के किसी काम के नहीं हैं। अब हम देखना चाहेंगे कि ईश्वर से जुड़े सन्यास, स्वर्ग–नरक और मोक्ष का दर्शन क्या हिन्दुओं या संसार के मानवों के लिए है या मात्र भारत में शरण प्राप्त विदेशी भूसुरों/आर्यों या ब्राह्मणों का दर्शन है। क्या ये देश के पतन के कारण रहे हैं। क्या ये दर्शन वेदों अथवा हिन्दुत्व के विरोधी हैं। हम यह भी देखना चाहेंगे कि गीता, महाभारत, भागवत, रामायण तथा पुराणों इत्यादि संस्कृत ग्रन्थों में वर्णित स्वर्ग–नरक, मोक्ष, सन्यास के ये दर्शन मानवों के लिए एक छलावा, एक धोखा हैं अथवा सच से भी इनका कोई सम्बन्ध हैं। क्या ये वदेशी ब्राह्मणों द्वारा अपनी मातृभूमि के दर्शन के निमित्त गढ़े गये हैं अथवा संसार के मानवों से इनका कोई सम्बन्ध भी है।

गहराई से वैज्ञानिक आधारों पर खोज करने पर ज्ञात हुआ कि स्वर्ग और मोक्ष प्राप्ति भारत में शरण प्राप्त सुरों/आर्यों/बाद के भूसुरों अर्थात गोरे आर्य ब्राह्मणों के जीवन लक्ष्य हैं और इन्हें प्राप्त करने का मार्ग सन्यास आश्रम भी पहले मात्र प्रथम वर्ण ब्राह्मण के लिए ही था। शेष तीनों वर्ण क्षत्रिय, वैश्य और शूद्र के लिए न सन्यास आश्रम था और न ही स्वर्ग और मोक्ष उनके जीवन लक्ष्य थे। स्वर्ग और मोक्ष की प्राप्ति मात्र ब्राह्मणों के जीवन लक्ष्य थे। ये अपनी जन्म भूमि स्वर्ग में पहुंच जाने को अपना अन्तिम जीवन लक्ष्य मानते हैं। शेष वर्णों के लिए तो भारत ही उनकी जन्मभूमि है। वे स्वर्ग क्यों जाना चाहेंगे। ईसाई और मुसलमानों इत्यादि ने गलती वश जन्नत, हैवन के नाम से स्वर्ग–नरक, मोक्ष के दर्शन का अनुकरण कर अपना लिया। अब हम कुछ विस्तार से इन्हें देखना चाहेंगे।

सन्यास आश्रम केवल ब्राह्मणों के लिए ही क्यों था ?

वैदिक भारत में सन्यास आश्रम और पुरुषार्थ का अस्तित्व न था। उस समय तीन आश्रम ब्रह्मचर्य, गृहस्थ तथा वानप्रस्थ और तीन पुरुषार्थ– धर्म, अर्थ, काम तथा तीन ही वर्ण–ब्रह्मन, क्षत्रप तथा विश होते थे। तब तीन संख्या को सर्वोच्च स्थान प्राप्त था। तीन ऋण, तीन गुण, तीन देव, तीन देवियां, तीन लोक इत्यादि के साथ तीन की उच्चता हिन्दू संस्कृति में रही है। चौथा आश्रम सन्यास तथा चौथा मोक्ष पुरुषार्थ वैदिकोत्तर काल की देन है। हिन्दुओं के साथ ये दोनों कैसे जुड़ गये? वह शोध का विषय हो सकता है। स्वर्ग की संकल्पना भी वैदिक नहीं है। अतः सन्यास, मोक्ष तथा स्वर्ग की सार्थकता का विश्लेषण हिन्दुओं के लिए आवश्यक है, क्योंकि ये अवधारणाएं जैसी जुड़ी या जोड़ी गयीं, वैसे ही हटायी भी जा सकती हैं और नयी जोड़ी भी जा सकती हैं। ब्राह्मणों के लिए सन्यास और मोक्ष स्वर्ग प्राप्ति के दर्शन से जुड़े हैं। हम यहां इन तीनों के वैज्ञानिक विश्लेषण के साथ सत्य की खोज करना चाहेंगे।

सन्यास आश्रम हिन्दुओं का नहीं

हिन्दुओं के लिए तीन आश्रम ब्रह्मचर्य, गृहस्थ, वानप्रस्थ का वैज्ञानिक महत्व है। ब्रह्मचर्य आश्रम विश्व के सम्पूर्ण ज्ञान की प्राप्ति तथा स्वस्थ शरीर निर्माण का आश्रम है। इस आश्रम के ऊपर ही आगे के सांसारिक जीवन की सार्थकता निर्भर है। क्योंकि बिना ज्ञान तथा स्वस्थ शरीर के सांसारिक जीवन को सुखमय नहीं बनाया जा सकता है। न ही नये ज्ञान–विज्ञान को जन्म ही दिया जा सकता है। दूसरा आश्रम गृहस्थ जीवन सांसारिक जीवन में प्रवेश का आश्रम है। इसमें व्यक्ति अपने ज्ञान का प्रयोग कर मानव जीवन को सुखमय बनाने का कार्य करता है। यह आश्रम तीनों पुरुषार्थों धर्म, अर्थ, काम की प्राप्ति का आश्रम है। रोटी, कपड़ा, मकान जैसी समस्त आवश्यकताओं की प्राप्ति का यह आश्रम वास्तव में सामाजिक जीवन का आधार माना गया है। आज तक के ज्ञान–विज्ञान की समस्त ऊंचाईयों के पीछे इस आश्रम की कामनाएं/आकाक्षाएं रही हैं।

वानप्रस्थ आश्रम पारिवारिक जीवन से निकलकर स्वयं को समाज के लिए समर्पित करने का नाम है। गृहस्थ जीवन में प्रवेश करने वाले नये जोड़ों की समस्याओं के समाधान तथा अन्य राष्ट्रीय सामाजिक कार्यों के लिए इस आश्रम का अपना महत्व रहा है। समाज में अलख जगाना अर्थात् राष्ट्रीय तथा सामाजिक रूप से लोगों को जागरूक करना, उनकी समस्याओं का हल देना तथा ब्रह्मचर्य में प्राप्त ज्ञान और गृहस्थाश्रम के अनुभव के आधार पर नया ज्ञान विज्ञान देना वानप्रस्थियों का कार्य था। समाज में कहीं अन्याय, अत्याचार, शोषण न हो, सभी की आवश्यकताएं पूरी हो, कहीं अराजकता न हो, सभी शिक्षित होकर सुखमय जीवन जीयें इत्यादि की दृष्टि से समाज को जगाये रखने का कार्य वानप्रस्थियों का हुआ करता था। यह आश्रम व्यक्ति के सामाजिक/राष्ट्रीय प्राणी के रूप में विराट बनने का आश्रम है। समस्त मानवों का हित इसका लक्ष्य है। जाति, धर्म, स्वार्थ से ऊपर

उठकर सम्पूर्ण मानवता के लिए कार्य करना इस आश्रम का लक्ष्य है। जैसे बूंद सागर में मिलकर सागर बन जाती है वैसे ही व्यक्ति का समाज बन जाने में ही जीवन लक्ष्य की सार्थकता है। यह आश्रम "व्यक्ति के समाज बन जाने" के जीवन लक्ष्य की प्राप्ति में सहायक है। वही मानव जीवन का चरम पुरुषार्थ लक्ष्य है। सुखमय जीवन जीते हुए व्यक्ति का विराट (समाज) बन जाना ही हिन्दू जीवन का अन्तिम लक्ष्य है। अर्थात् वैयक्तिकता संकुचितता से मुक्ति ही मानव जीवन का अन्तिम उद्देश्य है। वानप्रस्थ इस उद्देश्य की प्राप्ति का आश्रम है। हिन्दुओं के लिए सन्यास आश्रम का कोई अर्थ नहीं है क्योंकि वानप्रस्थ में उसके सभी जीवन लक्ष्य पूरे हो जाते हैं। प्रश्न उठता है कि फिर सन्यास आश्रम कहां से आया और क्यों आया ? इसकी हिन्दुओं के लिए क्या सार्थकता है।

सच में देखा जाय तो सन्यास आश्रम का हिन्दुओं से कोई सम्बन्ध नहीं है। इसका सम्बन्ध स्वर्ग लोकों (यूरोपीय प्रदेशों) से आकर शरण प्राप्त किए हुए आर्यों सुरों के जीवन लक्ष्य से है।[1] आजकल अरब क्षेत्र से आये हुए मुसलमानों के वंशज अपने जीवन में एक बार अपने पूर्वजों की मातृभूमि मक्का मदीना के दर्शन करना चाहते हैं। इसीलिए हज के नाम पर विश्व के कोने–कोने से मुसलमान मक्का मदीना जाते हैं। यह उनके जीवन का अन्तिम पुरुषार्थ लक्ष्य है। ठीक वैसे ही बर्फ के रेगिस्तान स्वर्ग से जब आर्य सुर भूखे नंगे के रूप में भारत तक आये तो पहले तो यहां के असुरों ने उन्हें बार–बार पराजित किया[2] और अन्ततः उनकी गोरी कन्याओ (अप्सराओं) की लालच में उन्हें शरण देकर बसा लिया। पहले भारत को ही भूलोक, मनुष्य लोक तथा नरक लोक भी कहा जाता था।[3] इस प्रकार भूलोक (भारत) में बस तो गये, परन्तु उन्हें अपनी मातृभूमि की याद आती रही। इसीलिए उन्होंने अपनी मातृभूमि सुरलोक को सुवर्ग लोक, स्वर्ग लोक' के रूप में याद किया,[4] और उसकी प्रशंसा में गीत लिखे। उस समय स्वर्गलोक में खेती नहीं होती थी। गायें होती थीं, परन्तु वहां के आर्य दूध निकालना

नहीं जानते थे। एक प्रकार से वे जंगली अवस्था की स्थिति में थे[5] और कन्दमूल, फल तथा गाय, घोड़ा, सूअर आदि जानवरों का मांस खाते थे।[6] अपनी मातृभूमि की प्रशंसा में उन्होंने नरक लोक (मनुष्य लोक) को घृणास्पद बना कर प्रस्तुत किया और इस प्रकार लोगों में अप्सराओं के लिए स्वर्ग का आकर्षण पैदा किया। आवागमन के साधन न होने से स्वर्ग जाना कठिन था। इसलिए मरने के बाद स्वर्ग जाने की कामना करने लगे। सन्यास आश्रम इसी स्वर्ग जाने की आकांक्षा में से पैदा हुआ। यही कारण है कि सन्यासी स्वर्ग जाने के लिए साधना करते हैं। उनके लिए स्वर्ग जाना ही मोक्ष है। उन्हें लगता है कि मरने के बाद उनकी आत्मा अपनी मातृभूमि के साथ आत्मसात हो जायेगी। अतः उसे दुबारा नरक लोक (मनुष्य लोक) में नहीं जन्म लेना पड़ेगा।

इस प्रकार सन्यास आश्रम हिन्दुओं के लिए न होकर मात्र विदेशी भूसुरों के लिए है। अब तो भूसुरों के लिए भी सन्यास का कोई अर्थ नहीं है, क्योंकि अब उनकी मातृभूमि भारत है। अतः उन्हें भी स्वर्ग के गीत गाना छोड़कर मनुष्य लोक के गीत गाना चाहिए। वैसे भी मरने के बाद स्वर्ग जाने की कामना करना और सन्यासी बनकर अकर्म को प्रश्रय देना कहां की बुद्धिमानी है? अब तो आवागमन के साधन इतने हो गये हैं कि जीते जी स्वर्ग जा सकते हैं। अतः सन्यास आश्रम को समाप्त कर देना ही बुद्धिमानी है। वैसे भी सन्यासी काम किसी और का (शायद भगवान) 24 घण्टे करते हैं, परन्तु उनका मालिक उन्हें दो रोटी भी नहीं देता। अतः ऐसे भगवान के लिए जीवन बर्बाद करना उचित नहीं। यदि वे रचनात्मक कार्यों में लगते तो देश कितना आगे बढ़ जाता। आज करोड़ों हिन्दू सन्यासी के रूप में भिखारी बनकर स्वर्ग जाने या मोक्ष की कामना में लगे हुए हैं। इससे देश का पतन हो रहा है। यहां का अज्ञान मिटने का नाम नहीं ले रहा है, क्योंकि वे भगवान धर्म तथा आस्था के नाम पर अज्ञान अन्धविश्वास परोस रहे हैं, भारत के पतन के पीछे सन्यास आश्रम की भूमिका को नकारा नहीं जा सकता है।

इस प्रकार चौथा सन्यास आश्रम हिन्दुओं का नहीं है और न ही उसकी सामाजिक राष्ट्रीय उपयोगिता ही रही है और न आज है। अतः ऐसे निरर्थक सन्यास आश्रम को तिलाञ्जलि दे देना ही हिन्दुओं के हित में है। आश्चर्य तो यह है कि भूसुरों ने हिन्दुओं के ऐतिहासिक महापुरुषों– ब्रह्मा, विष्णु, शिव, राम, कृष्ण इत्यादि को काल्पनिक भगवान बनाकर अपने स्वर्ग में बैठाकर हिन्दुओं के लिए भी आकर्षण पैदा कर दिया और उनकी देखा देखी हिन्दू भी स्वर्ग के गीत गाने तथा स्वर्ग जाने की कामना करने लगे। अब जब सच्चाई सामने आ गयी है तो हिन्दुओं को दूसरों की मातृभूमि के गीत गाना छोड़कर अपनी मातृभूमि भारत के गीत गाने और उसकी रज में समा जाने में ही अपने जीवन की सार्थकता समझना चाहिए।

ब्राह्मणों के लिए मनुष्य निकृष्ट योनि

भारतीय धार्मिक ब्राह्मण अथवा मोक्ष तथा स्वर्ग को जीवन का लक्ष्य मानने वाले भारतीय मनुष्य के रूप में दोबारा जन्म नहीं लेना चाहते हैं। वे मोक्ष प्राप्त करने को जीवन का अन्तिम लक्ष्य मानते हैं। मोक्ष प्राप्त हो जाने पर आत्मा मनुष्य के रूप में दोबारा जन्म लेने से मुक्त हो जाती है, क्योंकि स्वर्ग प्राप्त हो जाने पर अथवा मोक्ष प्राप्त हो जाने पर मनुष्य आवागमन (पृथ्वी/मनुष्य लोक में दोबारा जन्म) से मुक्त हो जाता है। इसका अर्थ हुआ जो भी साधू सन्यासी पंडा, पुजारी, धार्मिक मोक्ष या स्वर्ग प्राप्त करने के लिए तपस्या कर रहे हैं, वे अपनी मनुष्य योनि से सन्तुष्ट नहीं है, उनके लिए मनुष्य सबसे निकृष्ट योनि है। उन्हें मनुष्य योनि से घृणा है तभी तो वे मनुष्य के रूप में दोबारा जन्म नहीं लेना चाहते हैं और उससे मुक्ति चाहते हैं। मनुष्य लोक और मनुष्यों के उत्पाद अन्नादि से अपना पेट भरने वाले इन धार्मिकों को क्या कहा जाय, जो खाते हैं यहां का, और गाते हैं स्वर्ग का? आदमी से घृणा करने तथा आदमी के रूप में जन्म न लेने की आकांक्षा से मोक्ष व स्वर्ग के लिए बिना उत्पादनोन्मुख कार्य के दूसरे मनुष्यों के परिश्रम

की रोटी खाने वाले ऐसे धार्मिकों को क्या मनुष्यों के देश मनुष्य लोक में रहने का अधिकार है ?

मोक्ष के विविध अर्थ

मोक्ष 'मुक' धातु से बना है, जिसका अर्थ होता है मुक्त होना प्रश्न उठता है कि किससे मुक्त होना मोक्ष है प्राचीन काल के पौराणिकों तथा अन्य विद्वानों ने इस 'मोक्ष' नामक जीवन लक्ष्य (पुरुषार्थ) को अपने–अपने ढंग से समझाया है। मोक्ष की वैज्ञानिक व्याख्या के साथ प्रचलित विश्लेषण को देखना उचित होगा।

(1) ब्राह्मणों के लिए मोक्ष का अर्थ अपनी जन्मभूमि में पहुंचना–

ब्राह्मणों विशेषकर स्वर्ग लोकों अर्थात् यूरोपीय प्रदेशों से भारत में शरण प्राप्त आर्यो, सुरो, भूसुर ब्राह्मणों के लिए आवागमन के बन्धन से मुक्ति ही मोक्ष है। यह आवागमन क्या है? इसको समझने की जरूरत है। ब्राह्मण समझाते हैं कि इस मनुष्य लोक में जन्म लेने से मुक्ति ही मोक्ष है। उनके अनुसार मोक्ष की स्थिति में मनुष्य लोक में दुबारा जन्म नहीं लेना पड़ेगा। इसका अर्थ है कि वे मनुष्य लोक में नहीं रहना चाहते हैं। इसलिए ये स्वर्ग के गीत गाते हैं और वहां जाने की इच्छा रखते हैं। उनके लिए स्वर्ग पहुंचना ही मोक्ष प्राप्ति है।

प्रश्न उठता है कि यह मनुष्य लोक उनके लिए कष्टकर क्यों है और वे स्वर्ग लोक क्यों जाना चाहते हैं? क्यों वे स्वर्ग जाना अपने जीवन का अन्तिम लक्ष्य समझते हैं? वैदिकोत्तर संस्कृत विद्वानों के अनुसार पृथ्वी का मध्य क्षेत्र (भारत और उसके समानान्तर पूर्व पश्चिम के भाग) मनुष्य लोक है, इसे ही उन्होंने नरक लोक (नृणानां ओकः नरोक नरकः) कहा है, जिसका अर्थ मनुष्यों का ओक (घर) होता है। अर्थात् उनके लिए मनुष्य लोक और नरक लोक पर्यायवाची है।[7] नरक

को उन्होंने कितना घृणास्पद बनाकर प्रस्तुत किया है यह किसी से छिपा नहीं है। यह भारत सहित मनुष्य लोक के प्रति उनकी भक्ति का ही परिचायक है। इसके विपरीत उनकी व्याख्या में स्वर्ग लोक सर्वश्रेष्ठ है। उसकी प्रशंसा करते वे नहीं अघाते हैं।

दूसरी तरफ उन्हीं की पुस्तकों में यूरोपीय शीत प्रधान 21 प्रदेशों को 21 स्वर्ग लोक की संज्ञा दी गयी है।[8] यही स्वर्ग लोक आर्यों सुरो, भूसुरों की मातृभूमि थे, जहां से चलकर वे भारत तक आये थे। आर्य/सुर/भूसुर इसलिए मनुष्य लोक में जन्म नहीं लेना चाहते हैं क्योंकि वे अपनी पुरानी मातृभूमि में ही रहना चाहते हैं। हर एक जीव को अपनी मातृभूमि प्रिय होती है। यही कारण है कि भूसुर ब्राह्मण मनुष्य लोक में न रहकर अपनी मातृभूमि में रहना चाहते हैं। इसीलिए वे मनुष्य लोक में जन्म लेने से मुक्ति चाहते हैं। इसीलिए स्वर्ग अर्थात् अपनी मातृभूमि में पहुंच जाना ही उनके लिए जीवन का अन्तिम लक्ष्य मोक्ष हैं।

आज विश्व के अनेक देशों में फैले हुए मुसलमान अपनी मातृभूमि मक्का मदीना का दर्शन करना अपने जीवन का अन्तिम लक्ष्य मानते हैं। उसकी खाक में मिल जान को वे मुक्ति मोक्ष मानते हैं। यही कारण है कि हज के रूप में लाखों मुसलमान प्रत्येक वर्ष विश्व के कोने कोने से मक्का मदीना में एकत्र होते हैं। उनके अनुसार वहां मरने वाले को जन्नतः (मातृभूमि) नसीब होती है। यही उनके लिए मोक्ष है। विश्व के अनेक राष्ट्रों में बसे भारतीय अपनी मातृभूमि भारत के दर्शन की आकांक्षा रखते हैं। ठीक वैसे ही स्वर्ग से आये विदेशी ब्राह्मणों आदि के लिए स्वर्ग का दर्शन ही अन्तिम लक्ष्य है। उनके लिए मातृभूमि से बिछड़ने के दुःखों से मुक्ति ही मोक्ष है। ध्यान रहे कि जब मनुष्य लोक (भारत) की संस्कृति स्वर्ग लोकों में भी पहुंच गयी तो उन्होंने अपनी धार्मिक दुकान चलाने के लिए स्वर्ग लोक को आसमानी बना दिया।

उपरोक्त व्याख्या से स्पष्ट होता है कि आर्य ब्राह्मणों का मोक्ष हिन्दुओं का जीवन लक्ष्य न होकर विदेशी भूसुरों आर्यों के जीवन का लक्ष्य है। सच तो यह है कि मोक्ष हिन्दुओं के जीवन का भी अन्तिम लक्ष्य रहा है, जिसकी व्याख्या भूसुरों ने अपने ढंग से कर उसे अपने जीवन का भी लक्ष्य बना लिया। प्रश्न उठता है कि हिन्दुओं के लिए जीवन लक्ष्य मोक्ष का क्या अर्थ है? हिन्दू लोग किससे मुक्ति चाहते हैं?

(2) हिन्दू धर्म में मोक्ष का अर्थ दुखों से मुक्ति

हमने देखा कि मोक्ष का अर्थ मुक्ति है। इस मुक्ति की गलत व्याख्या या अर्थारोपण के कारण ही मोक्ष का अर्थ गड़बड़ा गया। मोक्ष का पर्याय निर्वाण है। निर्वाण शब्द निःवाण से बना है। निः का अर्थ बिना और वाण दुःख देने वाला होता है। अतः निर्वाण का अर्थ हुआ दुःख रहित जीवन अर्थात् सुखी जीवन ही मोक्ष है। मानव जीवन के लिए दुःखों के अनेक रूप हैं, जिससे मुक्ति ही मानव जीवन का लक्ष्य मोक्ष है। सामान्यतया निम्न दुःखों से मुक्ति को मोक्ष के रूप में देखा जाता रहा है–

1. भूख के दुःखे से मुक्ति।
2. भय/अरक्षा के दुःखों से मुक्ति।
3. प्यास के दुखों से मुक्ति ।
4. बीमारी या अस्वास्थ्य के दुःखों से मुक्ति।
5. प्राकृतिक आपदाओं के दुःखों से मुक्ति।
6. हिंसक जीव जन्तुओं के दुःखों से मुक्ति ।
7. काम (सेक्स) के दुःखों से मुक्ति
8. सन्तान के दुखों से मुक्ति ।
9. स्वांस के दुखों से मुक्ति
10. अनिद्रा के दुखों से मुक्ति ।
11. अज्ञान के दुखों से मुक्ति।
12. अर्थाभाव के दुखों से मुक्ति।
13. अशान्ति, अराजकता, अव्यवस्था के दुःखों से मुक्ति।

14. अपराध के दुःखों से मुक्ति ।

15. भ्रष्टाचार, अनाचार, अत्याचार के दुःखों से मुक्ति।

16. अधर्म अर्थात कानून के उल्लंघन के दुःखों से मुक्ति।

17. महत्वहीनता के दुःखों से मुक्ति

18. मातृभूमि के बिछुड़ने के दुःखों से मुक्ति ।

19. बुढ़ापे के दुखों से मुक्ति।

20. मृत्यु के दुःख से मुक्ति।

21. अन्य प्रकार के दुःखों से मुक्ति ।

मानव जब पैदा होता है तो उसका सामना दुःखों से होता है। आदिम जंगली अवस्था से लेकर आज तक मानव दुखों से संघर्ष करता हुआ दुःखरहित अर्थात् सुखमय संसार के निर्माण में लगा हुआ है। मानव सभ्यता एवं संस्कृति की समस्त उपलब्धियां इसी प्रयास की देन हैं। हम सब जानते हैं कि बच्चा जब जन्म लेता है तो सबसे पहले भूख का दुःख उसे सताता है और वह रोने लगता है। जब मां उसे दूध पिला देती है तो उसे भूख के दुःख से मुक्ति मिल जाती है और वह सो जाता है। यह भूख सभी का पहला दुःख है। इसे विद्वानों ने 'अर्थ' नाम दिया है। अर्थ के अन्तर्गत सभी प्रकार की भौतिक चीजें–रोटी, कपड़ा मकान इत्यादि आ जाती हैं। यह अर्थ सभी प्रकार की आवश्यकताओं की पूर्ति का माध्यम है।

भूख के साथ उसे प्यास लगती है, यह पानी पीने से बुझती है। शुद्ध जल प्यास के दुःख से मुक्ति दिलाता है। अतः जल को शुद्ध रखना भी मानव जीवन का लक्ष्य है। मानव क्या सभी जीव सांस लेकर जिन्दा रहते हैं? शुद्ध वायु में सांस लेना सुखकर होता है, जबकि अशुद्ध वायु में दम घुटता है। अतः अशुद्ध वायु से मुक्ति भी मानव के लिए मोक्ष है। इस प्रकार वायु को शुद्ध रखना मानव जीवन का लक्ष्य है।

मानव को डर लगता है हिंसक जंगली जानवरों, जीव–जन्तुओं से, भूकम्प, महामारी, बाढ़, तूफान जैसी प्राकृतिक आपदाओं से इस प्रकार सुरक्षा की चाह अथवा अरक्षा से मुक्ति भी मानव जीवन का लक्ष्य है। इससे बचने के लिए वह घर बनवाता है, दवाओं की खोज करता है, संगठित रहता है तथा विविध प्रकार के हथियार आदि संसाधनों का आविष्कार करता है।

व्यक्ति युवा होता है तो उसे काम सुख (सेक्स) की आवश्यकता होती है, जिसके लिए विवाह के द्वारा स्त्री–पुरुष को पति–पत्नी का रूप दिया जाता है और परिवार बसाया जाता है। परिवार काम (सेक्स) के दुःखों से मुक्ति का माध्यम है। काम सुख के साथ सन्तान सुख प्राप्त करना भी मानव जीवन लक्ष्य है। काम के द्वारा स्त्री–पुरुष (पति–पत्नी) बेटा–बेटी के रूप में जन्म लेकर स्वयं को अमर समझने लगते हैं। यही कारण है कि सन्तान (पुत्र–पुत्री) को मुक्ति देने वाला कहा गया है। क्योंकि इससे उन्हें मृत्यु के दुःख से मुक्ति मिलती है। उनका एक शरीर नष्ट हो जाता है, परन्तु पुत्र–पुत्री, नाती, पोता पोती इत्यादि के रूप में उनका दूसरा शरीर जिन्दा रहकर उन्हें अमर बनाये रखता है अर्थात् उन्हें मृत्यु के दुःख से मुक्ति दिलाता है। सन्तान श्रेष्ठ हो तो इससे माता–पिता को सुख मिलता है, क्योंकि इससे उन्हें भी सम्मान मिलता है।

बढ़ापे का दुःख भी दुःख होता है। यही कारण है कि कोई जल्दी बूढ़ा नहीं होना चाहता है। सभी जवान बने रहना चाहते हैं। गौतम बुद्ध ने बुढ़ापे के दुःख को देखा था और विचलित हो गये थे। बीमारी, बुढ़ापा तथा मृत्यु के दुःख तथा युद्ध की सम्भावना ने उन्हें घर छोड़कर दुःखों का हल खोजने के लिए प्रेरित किया था। आज भी वैज्ञानिक इनका हल खोजने में लगे हुए हैं।

ज्ञान के अभाव का दुःख दारूण दुःख होता है। अज्ञानी को लोग बेवकूफ बनाकर अपना स्वार्थ सिद्ध करते रहते हैं। उनका शोषण

करते हैं और उनके परिश्रम पर मौज करते हैं। सम्भवतः इसीलिए वर्णारक्षण के समर्थकों ने कुछ लोगों को शिक्षा/ज्ञान से वंचित कर रखा था। ज्ञानी मनुष्य अपनी समस्त समस्याओं का हल खोज लेता है और अपना जीवन सुखमय बना लेता है। आज के विश्व की समस्त वैज्ञानिक उपलब्धियां ज्ञान की ही देन है। ज्ञान के बल पर मानव ने प्रकृति पर विजय प्राप्त कर उसे अपने अनुकूल बना लिया है। ज्ञान सब प्रकार के सुखों का दरवाजा खोल देता है। यही कारण है कि आज सभी लोग ज्ञान प्राप्त करने पर सबसे अधिक जोर दे रहे हैं। इस प्रकार अज्ञान के दुःखों से मुक्ति भी मानव जीवन के लिए मोक्ष है।

नियम कानून संविधान अर्थात् धर्म तथा नैतिकता के उल्लंघन से दुःखों में वृद्धि होती है। शोषण, अन्याय, अत्याचार, भ्रष्टाचार, अनाचार बढ़ते हैं। अपराधों में वृद्धि होती है तथा अशान्ति अव्यवस्था अराजकता की स्थिति का निर्माण होता है, जिससे मानव सुख बाधित होते हैं। अर्थात् मानव के दुःखों में वृद्धि होती है। इससे निपटने के लिए नियम कानून, संविधान, धर्म बनाये जाते हैं। पुलिस, पी.ए.सी. सेना, जेल इत्यादि की व्यवस्था की जाती है। इस प्रकार इन समस्त प्रकार के दुःखों से मुक्ति भी मानव जीवन के लिए मोक्ष है।

पीछे हमने देखा कि मातृभूमि से बिछुड़ने के दुःख ने किस प्रकार मोक्ष का अर्थ संकुचित कर दिया और मोक्ष मात्र सुरो भूसुरों के जीवन का लक्ष्य बनकर रह गया। समस्त प्राणियों में अपनी मातृभूमि के प्रति आकर्षण होना स्वाभाविक है। विभिन्न कारणों से मानव अपनी मातृभूमि से बिछड़ जाता है, परन्तु किसी–न–किसी रूप में वह अपनी मातृभूमि को याद रखता है, जैसे सुरों ने अपनी मातृभूमि को सुर लोक स्वर्ग लोक के रूप में याद रखा तो भारतीय अर्यो/असुरों ने अपनी पहचान अर्यनावाइजो'' (आज का अजरबेजान)[9], अर्यान[10] (ईरान) अर्याक[11] (ईराक) तथा असीरिया के रूप में बनाये रखा। सरस्वती नदी क्षेत्र से जाने वाले भारतीय भारत के जिस कोने में गये वहां उन्होंने

अपनी मातृभूमि की पहचान के लिए किसी न किसी नदी को सरस्वती नाम दे दिया। आज भारत के विभिन्न क्षेत्रों में चालीस से अधिक सरस्वती नदियां है। यह अपनी मातृभूमि प्रेम का ही उदाहरण है। इस प्रकार अपनी मातृभूमि से बिछड़ने के दुःख से मुक्ति भी मोक्ष है। इससे मुक्ति के लिए आज प्रत्येक व्यक्ति को विश्व के किसी भी देश में जाने का अधिकार प्राप्त है। पहले आवागमन के साधन न थे, जिससे वहां जाना सम्भव न था। यही कारण है कि सुर भूसुर आर्य मरने के बाद अपनी मातृभूमि अर्थात् स्वर्ग जाने की कामना करने लगे। समय के साथ लोग स्वर्ग का असली अर्थ भूल गये और काल्पनिक स्वर्ग में जाने की कामना करने लगे ।

महत्वहीनता का भी दुःख दारुण दुःख होता है। क्योंकि हर व्यक्ति में महत्वपूर्ण बनने की आकांक्षा होती है। सोचते हैं कि लोग उन्हें महत्वपूर्ण समझें और सम्मान दें। लोगों की आकांक्षा होती है कि लोग उन्हें उम्र में बड़े होने का महत्व दें, उनकी उपलब्धियों को महत्व दें। उनकी प्रशंसा कर और उन्हें पुरस्कृत करें। उनका नाम अमर हो जाये। महत्व के लिए ही वह आलीशान महल बनवाता है। अपनी प्रेमिका तथा अपने प्रेम को महत्व देने के लिए कोई ताजमहल बनवाता है तो कोई मंदिर बनवाता है, कोई सबसे धनी होने का महत्व प्राप्त करना चाहता है तो कोई कवि, लेखक, गायक, नेता, राष्ट्रपति, प्रधान मंत्री, मंत्री इत्यादि होने का महत्व चाहता है। आम जनता माता–पिता होने का महत्व चाहती है।

महत्वपूर्ण बनने की लालसा आकांक्षा एक मानवीय भूख है। इसी आकांक्षा के कारण लोग पढ़ते हैं और डॉक्टर, इन्जीनियर, अध्यापक आदि बनते हैं। आज की समस्त वैज्ञानिक उपलब्धियां इसी आकांक्षा के कारण प्राप्त हुई है। लोग उनके आविष्कारकों को हमेशा याद करते हैं, जिनसे शोध कर्त्ताओं को महत्व प्राप्त होता है।

इतना ही नहीं महत्वपूर्ण बनने के लिए लोग बड़े–बड़े अपराधी गैंगों के सदस्य भी बनते हैं, जिससे लोग जानें कि अमुक व्यक्ति कितना बड़ा डकैत, लुटेरा, हत्यारा है? इनके कुकृत्यों को अखबारों में छापकर उन पर फिल्म बनाकर लोग उनके महत्वपूर्ण बनने की आकांक्षा को सन्तुष्ट करते हैं। किसी को महत्वहीन समझने पर वह आत्महत्या तक कर लेता है। इस प्रकार महत्वहीनता के दुःख से मुक्ति भी मानव के लिए मोक्ष है।

निःसन्देह सब प्रकार के दुःखों से मुक्ति अर्थात् सब प्रकार के सुखों की प्राप्ति ही मोक्ष है। यह जीते जी ही प्राप्त किया जा सकता है। मरने के बाद मुक्ति या मोक्ष की कामना करना अज्ञानता का द्योतक है। यह बुढ़ापे (सन्यास आश्रम) का लक्ष्य नहीं है। यह तो जीते जी जीवन भर प्राप्त करने वाला लक्ष्य है। सच में देखा जाय तो मोक्ष मूलतया जवानी का लक्ष्य है, क्योंकि जवानी में ही व्यक्ति अपने बल बुद्धि से दुःखों से मुक्ति का मार्ग खोजता है और संसार को सुखमय बनाने के लिए सब प्रकार के कार्य करता है।

मोक्ष में ही धर्म, अर्थ, काम जैसे तीनों पुरुषार्थ समाहित हैं क्योंकि ये तीनों लक्ष्य मुक्ति मोक्ष अर्थात दुःखों से मुक्ति से ही जुड़े हैं। ब्रह्मचर्य, गृहस्थ तथा वानप्रस्थ जैसे तीन आश्रम भी मोक्ष (मुक्ति) का ही मार्ग प्रशस्त करते हैं। ब्रह्मचर्य ज्ञान के अभाव से मुक्ति दिलाता है, क्योंकि इसमें व्यक्ति विश्व का समस्त ज्ञान प्राप्त करने का कार्य करता है, जिससे संसार को सुखमय बनाने के लिए स्वयं को सब प्रकार से योग्य बना सके। गृहस्थ परिवार बनाकर अर्थोपार्जन के सब प्रकार के कार्यों द्वारा भौतिक आवश्यकताओं के अभाव के दुःखों से मुक्ति दिलाने का नाम है। तो वानप्रस्थ आश्रम समाज के कार्यों के लिए स्वयं को समर्पित करने का नाम है। सन्यास आश्रम तो अज्ञानता की देन है। हिन्दुओं का इससे कोई सम्बन्ध नहीं है।

विदेशी आर्यों/ब्राह्मणों की मातृभूमि ही उनका स्वर्ग

भारतीय ब्राह्मणों विशेषकर भूसुरों (आर्य ब्राह्मणों) ने जिसे स्वर्ग कहा है उसे आजकल हम लोग उसे यूरोप कहते हैं। उन्होंने अपनी मातृभूमि के यूरोप के 21 देशों को ही स्वर्ग की संज्ञा दी है। कुछ के लिए 21 स्वर्ग हैं[12] तो कुछ ने नौ स्वर्गों की बात की है।[13] बाद में विश्व के सभी शीत प्रधान देश, जहां बर्फ जमा होती है, स्वर्ग कहे जाने लगे। उनकी व्याख्या के अनुसार स्वर्ग में खेती नहीं होती है। स्वर्ग में गायें होती हैं पर दूध नहीं देती। इस प्रकार स्वर्ग में अन्न, धन, दूध, रबड़ी, मलाई, घी, मक्खन, खोया और दूध से बने सामानों का अभाव था। उनके स्वर्ग में हाथी नहीं घोड़े पाये जाते हैं। वहां बर्फ की शय्या बिछी रहती है। उनके वर्णन के अनुसार स्वर्ग में कीचड़, मक्खी, मच्छर नहीं होते हैं। पान का भी अभाव पाया जाता है। बच्चों की तोतली बोली सुनने को नहीं मिलती है अर्थात् वहां स्त्रियां होती हैं, परन्तु बच्चे बहुत कम होते हैं। वहां की स्त्रिया अप्सरा (पानी की लड़की) कही जाती हैं। अर्थात् वहां की स्त्रिया गोरी या सफेद होती हैं। उन्हें आइसी गर्ल (बर्फ की लड़की) कहा जाता है। वहां बाग–बगीचे और फल होते हैं। ये सारी विशेषताएं शीत प्रधान देशों की विशेषताओं से मेल खाती हैं। इस प्रकार तब के उनके स्वर्ग सेव, नासपाती, जैसे शीत प्रधान देशों के फलों, अप्सराओं और भूखे नंगों के देश थे। वहीं से वे भारत तक आये थे।[14]

स्वर्ग के निवासी सुरा (शराब) पीते थे। इसीलिए उन्हें सुर कहा गया[15]। आज भी उनके यहां नित्य सुरा (शराब) पी जाती है। सुरा और सुन्दरी (अप्सरा) देकर ही तो उन्होंने, यहां शरण प्राप्त की। इन्हें ही आर्य भी कहा गया। पहले तो ये सुर आर्य भारतीयों (असुरो) से बार बार पराजित होते रहे और अन्त में सुरा और सुन्दरी के आकर्षण ने उन्हें यहां शरण देकर बसने का आधार प्रदान कर दिया। सूरों आर्यों ने अपनी कन्याएं (अप्सराएं) यहां के राजे महाराजाओं, जमीदारों, शासक क्षत्रपतियों, क्षत्रियों को भेंटकर स्वयं के शरण प्राप्त

करने की पृष्ठभूमि तैयार कर दी। फिर तो ये यहां के युवकों को अपनी कन्याएं व्याहने लगे। इसीलिए उन्हें सुर से स्वसुर कहा जाने लगा।[16] अब उन्हें मारना या उनकी बलि देना बन्द कर दिया गया।[17] सम्भवतः यहां के युवकों को अपनी कन्याएं व्याहने तथा सत्ता एवं सम्पत्ति से दूर रहने की शर्त पर ही उन्हें यहां शरण देकर बसा लिया गया[18] और इसीलिए उनकी हत्या को पाप कह दिया गया, क्योंकि शरणार्थी को मारा नहीं जाता है। वे आर्य सुर स्वर्ग लोक से भूलोक (तब के भारत) में आये थे, इसलिए उन्हें भूसुर कहा जाने लगा। यह शब्द कालान्तर में ब्राह्मण का पर्याय बन गया। आर्य शब्द भी बाह्मण का पर्याय माना जाता है। ब्राह्मणों की हत्या को पाप कहे जाने का यही कारण था, क्योंकि वे शरणार्थी थे। सामान्यतया ब्राह्मण सदैव जजमानों के शरणार्थी (पुजारी) ही रहे हैं।

ऐसे ही शरण प्राप्त सुर, आर्य, भूसुर ब्राह्मणों ने अपनी मातृभूमि को स्वर्ग के रूप में याद किया। ऐसे स्वर्ग (मातृभूमि) में पहुंचना ही उनके जीवन का लक्ष्य (मोक्ष) था। तब स्वर्ग पहुंचना आसान न था। इसलिए सुर ब्राह्मण मरने के बाद स्वर्ग जाने को अपने जीवन का अन्तिम लक्ष्य (मोक्ष) मानने लगे। शरीर जा नहीं सकता था। इसीलिए आत्मा की संकल्पना ने जन्म लिया और आत्मा मरने के बाद स्वर्ग जाने लगी। अपनी मां से मिलने के बाद कौन बिछुड़ना चाहेगा ? इसीलिए लिखा गया कि स्वर्ग पहुंचने के बाद पुनः मनुष्य लोक में जन्म नहीं लेना पड़ेगा। यही उसके आवागमन के बन्धक से मुक्ति थी। इसीलिए उन्होंने अपने स्वर्ग की प्रशंसा के गीत गाये और मनुष्य लोक, जिसे नरक लोक भी कहा जाता था, को घृणास्पद बनाकर प्रस्तुत किया। आखिर किसी को ऊंचा उठाने के लिए किसी को निकृष्ट तो बनाना ही पड़ेगा।

इस प्रकार स्वर्ग प्राप्त करना आर्यों (सुरों) भूसुर ब्राह्मणों के जीवन का लक्ष्य हो सकता है, हिन्दुओं का नहीं। हिन्दुओं के लिए

भारत ही उनकी मातृभूमि है। इसी की सेवा ही उनके जीवन का लक्ष्य हो सकता है। स्वर्ग के गीत गाना या पाने की कामना करना तो हिन्दुओं को गद्दार, देशद्रोही बनायेगा। यहां इस बात को ध्यान रखना होगा कि स्वर्ग लोकों के मनुष्य लोक में विलीनीकरण के बाद स्वर्ग को आसमान की वस्तु बना दिया गया। अन्त में सुरों की यही संकल्पना बाद के सभी धर्मावलम्बियों द्वारा स्वीकार कर ली गयी और सभी ने अपने–अपने स्वर्ग–नरक गढ़ लिए। इस प्रकार यथार्थ पर आधारित स्वर्ग–नरक काल्पनिक बनकर रह गये।

सन्दर्भ

1. आर्य भारत में शरणार्थी बनकर आये की विस्तृत व्याख्या के लिए देखें लेखक डॉ. एस.एल. निर्मोही की कृति 'ऋग्वैदिक असुर और आर्य' का 'असुर आर्य संग्राम और शरणागत आर्य अध्याय 8 तथा अ. 9, राधा पब्लिकेशन्स, दरियागंज, नयी दिल्ली, 2007 पृ. 205–286।

2. वही।

3. देखें डॉ. एस.एल. निर्मोही की कृति 'आदि माता मनु और मनुषीकरण' अ. 12 'नरक लोक और उनकी स्थिति', उत्तर प्रदेश समाजशास्त्र परिषद, 1999, पृ. 196–204।

4. स्वर्ग लोक की वैज्ञानिक व्याख्या हेतु देखें डॉ. निर्मोही की कृति आदि माता मनु तथा मानुषीकरण अ. 9. स्वर्ग लोकों का भूगोल और उनकी स्थिति, उत्तर प्रदेश समाजशास्त्र परिषद 1999, पृ. 139–157।

5. डॉ. एस.एल. निर्मोही, ऋग्वैदिक असुर और आर्य, अ 5 आर्य सभ्य नहीं, जंगली असभ्य, राधा पब्लिकेशन्स, दरियागज, नयी दिल्ली, 2007, पृ. 116–145।

6. वही, पृ. 358–370।

7. मनुष्य लोक, नरक लोक के लिए देखे डा. एस.एल. निर्मोही की कृति आदि माता मनु और मानुषीकरण, अ 8, पृ. 119–138 तथा अ. 12, पृ. 196–204।

8. एस. एल. निर्मोही, आदि माता मनु और मानुषीकरण, उत्तर प्रदेश, समाजशास्त्र परिषद, 1999, पृ. 135–157।

9. अर्यनाबेईजो 'अर्यनाब्रज' (अर्यों के घर) से बना है। यह भारत के अर्यों (विशों) के वहां जाकर बसने का प्रतीक है। न कि आर्यों के।

10. ईरान, अर्यान (अर्यों के देश) से बना है। यह भी भारतीय अर्यों के वहां जाकर बसने का संकेत है।

11. अर्याक (ईराक) भी आर्य से निष्पन्न न होकर अर्यो के ओक (घर) की याद दिलाता है। आर्यो का इससे कोई सम्बन्ध नहीं। (विस्तृत व्याख्या हेतु देखें डॉ. निर्मोही 'ऋग्वैदिक असुर और आर्य', 2007, पृ. 146–158.)

12. एकोविंशो वै सुवर्गो लोकः–श.ब्रा, 1/4/2/11.
मिलायें तैत्ति ब्रा 3/8/10/3; 3/3/1/1–2।

13. नव वै सुवर्गा लोकः तैत्ति ब्रा, 1/2/2/1

14. देखें डॉ. एस. एल. निर्मोही, ऋग्वैदिक असुर और आर्य, अ. 7 आर्यों के आदि देश इक्कीस देश, राधा पब्लिकेशन्स, दरियागंज, नयी दिल्ली, 2007, पृ. 159–204।

15. असुरास्तेन देतेयाः सुरास्तेनादिते सुताः
हृष्टा प्रमुदिताश्चासन बारूणी ग्रहणात् सुराः ।।
–वा. रामायण बाल का. 45/38
मिलायें, दयानन्द सरस्वती, ऋग्वेद भाष्य, 2/27/10

16. आर्य = स्वसुर, आर्या = सास, वृहद हिन्दी कोष, सम्पा. कालिका प्रसाद, संवत 2009, पृ. 148।

17. हिन्दू पहले गोरे आर्यों की बलि देते थे। बाद में उनकी बलि के प्रतीक रूप नारियल फोड़ने लगे।

18. न वै ब्राह्मणे श्रीरमत इति। न वै ब्राह्मणे राष्ट्र रमत इति – तैत्ति. ब्रा. 3/9/14/2–3 न वै ब्राह्मणे राज्यापालम श. ब्रा, 5/1/1/12 (यहाँ ब्राह्मण आर्य के पर्यायवाची के रूप में प्रयुक्त है।)

17

बहेलिया द्वारा श्री कृष्ण बध और पाण्डवों की आत्महत्या

भारत में कुछ लोगों के मारे जाने को अथवा उसके प्राण लेने को, जिसे जानबूझकर किया जाता है, को दो रूपों में देखा जाता है–

1. उसका बध किया गया।

2. उसकी हत्या की गयी।

बध करने वाला सम्मान का पात्र होता है और जिसका बध किया जाता है, वह समाज के लिए घातक होता है। वह अन्यायी, अत्याचारी, अधर्मी, पापी होता है। समाज उसे पसन्द नहीं करता। इस कारण बध होने पर समाज खुशियां मनाता है।

किसी भी निरपराध व्यक्ति की यदि हत्या होती है तो उसे हत्या कहा जाता है, ऐसे हत्यारे को दण्ड दिया जाता है। उसे फांसी भी दी जा सकती है।

यहां दोनों क्रियाओं को हिंसा कहा जाता है। परन्तु एक को बध तथा दुसरे को हत्या कहा जाता है। बुद्ध दोनों को हिंसा कहते है। जबकि वे बहुजन के रक्षार्थ कुछ की हिंसा को अहिंसा कहते हैं। जैसे

डकैत, शत्रु देश के सैनिकों अपराधियों की हत्या को आप अहिंसा ही मानते हैं। इसे बध भी कह सकते हैं।

जरा व्याध द्वारा श्रीकृष्ण का बध

महाभारत सहित अन्य पौराणिक ग्रन्थों के अनुसार जब महाभारत युद्ध लाखों लोगों को मौत के घाट उतार कर शान्त हुआ तो चारों ओर सन्नाटा पसरा हुआ था। घरों में नारियों और बच्चों की चीत्कार सुनाई दे रही थी, जिनके पति या पिता युद्ध में मारे जा चुके थे। यह युद्ध भाई कौरवों और दूसरे भाई पाण्डवों के बीच हुआ था। सारा भारत लड़कर मर रहा था। इसलिए इसे महाभारत कहा गया।

एक तरफ सारा भारत रो रहा था। चारों ओर दुःख का साम्राज्य था, दूसरी तरफ युद्ध के नायक, संचालक श्री कृष्ण चैन की वंशी बजा रहे थे या चादर तानकर आराम की नींद सो रहे थे। व्याध ने युद्ध की विभीषिका देखी थी और कौरवों के साथ पाण्डवों तथा श्री कृष्ण के अमानवीय, अमर्यादित, अधार्मिक आचरण को भी निकट से देखा था। उसने सोचा भारत की सभ्यता संस्कृति में आग लगाने वाला, निरपराधियों का वास्तविक हत्यारा यहां आराम से वंशी बजा रहा है। उसने अपना धनुष वाण उठाया और कृष्ण को ललकारा। कृष्ण उठ तो गये, परन्तु अपना शस्त्र उठाया ही था कि व्याध ने विष बुझे वाणों की वर्षा कर उन्हें मौत की नींद सुला दिया। यह खबर शीघ्र ही गली–गली, गांव–नगरों तक पहुंच गयी।

कृष्ण की मृत्यु की खबर सुनते ही चारो तरफ हर्ष की लहर दौड़ गयी। बच्चे बूढ़े और स्त्रियों की खुशी का तो ठिकाना न रहा। आखिर उनके पिताओं तथा पतियों का वास्तविक हत्यारा मारा गया था। जिसे लोग अजेय समझते थे, उनके सामने ही मारा जा चुका था। लोग श्रीकृष्ण को मारने वाले व्याध को लाख लाख बधाईयां दे रहे थे। देखा जाय तो व्याध ने श्रीकृष्ण का बध किया था

सामान्यतया मानवों के समाजद्रोही, राष्ट्रद्रोही, मानवता विरोधी व्यक्तियों के पापकर्मों का फल अनिवार्य रूप से मिलता ही है। जिसे दण्ड कहा जाता है। बुद्ध कहते हैं कि व्यक्ति के अच्छे–बुरे कर्मों का फल उसे अनिवार्य रूप से इसी जीवन में मिलता है। यहां पाप कर्मों का फल (दण्ड) चार रूपों में मिलता है–

1. प्रकृति द्वारा दण्ड दिया जाना।
2. सरकार द्वारा दण्ड दिया जाना।
3. समाज द्वारा दण्ड दिया जाना।
4. स्वयं द्वारा स्वयं को दण्डित करना।

व्यक्ति, समाज, प्रकृति, राष्ट्र के विरूद्ध अपराध करने वालों को कभी–कभी प्रकृति स्वयं दण्ड देती है। जैसे जलवायु प्रदूषण करने वालों को प्रकृति स्वयं मारने लगती है। उनकी उम्र, उनका स्वास्थ्य खराब कर देती है। इत्यादि।

समाज अपराधी का बहिष्कार, तिरस्कार, अपमान द्वारा उसे दण्डित करता है तो सरकारें, पुलिस, जेल, न्यायालय इत्यादि द्वारा उसे दण्डित करती है। मृत्यु दण्ड तक दिया जाता है। कभी–कभी अपराधी पश्चाताप करते–करते अन्त में आत्महत्या कर स्वयं को दण्डित करता है। पाण्डवों द्वारा अन्त में हिमालय की बर्फ में गलकर मर जाना, श्रीराम द्वारा अन्त में परेशान होकर पास की सरयू नदी में डूबकर मरना या जल समाधि लेना आत्महत्या ही है। यहां तो श्रीकृष्ण का वध समाज में से एक व्यक्ति ने किया। व्याध ने उनकी हत्या क्यों की ? क्या यह उचित था ? क्या कृष्ण के पाप का घड़ा भर गया था ?

कृष्ण के पाप का घड़ा भर गया था :– यहां हम महाभारत तथा उसकी श्रीमद्‌भगवद्‌गीता के आधार पर देखना चाहेंगे कि कृष्ण ने कौन कौन से अपराध या पाप किए थे कि उसका फल उन्हें मृत्यु दण्ड के रूप में मिला। इस नयी महाभारत में हमने विविध सन्दर्भों में

कृष्ण के आचरण का मूल्यांकन किया है, जिसके आधार पर कहा जा सकता है कि कृष्ण के पाप कर्मों का घड़ा भर गया था। यही कारण है कि समाज द्वारा उन्हें दण्ड मिला। संक्षेप में उनके पाप कर्मों को यहां देखा जा सकता है, जिसे बड़े–बड़े साहित्यकारों ने नहीं देखा, उसे साधारण से आदिवासी व्याध ने देख लिया–

1. अनावश्यक युद्ध का उन्माद पैदा कर नरसंहार कराया गया। इसे हम देख चुके है।

2. रिश्ते की दुनियाँ और भारत की वसुधैव कुटुम्बकम की संस्कृति में आग लगाया गया।

3. अन्याय, अत्याचार परक, समाज को विघटित करने तथा देश को गुलाम बनाने वाली वर्ण आरक्षण व्यवस्था की वकालत कर उसे बलात लागू करने की परिस्थिति का निर्माण करने का पाप किया।

4. महाधर्नुधर एकलव्य का अंगूठा काटने वालों का साथ दिया और महारथी कर्ण को अपमानित करने वालों का भी पक्ष लिया। यानि मानवता की हत्या करने वालों का साथ दिया।

5. खुद कृष्ण ने मानव को जीवन देने वाले कृषकों पशुपालकों तथा मानवों की जन्मदात्री आधी आबादी स्त्रियों, व्यापारियों तथा सेवा करने वालों (शूद्रो) को पापयोनि कहने का पाप किया। यह क्या कम था ?

6. "कर्मण्येवाधिकारस्ते मा फलेषु" अर्थात "काम करो वेतन मत चाहो" का दर्शन देकर कृष्ण ने अकर्मण्यता को बढ़ावा दिया और पापियों का साथ देकर देश को वैभवशाली तथा सोने की चिड़िया से भिखारियों का देश बनाने का बड़ा अपराध किया। शोषण को बढ़ावा दिया।

7. श्रीकृष्ण ने खुल्लम खुल्ला देश को गुलाम बनाने तथा भाइयों एवं पत्नी तक को गिरवी रखकर भाइयों तथा स्त्रियों का अपमान करने वाले पाण्डवों का साथ देने का अपराध किया।

8. मातृहन्ता तथा कर्ण की विद्या छीन लेने वाले जातिवादी परशुराम की बेवजह प्रसंशा किया। कृष्ण ने परशुराम द्वारा 21 बार क्षत्रियों के तथाकथित संहार की भी प्रसंशा की है।

9. दूसरों की बेटियों, स्त्रियों के संग रासलीला, रोमांस अर्थात गर्लफ्रेन्ड की पाश्चात्य संस्कृति को बढ़ावा देकर हिन्दू संस्कृति को विकृत करने का पाप स्वयं श्रीकृष्ण ने ही किया।

10. नरकासुर को मारकर उसकी पत्नियों का अपहरण कर उन्हें अपनी पत्नी बनाया। इस प्रकार एक अन्याय का प्रतिकार दूसरे अन्याय से करने का पाप किया और अनेक युवकों को कुआंरा रहने अथवा छीना–झपट करने की परिस्थिति का निर्माण किया।

11. द्रोणाचार्य के पापों तथा प्रिय पाण्डवों के अन्याय परक अधर्मी कर्मों का भी समर्थन कर कृष्ण ने निश्चय ही अपराध किया।

ऐसे अनेक उदाहरण दिए जा सकते हैं, जिसमें श्री कृष्ण की भूमिका पर समाज ने प्रश्न चिह्न लगाये, परन्तु भगवानवादियों ने उनके पापकर्मों को भगवान की लीला कहकर हमेशा उनका बचाव किया। विज्ञान के जन्म ने अन्ततः न्याय, अन्याय, पाप–पुण्य, धर्म–अधर्म, सच–झूठ पर से पर्दा उठा दिया है तो लगने लगा है कि कृष्ण क्या थे। बहेलिया जैसे साधारण से आदमी को शायद उसी समय कृष्ण के सच का साक्षात्कार हो गया था। इसलिए उन्हें लगा कि ऐसे आदमी का जिन्दा रहना ठीक नहीं। ऐसा आदमी यदि जिन्दा रहा तो झूठे–सच्चे तर्कों से न जाने कितने महाभारत करायेगा। इसका तो पाप

का घड़ा भर गया है और यह यहां चैन की नींद सो रहा है। इसलिए उन्होंने धनुष वाण उठाया और उनका बध कर दिया।

पाण्डवों की आत्महत्या का रहस्य

महाभारत जैसे कृष्ण, पाण्डवों से जुड़े ग्रन्थों में स्पष्ट उल्लेख है कि महाभारत युद्ध के भीषण नरसंहार के बाद उनके सहायक कृष्ण की हत्या हो गयी। अन्ततः महाभारत युद्ध के विजेता पाण्डव अर्थात पांचों भाई भी हिमालय पर्वत की बर्फीली वादियों में कूद कर अपनी जीवन लीला समाप्त कर ली थी। इसे ही उनका हिमालय की वर्फ में गलकर मरना लिखा है। कुछ ने लिखा है कि वे हिमालय में स्थित स्वर्ग (बर्फ की चादर से ढंका क्षेत्र) की चढ़ायी में बर्फ में गलकर मर गये। जैसे रामायण के राम ने अन्त में अयोध्या के निकट की सरयू नदी में डूबकर आत्महत्या की थी, परन्तु साहित्यकारों ने बड़े लोगों की आत्महत्या को जल समाधि लिखा, वैसे ही महाभारतकारों ने पाण्डवों की आत्महत्या को स्वर्ग गमन कहकर प्रस्तुत किया है। समकालीन लिखे गये संस्कृत भाषा के दोनों रामायण, महाभारत युद्ध के नायकों में राम, पाण्डव आत्महत्या करते हैं तो रावण और कृष्ण मारे जाते हैं। रावण को अन्त में आत्महत्या करने वाले राम ने मारा था तो कृष्ण को महाभारत युद्ध में नरसंहार करने के अपराध में एक व्याध ने मार डाला। ऐसा क्यों हुआ ? इस पर भारतीयों को विचार करना ही होगा। अन्यथा आगे की पीढ़ियां भटकती ही रहेंगी।

कोई आत्महत्या क्यों करता है ?

कोई भी मनुष्य (विचारवान प्राणी) आत्महत्या अर्थात स्वयं अपनी जीवन लीला क्यों समाप्त कर लेता है। अपने को क्यों मार डालता है। कहते हैं कि जब कोई समाज तथा मानवता का शत्रु बन जाता है। अपराधी बन जाता है। पापी–दुराचारी हो जाता है। उसके पापकर्मों से समाज त्राहि–त्राहि करने लगता है अर्थात उसके पाप का

घड़ा भर जाता है तो अन्ततः उसकी अन्तरात्मा चीत्कार करने लगती है। वह आत्मग्लानि से भर जाता है तो उसकी जीने की इच्छा समाप्त हो जाती है और वह आग में जलकर (तुषानल), नदी तालाब के पानी में डूबकर, पेड़ आदि के फन्दे में लटकर, चलती गाड़ी के आगे कूद कर, पहाड़ की ऊंचाई से कूदकर, बर्फ में गलकर, या गोली मारकर आत्महत्या कर लेता है।

सामान्तया ऐसे पापियों को चार प्रकार से दण्ड मिलता है और उन्हें अनिवार्य रूप से दण्डित होना पड़ता है।

1. समाज बहिष्कार, जाति बहिष्कार, देश बहिष्कार का दण्ड।

2. सरकारों द्वारा अर्थदण्ड, शरीरिक दण्ड, जेल तथा मृत्युदण्ड (फांसी) दिया जाता है।

3. प्रकृति स्वयं भी ऐसे अपराधियों को दण्ड देती है।

4. अपराधी स्वयं को भी आत्महत्या, अपनी आंख फोड़ लेना, अपना गुप्तांग काट लेना, जहर खाकर या गोली मारकर स्वयं को दण्ड देता है।

इस प्रकार आत्महत्या स्वयं को दण्डित करने का मार्ग है। यह तो सभी जानते हैं कि दण्ड पापी या अपराधी को ही मिलता है।

क्या पाण्डवों के भी पाप का घड़ा भर गया था?

अब हम पाण्डवों के कर्मों की परिधि में देखना चाहेंगे कि उनके पाप कर्म किस प्रकार के थे कि उन्होंने अपने पाप कर्मों के बोझ से दबकर आत्महत्या कर लिया–

1. पाण्डवों ने सबसे बड़ा अपराध किया कि उन्होंने अपने देश और उसकी जनता को जूए की दांव में लगाकर हारा था। वे तो ऐसे जुआंरी थे कि वे आज के चीन, पाकिस्तान, अमेरिका, रूस जैसे किसी भी देश के साथ जुआ में देश को दांव पर लगाकर उसे गुलाम बना सकते थे। भला देश को गिरवी रखने वाला या गुलाम बनाने वाला क्षमा का पात्र हो सकता है। वह तो फांसी का ही पात्र हो सकता है।

2. उन्होंने तो अपनी पत्नी द्रोपदी (नारी) को भी दांव पर लगाकर उसे भी हारा था, यानि गुलाम बनाने का कार्य किया था। हम जानते हैं कि गुलाम की स्थिति क्या होती है। उससे तो नौकर चाकर का काम लिया जा सकता है। जीतने वाला उसके साथ कुछ भी करने को स्वतंत्र होता है। उसे वह अपनी अंकशायिनी बना सकता है, नौकरानी बना सकता है। किसी की सेवा में भेज सकता है। झाडू–पोछा लगवा सकता है। चाहे वह साधारण घर की हो या महारानी ही क्यों न हो। आखिर वह गुलाम ही होती है। ऐसे पाण्डवों को देश द्रोही, गद्दार, मानवता का शत्रु ही तो कहा जायेगा। पापकर्मों के आगे उनके सत्कर्म भी बौने लगते हैं।

3. उन्होंने महान धनुर्धर एकलव्य को पीछे ढकेलने के उद्देश्य से उसके दाहिने हांथ का अंगूठा (धनुष–वाण या हथियार चलाने का प्रमुख अंग) काटने या कटवाने का पाप किया था। भारत तथा भारतीयों और गुरू के मस्तक पर लगा कलंक का यह टीका आज तक नहीं धुल सका है। न जाने कब तक दुनियां ऐसे गुरूओं के मुंह पर थूकती रहेगी और देश का अपमान करती रहेगी।

4. कृष्ण सहित पाण्डव भी देश तथा मानवता को गुलाम बनाने वाली, अमानवीय, अन्याय, अत्याचार, शोषण को बढ़ाने वाली, ऊंच–नीच, छूत–अछूत का भेद पैदा करने वाली, घृणा फैलाने वाली वर्ण व्यवस्था (मूलतः आरक्षण व्यवस्था) के समर्थन का महापाप भी तो किया था।

5. जाति वर्ण के नाम पर महाभारत कालीन योद्धा, महान धनुर्धर अर्जुन को भी हरा देने वाले सर्वश्रेष्ठ धनुर्धर कर्ण को स्वयंवर की भरी सभा में अपमानित करने वालों का विरोध न कर कृष्ण के साथ पाण्डवों ने भी ऐसे दुष्कृत्य का साथ दिया था। चाहते तो द्रुपद सहित द्रोपदी को भी लताड़ सकते थे। उन्हें स्वयंवर के नियमों का हवाला देकर द्रुपद को कर्ण के लक्ष्य भेद के लिए बाध्य कर सकते थे। परन्तु

वे तो स्वार्थ में अन्धे थे और अन्याय अत्याचार, अधर्म को होता देखते रहे।

6. पाण्डवों ने उत्तराधिकारी न होते हुए राज्य (देश) का बंटवारा किया, परन्तु उसे भी सुरक्षित न रख सके और जूए में हार गये। देश का सौभाग्य था कि जीतने वाले राज्य के असली उत्तराधिकारी देशभक्त, मानवता के पुजारी सुयोधन ही थे। अन्यथा चीन, पाकिस्तान, या आतंकवादी भी तो जीत सकते थे।

7. उन्हें अपने बाहुबल का घमण्ड था। ऊपर से महाघमण्डी कृष्ण का साथ मिल गया। ऐसे पाण्डवों तथा कृष्ण ने महाभारत युद्ध रचाया और लाखों करोड़ों निरपराध लोगों की हत्या किया। धरती को लाशों से पाट दिया और उसे उनके खून से रंग दिया था। उनके हत्या काण्ड से धरती कराह उठी थी। उनके पापमयी कृत्यों के अपराध बोध से देश आज भी नहीं उबर सका है।

8. उन्होंने कृष्ण के बहकावे में आकर ताऊ–चाचा, भाई–भतीजा, मामा–नाना गुरू तक की हत्या की। इस प्रकार एक ही खानदान परिवार के दो भाइयों के संघर्ष हत्या की परम्परा शुरू करने का महापाप किया। यही कारण था कि हिन्दू महाभारत ग्रन्थ को अपने घरों में रखना तक अपराध मानते रहे। गीता भी उनके लिए त्याज्य थी, क्योंकि वह भी महाभारत की अंग है और परिवार के लोगों की हत्या को प्रोत्साहित करने वाली एकमात्र पुस्तक है। इसी का प्रभाव है कि आज कल लोग अपने दादा–दादी, माता–पिता, नाना–नानी तक की अपने स्वार्थ के लिए हत्या तक करने लगे हैं।

9. भारत में गुरू (शिक्षक) को माता पिता का दर्जा दिया जाता है और तीनों को देवता कहा जाता है। परन्तु पाण्डवों ने तो अपने स्वार्थ के लिए गुरू तक की हत्या की और लोगों को ऐसा पाप कृत्य करने के लिए प्रेरित किया।

10. ऐसे पापियों देशद्रोहियों, मानवता के शत्रु पाण्डवों को बारह वर्ष का बनवास का दण्ड दिया गया। उन्हें सरकार द्वारा लाक्षागृह में जलाकर मारने का प्रयत्न भी किया गया, परन्तु वे चालांकी से बच गये।

11. पाण्डव तथा कृष्ण तो धर्म को अधर्म, अधर्म को धर्म कहते रहे। महाभारत जैसे अधर्म युद्ध को धर्म युद्ध कह कर प्रचारित करते रहे और इन्सानियत की हत्या को पुण्य कर्म कहते रहे। ऐसे देशद्रोही गद्दार मानवता के शत्रु पाण्डवों के बड़े भाई युधिष्ठिर तो स्वयं को धर्मराज कहलवाते रहे। क्या अधर्म युद्ध का नायक धर्मराज कहा जा सकता है।

12. पाण्डवों ने अपने कुकर्मों से देश व समाज को हजारों वर्ष पीछे ढकेलने का कार्य किया। युद्ध के द्वारा देश को खण्डहर बनाने का पाप क्या किसी महापाप से कम है। पीढ़ियां बर्बाद हो जाती हैं। युद्ध की त्रासदी से धरती बंजर हो जाती है। बच्चे तक विकलांग पैदा होते हैं। चारो ओर भुखमरी का हाहाकार दिखायी देने लगता है। औरतें विधवा हो जाती हैं। चारो ओर भिखारी ही भिखारी दिखने लगते हैं। कितनी विधवा स्त्रियां वेश्यावृत्ति की ओर ढकेल दी जाती हैं। ऐसा घनघोर महापाप पाण्डवों के द्वारा ही तो हुआ था।

13. अपने ऐसे पापों को छिपाने के लिए पाण्डवों तथा उनके सहयोगी कृष्ण द्वारा देशभक्त, मानवता के रक्षक, जाति भेद, वर्णभेद को न मानने वाले सद्कर्मी कौरवों और उनके बड़े भाई सम्राट सुयोधन को अधर्मी, पापी, दुष्ट दुर्योधन कहकर प्रचारित किया गया और उनकी हत्या को पुण्य कहा गया। यह भी अधर्म था।

14. महाभारत और उसकी गीता ने भारतीयों को अकर्मण्य, भाग्यवादी, आलसी, काहिल, कामचोर बनाकर देश को भिखारियों का देश बनाने तथा आर्थिक एवं अध्यात्मिक दृष्टि से कमजोर बनाने का

कार्य किया। हमने देखा कि इसका कर्मवाद अकर्म की शिक्षा देता है। क्योंकि फल (परिणाम) के बिना कोई कार्य क्यों करेगा।

15. गीता का कर्मवाद "कर्मण्येवाधिकारस्ते मा फलेषु, कदाचन" तो विज्ञान विरोधी है। इसी सिद्धान्त नें भारत के विज्ञान की हत्या कर देश को अज्ञानियों का देश बना दिया। यह भी हमने देखा। पाण्डवों ने इसी आधार पर युद्ध तथा नरसंहार किया।

इस प्रकार पाण्डवों का जीवन पापकर्मों, तथा अन्याय, अत्याचार, अधर्म से भरा हुआ दिखायी देता है। निश्चय ही उनका पाप का घड़ा भर गया था। युद्ध की विनाश लीला ने त्राहि–त्राहि मचा रखी थी। उन्हें आत्म ग्लानि होने लगी। उनको अपना जीवन बोझ लगने लगा। पापकर्मों में सहायक कृष्ण मारे जा चुके थे। समाज ने उनका बहिष्कार कर दिया था। जहाँ जा रहे थे उनकी थू–थू हो रही थी। फिर क्या था उन्होंने स्वयं को दण्डित करने का निर्णय ले लिया और स्वर्ग जाने के बहाने हिमालय की बर्फ की खांयी में कूदकर आत्महत्या कर लिया। इस प्रकार महाभारत के पापियों का अन्त हो गया।

18

फिर भी गीता और महाभारत याद की जायेंगी

निश्चय ही आगे आने वाले दिनों में महाभारत और उसमें से निकली श्रीमद् भगवद्गीता याद की जायेगी, परन्तु अलग रूप में, अति संक्षेप में जिसे हम यहां देख सकते हैं–

1. गीता महाभारत याद की जायेंगी गुमनाम लेखक की कृति के रूप में, जिसे उसने प्रस्थापित चरित्र श्रीकृष्ण के मुख से अपनी बात कहलवाया। शायद उसकी बात को उसके नाम से कोई स्वीकार न करता।

2. गीता महाभारत याद की जायेगी हिन्दुत्व की परिवारवादी वसुधैव कुटुम्बकम की संस्कृति में आग लगाने वाली कृति के रूप में।

3. गीता और महाभारत याद की जायेंगी हिन्दुत्व की हत्यारिन के रूप में।

4. गीता और महाभारत याद की जायेंगी धर्म को अधर्म और अधर्म को धर्म के रूप में प्रस्थापित करने वाली कृति के रूप में।

5. ये याद की जायेंगी अनावश्यक, निरर्थक उद्देश्यहीन अर्थात अपने स्वार्थ के लिए हिंसा, मारकाट और युद्ध को बढ़ावा देने वाली कृति के रूप में।

6. गीता महाभारत याद की जायेंगी मानवता की हत्यारिन के रूप में।

7. गीता हमेशा याद की जायेगी कृषकों, पशुपालकों, व्यापारियों श्रमिकों (शूद्रो) तथा मानवों की जननी सम्पूर्ण नारी जाति मां को अपमानित करने वाली,उन्हें पाप योनि कहने वाली कृति के रूप में।

8. आगे आने वाले दिनों में देश को गुलाम बनाने तथा देश को पतन के गर्त में ढकेलने वाली वर्ण व्यवस्था की वकालत करने के लिए गीता मानवों के लिए घृणा की पात्र होगी। इसे पवित्र समझ कर गले लगाने वाले लोग अन्ततः इसका नाम लेना पाप समझेंगे।

9. गीता महाभारत याद की जायेंगी कृष्ण को जुआंरी, देशद्रोही, गद्दार, इन्सानियत के शत्रु पाण्डवों का साथ देने के लिए।

10. गीता और महाभारत याद की जायेगी गुरू–शिष्य के सम्बन्धों को कलंकित करने वाली कृति के रूप में, जिसमें गुरू द्वारा शिष्य एकलव्य का अंगूठा काट लिया गया, जिसे शिष्य द्वारा गरू दक्षिणा दी गयी कहकर गुरू पण्डित द्रोणाचार्य के पाप को छिपाने की कोशिश की गयी।

11. गीता तथा महाभारत याद की जायेंगी महायोद्धा महान धनुर्धर कर्ण को फेल करने के लिए, क्योंकि कर्ण ब्राह्मण परशुराम की अपनी जाति के न थे। यह ब्राह्मणवाद का नमूना था।

12. महाभारत याद की जायेगी मानवता को कलंकित करने वाली, महायोद्धा कर्ण को स्वयंवर की भरी सभा में अपमानित करने वाली कृति के रूप में, जिसमें द्रोपदी ने जाति के नाम पर कर्ण को, लक्ष्य–भेद से रोक दिया था और पांच भिखारियों के साथ चली गयी थी।

13. गीता और महाभारत याद की जायेंगी कि ये दोनों ग्रन्थ मानववादी हिन्दुओं के दुश्मनों ने लिखे हैं।

14. गीता और महाभारत याद की जायेंगी ज्ञान विज्ञान की हत्यारिन के रूप में, क्योकि इनके अनुसार अच्छे बुरे सभी कार्य भगवान करता है। आदमी के वश में कुछ भी नहीं। वह तो भगवान के हाथ की कठपुतली है।

15. गीता याद की जायेगी "काम करो, वेतन मत मांगो" के गुण्डा राज्य के लिए। गीता का नायक यही तो कहता है "कर्मण्येवाधि ाकारस्ते मा फलेषु कदाचन।"

16. गीता याद की जायेगी रासलीला के नाम से गर्लफ्रेन्ड की संस्कृति को प्रस्थापित करने के लिए। रासलीला आखिर गर्लफ्रेन्ड की संस्कृति ही तो है। उनके लिए पत्नीव्रता, पतिव्रता का कोई अर्थ नहीं है।

17. गीता याद की जायेगी आत्मा और उसके पुर्नजन्म के झूठे सिद्धान्त के लिए।

18. गीता याद की जायेगी अहंकारी कृष्ण के लिए, जो कहता है कि मैं ही सब कुछ हूँ। अतः सभी धर्मों (कर्मों) को फेंककर मुझे भजो। मेरी ही बात मानो।

19. महाभारत, गीता जैसे ग्रन्थ याद किए जायेंगे बहेलिए द्वारा कृष्ण के वध के लिए। आखिर सामान्य कहे जाने वाले बहेलिए ने महाभारत युद्ध के महानायक कृष्ण का वध क्यों किया ? क्या झूठे उद्देश्य के लिए करोड़ों लोगों की हत्या कराने वाले कृष्ण अपने पापकर्मों के फल से बच सकते थे।

20. गीता और महाभारत से संसार हमेशा पूछता रहेगा कि देश द्रोही गद्दार, मानवता के दुश्मन पाण्डवों का साथ देने वाले कृष्ण क्या अवतार कहलाने के योग्य हैं ?

21. गीता और महाभारत याद की जायेंगी कि कृष्ण तो मारे गये और जिन पाण्डवों का साथ उन्होंने दिया और विनाशक युद्ध को अंजाम दिया, उन पाण्डवों ने अन्त में आत्महत्या कर लिया। यह किस पाप का प्रायश्चित था।

22. गीता याद की जायेगी संस्कृत भाषा की कविता की बेजोड़ कृति के रूप में, परन्तु मानवता की शत्रु के रूप में।

23. गीता याद की जायेगी अच्छाई पर बुराई, धर्म पर अधर्म, पुण्य पर पाप, सत्य पर असत्य, ज्ञान पर अज्ञान की विजय के रूप में।

24. गीता याद की जायेगी अन्याय, अत्याचार, अधर्म, असत्य, पाप, शोषण की जननी के रूप में।

कुल मिलाकर आने वाले दिनों में गीता और महाभारत याद किए जायेंगे धार्मिक तंत्र के साथ निरन्तर व्यभिचार के लिए, नैतिकता के साथ दुराचार के लिए, झूठे विचारविहीन सरोकारहीन स्वार्थी सत्ता की प्राप्ति के प्रयास के लिए, हर अमानवीय प्रवृत्ति के प्रसार के लिए, लोगों को मूढ़, भेड़ बनाने के लिए, एक–दूसरे का गला काटने को तत्पर उन्हें एक–दूसरे के विरूद्ध खड़ा करने के लिए, रिश्ते की दुनियां में आग लगाने तथा मानवता की हत्या के लिए, दिमाग पर जड़ता का ढक्कन लगाने के लिए, कथित लक्ष्य की प्राप्ति के लिए उन्माद जगाने के लिए, मानवों का विवेक हर उन्हें पशुतुल्य बनाने के लिए, लोगों को देशद्रोही और बेईमान बना डालने के लिए, मानवों से उनका दायित्व बोध और समझदारी छीन लेने के लिए। यह है गीता और महाभारत का असली चेहरा। आने वाले समय में संसार इन्हें इसी रूप में देखेगा। यही होगी 'नयी महाभारत' और 'नयी सत्यगीता'। क्योंकि चेहरे का नकाब उतर चुका होगा।

हम गीता के काव्य सौष्ठव, उसके प्रस्तुतीकरण के ढंग आदि की प्रसंशा करते हैं, परन्तु उसके विनाशक चिन्तन को कोई कैसे स्वीकार सकता है। धर्म और सत्य तथा भगवान के नाम पर अधर्म, असत्य कब तक चलता रहेगा। सच के इतिहास को अधिक दिनों तक छिपाया नहीं जा सकता है। उसे तो आना ही पड़ेगा। अन्ततः जीत सच्ची महाभारत तथा सच्ची गीता की ही होगी। यह 'नयी महाभारत' और 'नयी गीता' आने वाले सिरत सहित विश्व की सोच को बदल कर रख देगी। आगे यही बोली जायेगी और यही पढ़ी तथा पढ़ायी जायेगी। विश्व अपना प्रज्ञा चक्षु खोलकर इनके सच को देखेगा। सत्यमेव जयते।

परिशिष्ट

परिशिष्ट 1

चित्रों में नयी महाभारत

गीता और महाभारत के बारे में कहा जाता है कि–

— ये पवित्र ग्रन्थ हैं।

— इसमें भगवान की वाणी संग्रहीत है।

— हिन्दुओं ही नहीं तो इन्हें संसार के मानवों को अवश्य पढ़ना चाहिए।

— जो ज्ञान इन ग्रन्थों में है संसार के अन्य किसी ग्रन्थ में नहीं है

— श्रीमद्भगवदगीता तो संसार की ज्ञानमयी सर्वोत्तम पुस्तक है।

— गीता संस्कृत साहित्य की बेजोड़ कृति है, संस्कृत साहित्य में इससे श्रेष्ठ कोई पुस्तक नहीं।

— गीता संसार के मानवों को जीवन जीने की कला सिखाने वाली पुस्तक है।

— इससे श्रेष्ठ पुस्तक आगे भी नहीं आने वाली है।

— ऐसी न जाने कितनी बातें इन पुस्तकों के बारे में कही जाती हैं।

मित्रों! गीता और महाभारत के सच को अपनी आंखों से देख लें कि इनमें भगवान की लीला के पीछे कैसी लीला परोसी गयी है–

महाभारत के युद्ध उन्मादी श्री कृष्ण

छल प्रपंची राजनेता

छल से श्रेष्ठ धनुर्धर बना अर्जुन, जिसने भारत के गुरूओं के मस्तक पर कलंक का टीका लगा दिया।

बिना खून खराबा के चक्रवर्ती सम्राट बने महाभारत के महायोद्धा सुयोधन

महाभारत के राष्ट्रभक्त, मानवता के रक्षक कौरव

इन्सानियत के शत्रु एकलव्य का अंगूठा काटने या कटवाने वाले, राष्ट्र को जूएं में दांव पर लगाने वाले देशद्रोही गद्दार, पांचों पाण्डव–युद्धिष्ठिर, भीम, अर्जुन, नकुल, सहदेव।

देश बेचने वाले कलयुग के युधिष्ठिर भारत के प्रधानमंत्री नरेन्द्र मोदी को देश क्या जमाना माफ करेगा ?

जीवनदायी धान की फसल तथा उससे निकला चावल

पता नहीं क्यों गीता, महाभारत, रामायण, मनुस्मृति कृषकों को पापी और उनके उत्पाद को पाप का उत्पाद कहती है।

धान की रोपाई करते किसान

गीता (9/32–33) ने जिन्हें पापी, अधर्मी कहा है,

पाप की फसल
ईख/गन्ना

भारत में एक बांस होता है, जिसमें शहद भरी होती है, जिसे लोग चूसकर पीते हैं। – मेगस्थनीज

गीता, महाभारत के पापी कृषकों द्वारा उत्पादित गेहूं की फसल, मुसलमानों के अल्लाह ने जिसे खाने से मना किया था।

पता नहीं क्यों दुनियां आज तक पाप का उत्पाद खाती आ रही है।

आर्य ब्राह्मणों, ईसांइयों, मुसलमानों के धर्म का एक और पाप का उत्पाद ज्वार, बाजरा

संस्कृत के सभी धर्मग्रन्थ खेती को पाप कर्म अधर्म क्यों कहते हैं ?

संस्कृत ग्रन्थ गीता आदि झूठ बोलते हैं कि पुनर्जन्म किसी भी योनि में हो सकता है।

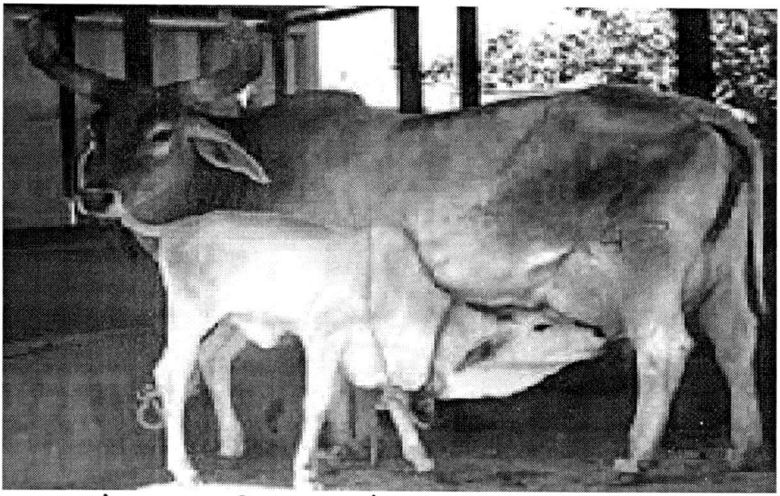

गाय से गाय की नस्ल में ही गाय आदि का अपनी ही योनि में पुनर्जन्म होता है

स्त्री–पुरूष से सन्तान के रूप में माता–पिता का ही जीते जी पुनर्जन्म होता है जैसे धान से धान ही पैदा होता है।

क्या भगवान ने इन्हें मेहतर और भिस्ती के रूप में पैदा किया है ?

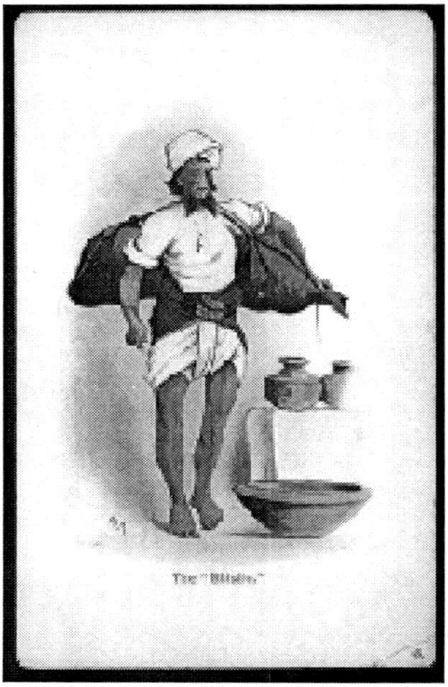

भगवान के नीचता की हद है।

पापी, दुष्ट शाषकों ने इन शूद्रों/दलितों के गले में हांडी और पीछे झाडू बांधकर चलने को बाध्य किया।

दोष भगवान के ऊपर डाल दिया। कहीं पैर से आदमी पैदा होते हैं।

भगवान/ब्रह्मा ने इन्हें मुंह से पैदा किया इसलिए श्रेष्ठ ब्राह्मण हैं।

मूर्खता की हद है, मुंह से कहीं बच्चे पैदा होते हैं ?

पेट या जांघों की शक्ति से तो सभी मनुष्य पैदा होते हैं।

क्षत्रियों को क्या जादूगर ने हाथ की सफाई से पैदा किया ?

क्षत्रिय, ब्राह्मण तथा शूद्र तो नकली हैं, जो जादू की तरह मुंह, हाथ और पैरों से पैदा हैं।

'कर्मण्येवाधिकारस्ते, मा फलेषु कदाचन' से बड़ा कोई झूठ नहीं।

कर्म तो फल के लिए ही किये जाते हैं।

फल विहीन कर्म किसी काम के नहीं

कर्म का फल नहीं, तो सोचें किसी ने चुरा लिया है।

कर्ण, सुयोधन जैसे अनेक महायोद्धा को छल से मारने के लिए संकेत करता प्रपंची नेता कृष्ण

गुरू के नाम पर कलंक द्रोण, जिन्होंने एकलव्य का अंगूठा काटकर अर्जुन को आगे बढ़ाया था

अर्जुन को अपनों की हत्या के लिए उकसाते कृष्ण,
युद्ध करो नहीं चक्र से गर्दन काट दूंगा।

इन्हें कैसे अवतार माना जाय ?

भूमि में धंसे रथ के पहिया को बाहर निकालने का प्रयत्न करते महारथी कर्ण

कृष्ण चिल्लाया—मारो यही समय है।

संकट में फंसे महायोद्धा कर्ण

कृष्ण के इशारे पर अर्जुन ने कर्ण को मार डाला।

युद्धरत रथारूढ़ महारथी कर्ण

कर्ण का मुकाबला करने वाला पाण्डवों के पास कोई योद्धा न था।

गदा युद्ध करते सुयोधन और भीम कृष्ण के इशारे पर गदायुद्ध के नियम के विरूद्ध कमर पर प्रहार कर भीम ने सुयोधन को मार डाला।

कर्ण को गुरूभक्ति की सजा देने वाले मां के हत्यारे परशुराम

जाति के नाम पर शिष्य को फेल करने वाले क्या गुरू कहलाने के अधिकारी हो सकते हैं ?

अपनी मामी राधा के साथ रंगरेलियां रचाने वाले कृष्ण को क्या कहा जाये ?

16108 रानियों के होते हुए गोपियों के साथ रंगरेलियां (रास लीला) ?

कृष्ण की अय्यासी की हद कहें या कुछ और ?

श्री कृष्ण की 16000 रानियां, जो लूटकर लायी गयीं थीं, लूट में चली गयी।

क्षत्रियत्व को ललकारते महाभारत के सर्वश्रेष्ठ धनुर्धर, महायोद्धा कर्ण

जिन्हें जाति के नाम पर भरी सभा में पाण्डवों द्वारा अपमानित किया गया।

गुरू के नाम पर कलंक इन्सानियत के शत्रु द्रोणाचार्य

पता नहीं क्यों भारत सरकारें योग्य धनुर्धरों को द्रोणाचार्य पुरस्कार देकर गुरूओं का अपमान क्यों करती हैं ?

महाभारत में युद्धरत हाथी सवार

कभी–कभी हाथी पराजय के कारण रहे हैं।

ब्राह्मण धर्मी ये नग्न साधू कौन–सी मुक्ति चाहते हैं। शायद ये सभ्यता, संस्कृति से मुक्ति चाहते हैं।

ब्राह्मण की 84 लाख योनियें में सर्वश्रेष्ठ मानव योनि से ये साधू सन्यासी मुक्ति चाहते हैं। शायद भगवान के इन भक्तों के लिए मानव योनि निकृष्ट योनि है

निःशस्त्र, टूटा रथ, क्या करे कर्ण ?
रथ का चक्का ही चक्र बन गया

महायोद्धा सुयोधन दुष्टों ने जिसे दुर्योधन बना दिया।

महाभारत के सर्वश्रेष्ठ धनुर्धर, महायोद्धा कर्ण को, भरी सभा में जाति की गाली देने वाली पांच भिखारियों की पत्नी बनी द्रोपदी ! ऐसी द्रोपदी को क्या कहा जाय ?

महाभारत जैसे गृहयुद्ध का महानरसंहार

कहीं महाभारत जैसे उपन्यास के लेखकों का उद्देश्य हिन्दुओं को आपस में लड़ाकर मार डालने का तो नहीं था।

अपने समाज के हत्यारे कृष्ण का बध आखिर जरा व्याध ने कर ही दिया। पाप का घड़ा शायद भर गया था।

आत्महत्या के लिए हिमालय जाते पाण्डव

पापियों को आखिर आत्महत्या करनी ही पड़ती है।

परिशिष्ट 2

लक्ष्यलव्य की गुरुभक्ति

लक्ष्यलव्य महाभारत के सर्वश्रेष्ठ धनुर्धर एकलव्य की प्रतिभा बना, उसे अपना गुरु मान धनुर्विद्या का अभ्यास कर रहा था। गुरु की कृपा से थोड़े ही समय में वह धनुर्विद्या में पारंगत हो गया। एक दिन गुरु ने सपने में उसे दर्शन दिया। बोले बेटा! आज की विद्या बहुत आगे निकल गयी है। आधुनिक विज्ञान ने ज्ञान के नये–नये दरवाजे खोल दिये हैं। आज ज्ञान के लिए एक नहीं हजारों गुरुओं की जरुरत पड़ेगी। तू आज के धनुर्विद्या के महागुरु क्रोण की आराधना कर। उनसे तुम्हें आधुनिक धनुर्विद्या का ज्ञान प्राप्त होगा। क्रोण का यह चित्र है तुम इन्हीं का ध्यान करके अभ्यास करो। सपने में ही उन्होनें क्रोण का चित्र दिखा दिया।

अपने प्रथम गुरु के आदेश पर लक्ष्यलव्य महागुरु क्रोण की मिट्टी की प्रतिमा बनाकर उसके सामने धनुर्विद्या का अभ्यास करने लगा। उसकी लगन को देखकर गांव वालों ने दो लाख रूपये एकत्र कर उससे आधुनिक धनुष वाण खरीद कर उसे दे दिया। अब तो वह दूने उत्साह से धनुर्विद्या का अभ्यास करने लगा। थोड़े ही दिनो में वह आधुनिक धनुर्विद्या में भी निष्णात हो गया। ओलम्पिक स्पर्धा होने वाली थी। गांव वालो ने सोचा यह युवक निश्चय ही ओलम्पिक में स्वर्ण पदक लाकर हमारे गांव और देश का नाम रोशन करेगा। अतः इसे ओलम्पिक में भाग लेने के लिए अवश्य भेजेंगे। जनता ने अपने तथा अपने विधायक एवं सांसद से सहयोग लेकर लक्ष्यलव्य को ओलम्पिक भेज दिया। जाते समय जनता ने कहा लक्ष्यलव्य अपने लक्ष्य को सदा ध्यान रखना। स्वर्ण पदक लेकर अवश्य लौटना। अब तो उसके सामने चिड़िया की आंख (गोल्ड मेडल) ही दिख रही थी।

ओलम्पिक प्रारम्भ हुआ। खेल मैदान खचाखच भरा था, विश्व के कोने कोने से खिलाड़ी आये हुए थे। खेल मैदान में जितना उत्साह था, उससे कहीं अधिक लक्ष्यलव्य उत्साह से भरा हुआ था। उसके प्रथम गुरु एकलव्य तो महाभारत के डॉन बने थे। आज उनके शिष्य को भूमण्डल अर्थात संसार का डॉन बनने का अवसर प्राप्त हुआ है। आज एक नहीं मेरे दो–दो गुरु हैं। गुरु कृपा से यह स्पर्धा हम अवश्य जीतेंगे। इस उत्साह के साथ जब लक्ष्यलव्य मैदान में उतरा तो सबकी नजरें उस श्यामले सलोने लक्ष्यलव्य पर गड़ गयी। उसकी बलिष्ठ भुजाएं, गठीला शरीर, लक्ष्य को भेदती उसकी आंखें सभी को अचम्भित कर रही थीं।

सर्वप्रथम उसने एक वाण अपने दोनों गुरुओं के नाम पर छोड़ा। यह उन्हें प्रणाम निवेदन था। इसके बाद उसने दनादन बाण छोड़े और सातों बाण निशाने पर जा लगे। लक्ष्यलव्य अन्तिम प्रतियोगी था। अब तक ऐसा निशाना किसी ने नहीं साधा था। सारा खेल मैदान लक्ष्यलव्य की जय के नारों से गूंज उठा। लक्ष्यलव्य को लगा आज की दुनियां पहले की दुनियां से श्रेष्ठ है। कम से कम प्रतिभा का सम्मान लोग करते हैं। पुराने लोगों की तरह आज की दुनियां के लोग प्रतिभा/योग्यता को वर्ण, जाति, धर्म की कैद में बन्द कर नहीं रखते। उसने हाथ जोड़कर ऐसे संसार को नमन किया। लोगों ने उसे गोद में उठा लिया। भारत में तो खुशी का ठिकाना न रहा। उनका सपूत संसार को जीतकर जो आ रहा था।

महागुरु क्रोण, जो अपने शिष्यों को लेकर ओलम्पिक गये हुए थे, उन्हें अपने शिष्यों का पिछड़ जाना अच्छा न लगा। उनके शिष्य ऊँची नाक वालों के घरों से आये थे, जो करोड़ों खर्च कर धनुर्विद्या सीख रहे थे और गुरु को भी मालामाल कर रहे थे। एक दिन महागुरु क्रोण लक्ष्यलव्य के घर पहुंच गये। देखा लक्ष्यलव्य बड़े ही लगन से धनुर्विद्या का अभ्यास कर रहा है। किसी सम्भ्रान्त को देखकर लक्ष्यलव्य उनके पास पहुंच कर प्रणाम किया। बोला– आप का परिचय। मैं आप की क्या सेवा कर सकता हूँ। वह बोले– मैं महागुरु

क्रोण हूँ। ओलम्पिक में मैंने तुम्हारा करतब देखा था। सो तुमसे मिलने चला आया। लक्ष्यलव्य का ध्यान गुरु एकलव्य द्वारा सपने में दिखाये गये चित्र पर चला गया। वह अपने द्वारा बनाये गये दूसरे गुरु क्रोण की प्रतिमा तथा सामने खड़े महागुरु क्रोण को देखने लगा। उसे लगा सपने वाले गुरु क्रोण साक्षात उसके सामने हैं। अब तो उसकी खुशी का ठिकाना न रहा। गुरु का साक्षात् जो दर्शन हुआ था। लक्ष्यलव्य "गुरुदेव! मैं धन्य हो गया" कहता हुआ उनके पैरों पर गिर पड़ा। महागुरु ने उसे उठाकर गले से लगा लिया। बोले– बेटा! मैने तो तुम्हें कभी नहीं पढ़ाया। लक्ष्यलव्य बोला– गुरुदेव! मैने आप से ही यह आधुनिक विद्या सीखी है। देखिए वह आप की प्रतिमा। महागुरु मुस्कुराए–बुदबुदाए आज फिर एक गुरु की प्रतिमा बाजी मार ले गयी। बोले लक्ष्यलव्य! यदि तुमने मुझसे धनुर्विद्या सीखी है तो तुम्हें गुरुदक्षिणा अवश्य देनी चाहिए। लक्ष्यलव्य बोला गुरुदेव! बताइये गुरुदक्षिणा में क्या चाहिए। मैं अपना सब कुछ देने को तैयार हूँ। क्रोण का जातीय वर्णीय अहंकार आड़े आ रहा था। बचपन की वर्णीय एवं जातीय कुशिक्षा उनके ऊपर हावी होती जा रही थी। वह किसी ग्रामीण किसान मजदूर के बेटे की यह उपलब्धि बर्दास्त नहीं कर पा रहे थे। बोले– बेटा! तुम यदि गुरुदक्षिणा देना चाहते हो तो अपने दाहिने हाथ का अंगूठा दे दो।"

लक्ष्यलव्य आश्चर्य से उन्हें देखता रह गया। बोला– गुरुदेव! मैं तो अपना सम्पूर्ण शरीर आप को समर्पित करना चाहता था। आप ने केवल अगूंठा मांगा? पर अफसोस! मैं अगूंठा आप को नहीं दूगा। क्योंकि आप की सोच में खोट है। मुझे देश के लिए बहुत कुछ करना है। क्रोण बोले– वत्स! इससे तो तुम शिष्यों की श्रेणी में बहुत नीचे गिर जाओगे। तुम्हें वचन भंग का पाप लगेगा। लक्ष्यलव्य बोला– गुरुदेव! देश सेवा ऐसी चीज है। जो सारे पापों को धो देगी। रही बात दक्षिणा देने की तो मैं वह गलती नहीं करूंगा जो मेरे आदि गुरु एकलव्य ने की थी। दुनियां आज तक उनके गुरु द्रोणाचार्य के मुँह पर थूक रही है। मैंने सुना है शिष्य यदि गलत रास्ते पर जाता है तो

गुरु उसे सन्मार्ग दिखाता है, पर यदि गुरु ही गलत हो जाय तो उन्हें सही रास्ते पर लाने का कार्य शिष्य के अलावा कौन कर सकता है। मैं नहीं चाहता कि दुनिया अनन्त काल तक मेरे महागुरु क्रोण के मुंह पर थूके। अपने गुरु का यह अपमान मैं बर्दास्त नहीं कर सकता। क्षमा करें यह गुरुदक्षिणा मैं नहीं दे सकता। फिर वह बोला– गुरुदेव! शिष्य से अगूंठा मांगना भी तो शिष्य के प्रति द्रोह है। यह भी तो पाप है। फिर आप कैसे पापमुक्त होंगे? महागुरु क्रोण निरुत्तर लक्ष्यलव्य के पैरों को निहारते रह गये।

परिशिष्ट 3

मैं थूकता हूँ आप जैसे गुरु को

रात भर के जगे गुरु जी को नींद आ रही थी। शिष्य कर्ण पास में ही बैठकर अध्ययन कर रहा था। गुरुकुल में प्रवेश लिए अभी एक वर्ष भी नहीं हुआ था। पर वह अपने व्यवहार से सबका प्रिय बन गया था। गुरू परशुराम की नजरों में भी वह प्रिय था। सो कर्ण की जांध का तकिया बना गुरु जी सो गये। गुरु की नींद में खलल न पैदा हो इसलिए कर्ण ने भी जांघ को मानों स्थिर कर दिया। गुरु को सोये हुए एक घन्टा बीत गया। कर्ण स्थिर मन से अपना अध्ययन करता रहा। पैर को जरा भी हिलाया नहीं।

इतने में ही कर्ण ने देखा कि एक जहरीला कीड़ा उसकी ओर आ रहा है। वह कुछ करता, कीड़ा आकर उसकी जांघ में काटकर भाग गया। घाव गहरा था। इसलिए खून तेजी से बहने लगा। ऊपर से जहर का असर उसे पीड़ा पहुंचा रहा था, पर शिष्य के परीक्षा की घड़ी थी। गुरुजी जांघ की तकिया लगाये सो जो रहे थे। कर्ण ने असाध्य पीड़ा को बर्दास्त किया, पर गुरुजी की नींद में दखल नहीं पैदा होने दी। इतने समय तक स्थिर रहने के कारण जांघ भी काठ जैसी हो गयी थी। पर वाह रे शिष्य! उसने सी तक न की।

जब खून की धारा गुरुजी के नीचे पहुंची तो गरम खून की गर्मी से गुरु जी की नींद खुल गयी। हड़बड़ा कर उठे और भयंकर खून देखकर दंग रह गये। उनका दिमाग कुछ सोचने लगा। क्रोधित होकर बोले– तुम कौन हो? इतना सहिष्णु तो ब्राह्मण नहीं हो सकता। बोलो तुम कौन हो? कर्ण बोला– गुरुदेव! मैनें कब कहा कि मैं ब्राह्मण हूँ। मैं नहीं जानता कि ब्राह्मण क्या होता है। मैं तो केवल आप का शिष्य हूँ। मैं सूतपुत्र कर्ण हूँ। मेरे पिता रथ हांकने का कार्य करते हैं।

परशुराम बोले– मुझसे भूल हुई। मैं तो तुम्हें ब्राह्मण समझकर शिक्षा दे रहा था। नीच कहीं का? मैं तुम्हें शिक्षा नहीं दे सकता। निकल जाओ।

कर्ण बोला– गुरुदेव! आप केवल ब्राह्मणों को शिक्षा देते है? पर उन्हें आप पुरोहित की शिक्षा न देकर धनुर्विद्या की शिक्षा क्यों देते हैं। धनुर्विद्या की शिक्षा तो क्षत्रियों को देनी चाहिए। क्या आप के मन में कोई पाप है। क्या आप ब्राह्मणों को धनुर्विद्या की शिक्षा देकर उनके द्वारा सत्ता पर कब्जा करवाना चाहते हैं तो सुन लीजिए गुरुजी ऐसा कदापि नहीं होगा।

गुरु जी का पारा सातवें आसमान पर चढ़ गया। चिल्लाये निकल जाओ – यहाँ से। मेरा आदेश है अब तुम्हें कोई किसी भी गुरुकुल में प्रवेश नहीं देगा। जबान चलाता है। अरे कोई है इसे भगाओ।

कर्ण बोला– गुरुदेव यदि मैं जानता कि आप मात्र ब्राह्मणों को ही शिक्षा देते हो तो मैं आप के पास आता ही नहीं। एक जाति को शिक्षा देने वाला शिक्षक गुरु हो ही नहीं सकता। ऐसा शिक्षक क्या समाज को इन्सानियत की शिक्षा दे सकता है? मैं तो इन्सान हूँ। इन्सानियत की शिक्षा लेने आया था, पर आप तो जातिवादी शिक्षक निकले। आप क्या मुझे गुरुकुल से निकालेंगे। मैं थूकता हूँ आप के गुरुकुल और आप जैसे शिक्षक को। मैं अपना गुरु खुद बनूंगा। यह कहकर कर्ण पीछे मुड़कर चला गया। गुरुकुल की ओर देखा तक नहीं।

सभी जानते हैं कि कर्ण ने अपने बल पर महाभारत का सबसे बड़ा धनुर्धर योद्धा बनकर दिखा दिया। अर्जुन तो उसके आगे बौना था।

□

ग्रन्थ वर्णना

1. ऋग्वेद. अनु. जयदेव विद्यालंकार, आर्य साहित्य मण्डल, लि0 अजमेर 2018 वि.
2. ऋग्वेद अनु. दामोदर सातवलेकर, स्वाध्याय मण्डल, औंध नगर 1940 ई0.
3. अथर्ववेद. अनु. दयानन्द सरस्वती, आनन्दाश्रम, अजमेर, 1970 ई.
4. महाभारत, गीता प्रेस गोरखपुर
5. वा. रामायण, गीता प्रेस गोरखपुर 2017 वि.
6. श्रीमद् भगवद्गीता गीता प्रेस गोरखपुर
7. जातक कथाएं (बौद्ध ग्रन्थ)
8. मनुस्मृति मनु. दर्शनानन्द सरस्वती पुस्तक मन्दिर मथुरा 2023 वि.
9. मनुस्मृति, शंकर भाष्य
10. बाइबिल
11. कुरान
12. लूका (ईसाई ग्रन्थ)
13. पाराशर स्मृति
14. डॉ० एस०एल० निर्मोही, भगवान की अवधारणा : उद्भव एवं विकास, राधा पब्लिकेशन्स, अन्सारी रोड, दरियागंज नयी दिल्ली, 2018
15. डॉ० निर्मोही, हिन्दू संस्कृति के बारह सच, राधा पब्लिकेशन्स, अन्सारी रोड, दरियागंज, नयी दिल्ली, 2011

16. डॉ० निर्मोही, उत्सवों का समाज शास्त्र, राधा पब्लिकेशन्स, अन्सारी रोड, दरियागंज, नयी दिल्ली, 2011
17. डॉ० निर्मोही, आदि माता मनु : एक नयी खोज (पुर्नमुद्रित), राधा पब्लिकेशन्स, अन्सारी रोड, दरियागंज, नयी दिल्ली, 2011
18. डॉ० निर्मोही, ऋग्वैदिक असुर और आर्य, राधा पब्लिकेशन्स, अन्सारी रोड, दरियागंज, नयी दिल्ली, 2007
19. डॉ० निर्मोही, मानव संस्कृति में मोक्ष, राधा पब्लिकेशन्स, अन्सारी रोड, दरियागंज, नयी दिल्ली, 2021
20. डॉ० निर्मोही, मुक्तिदाता नारी, क्रिसेन्ट पब्लिशिंग कारपोरेशन, अन्सारी रोड, दरियागंज, नयी दिल्ली, 2021
21. डॉ० निर्मोही, अथातो ब्रह्म जिज्ञासा, क्रिसेन्ट पब्लिशिंग कारपोरेशन, अन्सारी रोड, दरियागंज, नयी दिल्ली, 2021
22. डॉ० निर्मोही, ऋग्वैदिक क्रान्ति और साम्यवाद, 2021
23. डॉ० निर्मोही, स्वर्ग और नरक का भूगोल, 2021
24. शतवथ ब्राह्मण. अनु. गंगा प्रसाद उपाध्याय प्राचीन वैज्ञानिक अध्ययन अनुसन्धान संस्थान नयी दिल्ली 1967 ई.
25. तैत्तरीय ब्राह्मण– आनन्दाश्रम पूना 1938 वि.
26. डॉ. राजवली पाण्डेय, हिन्दू धर्म कोष
27. पी. वी. काणे. धर्मशास्त्र का इतिहास, उ0प्र0 हिन्दी संस्थान, लखनऊ 1963